스포츠 심리학 *plus⁺*

이병기 구봉진 김덕진
김용규 김주호 강지훈
김한별 이준석 김홍기

KB199316

dkb
대경북스

저|자|소|개

이 병 기

한국체육대학교 대학원 이학박사
현 국민생활체육회 부회장
명지전문대학 교수

구 봉 진

한국체육대학교 대학원 이학박사
현 춘천교육대학교 교수

김 덕 진

한국체육대학교 대학원 이학박사
현 남서울대학교 교수

김 용 규

한국체육대학교 대학원 이학박사
현 경인여자대학 교수

김 주 호

한국체육대학교 대학원 이학박사
현 명지전문대학 교수

강 지 훈

한국체육대학교 대학원 이학박사
현 한국체육대학교 강사

김 한 별

한국체육대학교 대학원 이학박사
현 한국체육대학교 강사

이 준 석

한국체육대학교 대학원 박사과정 수료
현 춘천교육대학교 강사

김 홍 기

한국체육대학교 대학원 박사과정 수료
현 대한배드민턴협회 국제협력부 담당관

스포츠심리학 플러스

초판발행/2010년 9월 1일
초판3쇄/2023년 3월 30일
발행인/김영대
발행처/대경북스
ISBN/978-89-5676-308-8

이 책은 저작권법에 따라 보호받는 저작물이므로 무단전재와 무단복제를 금지하며, 이 책 내용의
전부 또는 일부를 이용하려면 반드시 저작권자와 대경북스의 동의를 받아야 합니다.

등록번호 제 1-1003호
서울시 강동구 천중로42길 45 2F
전화: 02) 485-1988, 485-2586~87 · 팩스: 02) 485-1488
e-mail: dkbooks@chol.com · http://www.dkbooks.co.kr

머리말

　과학이란 특정의 학문 분야뿐만 아니라 각 학문 분야의 체계적인 연구방법을 총칭한다. 최근 들어 과학의 발달과 함께 경기력은 급속하게 향상되고 있으며, 이는 체계적인 연구방법을 응용한 고도화된 스포츠과학의 산물이라 할 수 있다. 이와 같이 경기력 향상은 체계적이고 합리적인 과학적 지식 없이 경험적 노력만으로는 이룰 수 없다.

　오늘날 세계 각국의 경기력 수준은 첨단 과학의 발달과 정보의 보급 및 교류의 확대로 하루가 다르게 발전하고 있으며 어느 정도 평준화된 상태라고 할 수 있다. 결국 세계무대에서의 최종 승자는 수행 당시의 심리적 상태에 달려 있다고 해도 과언은 아니다. 즉, 경쟁상황하에서 선수 자신의 심리적 상태가 경기 결과를 좌우한다고 할 수 있다.

　체육학의 여러 분야 중 스포츠심리학은 급속도로 빠르게 발전하는 분야이다. 따라서 스포츠심리학의 최근 지식을 정리하는 의미에서 이 책을 구상하였다. 최근, 스포츠심리학의 여러 분야에서 이루어진 과학적 지식이나 사실을 스포츠 현장에 쉽게 응용할 수 있도록 체계적으로 소개하는 개론서인 것이다. 따라서 본 서는 스포츠심리학 분야에 관심을 둔 체육학 관련 학과는 물론 건강, 보건 등 인접 관련 학과의 학부생, 대학원생, 그리고 일선 지도자들에게 기초이론부터 실제에 이르기까지 체계적으로 접근하도록 무엇보다도 최신 정보를 담고자 하였고, 가능한 이해하기 쉽도록 집필하였다.

이 책은 스포츠심리학에서 다루어지는 여러 분야들을 가급적 포괄하면서 특히 최근에 많은 관심과 부각되는 분야들을 포함시키고자 하였다.

이에 따라 먼저 제1장에서는 스포츠심리학을 개괄적으로 소개하였다. 제2장에서는 성격 연구의 이론적 접근과 측정방법 및 스포츠 행동과의 관계에 대해 알아보았다. 제3장은 불안의 정의 및 운동수행과의 관계를 설명하는 다양한 이론을 소개하였다. 제4장은 불안해소기법을, 제5장은 성취동기 및 동기유발 방법에 관해 기술하였다. 제6장은 주의집중의 이론을 소개하였다. 제7장은 귀인에 관해 알아보았다. 제8장은 자신감, 제9장은 목표설정, 제10장은 사회적 촉진, 제11장은 응집력, 제12장은 리더십, 제13장은 공격성, 제14장은 운동지속, 제15장은 심리기술훈련, 제16장은 스포츠심리검사 개발과정에 관한 내용을 다루었다.

이 책을 집필하면서 나름대로 모든 부분에 충실하려고 하였으나, 각 분야에서 다루고 있는 내용 수준이 조금씩 다르고 산만한 점이 있는 등 여러 가지 미흡하고 부족한 점들이 있다. 여기에 대해서는 계속 수정, 보완해 갈 것을 약속드리며, 잘못된 부분에 대해서는 지속적인 조언을 부탁드린다.

이 책이 출판될 수 있도록 기회를 주시고 많은 성원과 격려를 해 주신 대경북스 민유정 사장님과 여러분들의 정성과 수고에 감사드리며, 자료 정리와 교정 작업을 도와준 한국체육대학교 스포츠심리학실 석·박사과정 원생들에게 감사의 마음을 전한다.

2010년 8월

저 자

차 례

제1장 스포츠심리학의 이해

제2장 성   격

제3장 불 안

제4장 불안해소기법

제5장 동   기

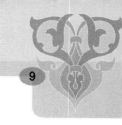

제7장 귀 인

제8장 자 신 감

제9장 목표설정

제10장 사회적 촉진

제11장 응 집 력

제12장 리 더 십

제13장 공 격 성

제14장 운동지속

제15장 심리기술훈련

제16장 스포츠심리검사 개발 과정

제 **1** 장

스포츠심리학의 이해

　스포츠심리학은 스포츠 상황에서 일어나는 인간의 행동과 관련되는 여러 가지 문제에 대한 해답을 추구하는 스포츠과학의 한 분야이다. 따라서 스포츠심리학은 심리학에서 발전된 원리와 방법을 스포츠 상황에 응용하는 학문이다. 스포츠심리학의 학문적 성격을 이해하기 위해서는 스포츠과학과 심리학의 개념 및 성격을 우선 이해할 필요가 있다.

　본 장에서는 스포츠심리학의 개념과 영역, 역사와 스포츠심리학자의 역할에 대해 알아보도록 하겠다.

1 스포츠심리학의 개념

　　스포츠심리학이란 스포츠 상황에서 발생하는 인간 행동과 관련되는 여러 가지 문제에 대한 해답을 추구하려는 스포츠과학의 한 분야이다. 현재까지 몇몇 스포츠심리학자들에 의해 스포츠심리학의 정의가 내려졌지만 학자들마다 관점의 차이로 인해 일치된 견해를 보이고 있지는 않다. Singer(1978)는 '운동경기나 스포츠 상황에서 응용하는 심리학의 한 분야'라 정의하였고, Cox(1994)는 '스포츠 수행 향상을 위한 응용 심리과학'이라 하였으며, Gould(1996)는 '스포츠 상황에서의 인간 행동의 과학적 연구'라고 하였다. 이외에도 여러 학자들이 나름대로 스포츠심리학을 정의하였지만 여러 학자들의 견해를 종합해 보면, 스포츠 상황에서의 인간행동을 체계적이고 과학적으로 연구하는 학문이라 할 수 있다. 예를 들면, 스포츠선수는 일반인과 구별되는 독특한 성격특성을 가지고 있는가? 자신감과 경기력에는 어떤 관계가 있는가? 종목과 포지션에 따라 주의유형은 차이가 있는가? 경쟁불안은 경기력에 어떤 영향을 미치는가? 코치들의 특정 행동은 팀과 선수들의 기량에 어떻게 작용하는

표 1-1. 스포츠심리학의 정의

학자	정의
Singer(1978)	운동경기나 스포츠 상황에 응용하는 심리학의 한 분야
Alderman(1980)	인간 행동에 관한 스포츠 자체의 효과를 연구하는 학문
Cox(1985)	스포츠 상황에 심리학적 원리를 응용한 학문
Gill(1986)	스포츠 상황에서의 인간행동에 관한 의문점을 해결하려고 하는 스포츠과학의 한 분야
Cratty(1989)	선수의 경기력 향상에 중점을 두는 심리학의 하위 영역

※출처: 최영옥, 이병기, 구봉진(2002). 스포츠 행동의 심리학적 이해.

가? 관중의 존재가 선수들의 심리에 어떤 영향을 미치는가? 왜 인간은 운동에 참여하는가? 운동이 정신건강에 도움이 되는가? 운동과 삶의 질에는 어떤 관계가 있는가? 등의 의구심에 대한 해답을 얻으려는 목적을 가지고 있다.

2 스포츠심리학의 연구 영역

스포츠심리학에서 다루고 있는 연구 영역에는 운동발달(motor development), 운동제어(motor control), 운동학습(motor learning), 운동수행 또는 스포츠심리 (motor performance or sport psychology), 건강운동심리(exercise psychology) 가 있으며 이러한 분류를 광의의 스포츠심리학이라고 한다. 그러나 보통 스포츠심리학이라고 하면 협의의 스포츠심리학을 일컫는데 이는 스포츠 상황에서 경쟁에 참여하는 선수들의 심리적 요인과 경기력의 관계를 규명하려는 것이다. 즉, 인적 특성과 상황특성, 그리고 이 두 특성의 상호작용이 스포츠 수행에 어떻게 영향을 미치며, 스포츠 수행을 향상시키기 위해서는 이러한 특성들을 어떻게 변화시켜야 하는가를 규명하는 영역이다. 광의의 스포츠심리학의 연구영역에 대한 개념을 간단히 살펴보면 다음과 같다.

1) 운동발달

인간의 종족 발생적 동작은 무엇이고 그 본질은 무엇이며 그것은 어떻게 형성되었는가의 문제를 다룬다. 즉, 시간 흐름에 따른 움직임의 변화과정과 그 과정에 영향을 주는 유전적, 환경적 요인을 양적 증가의 측면인 성장(growth)과 질적 변화의 측면인 성숙(maturation)에 비추어 연구하는 학문이다.

2) 운동제어

인간의 움직임과 관련해서 외부에서 들어오는 정보를 어떻게 받아들이고 그 정보를 어떻게 처리하여 움직임에 필요한 반응을 생성하게 되며 생성된 반응이 신체의 각 분절에 어떠한 방법으로 조정되어 동작으로 구체화되는지를 연구한다. 즉, 인간의 운동 생성 기전 및 원리를 규명하는 분야이다.

3) 운동학습

우연한 경험이나 체계적으로 이루어진 연습에 의해 이루어지는 신체 움직임의 변화를 운동학습이라 한다. 즉, 운동학습이란 타고난 기본동작이 연습과 경험을 통하여 추가, 삭제, 수정, 보완, 변화되어가는 과정을 말하며, 이는 곧 기술 습득의 과정으로서 그 과정에 영향을 미치는 내·외적변인, 파지, 전이 및 학습의 결과로 간주되는 운동기억의 문제를 다룬다.

4) 스포츠심리

협의의 스포츠심리학이라고도 하며 스포츠 상황에서의 인간 행동을 분석하고 이해하며, 통제하고 예측하기 위해 심리학의 다양한 방법 및 원리를 제공한다. 즉, 스포츠 수행에 직·간접적으로 영향을 미치는 인적, 환경적 제반 요인을 심리학적 측면에서 과학적으로 접근하여 설명하려는 분야이다. 연구 주제로는 성격, 불안, 동기, 자신감, 응집성, 리더십, 관중효과 등이 있으며 경기력의 극대화를 목적으로 하고 있다.

5) 건강운동심리

인간이 운동에 참여하는 동기와 사회심리적 효과를 규명한다. 왜 특정 스포츠 활동을 선택, 개시, 지속, 중단하는가의 이유를 밝히고 스포츠 활동에 지속적으로 참여토록 하는 방법을 찾는 분야이다. 또한 스포츠 활동을 통한 개인의 정신건강에 관심을 갖는 분야이다.

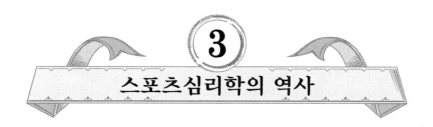

운동제어	운동학습	운동발달	스포츠심리	건강운동심리
정보처리이론 운동제어이론 운동의 법칙	운동행동모형 운동학습과정 운동기억 전이 연습의 법칙	유전 경험 운동기능의 발달 수행 적정연령 노령화	성격 불안 동기 공격성 응집성 사회적 촉진	운동지속동기 정신건강

그림 1-1. 스포츠심리학의 영역

3 스포츠심리학의 역사

1) 초기시대(1895년~1920년)

스포츠심리학과 관련된 최초의 연구는 Triplett(1898)의 다양한 사회적 상호작용(social interaction) 조건 하에서의 자전거 타기 실험에서 찾아볼 수 있다. Triplett은 타인의 존재가 운동 수행에 미치는 영향을 알아보기 위하여 사이클 선수들을 대상으로 서로 경쟁하는 조건, 비경쟁적인 공행자가 있는 조건, 그리고 혼자 자전거를 타는 조건에서 선수들의 기록을 비교하였다. 그 결과, 경기기록이 좋은 순위로 경쟁시키는 조건, 비경쟁적인 공행자가 있는 조건, 혼자 타는 조건 순으로 경기 기록이 나옴을 알아냈다. 즉, 다른 경쟁자의 존재가 자전거 타기의 수행 능력을 촉진시킨다고 결론지었다. 이것이 사회적 촉진(social facilitation) 연구의 기초가 되었으며, 이는 지금까지 최초의 스포츠심리학 관련 실험으로 알려지고 있다. 이와 관련한 유사한 연구로서 Triplett은 어린이들을 대상으로 낚시줄을 최대한 빨리 감도록 하는 실험을 하였는데, 혼자 감을 때보다 다른 또래 아이들이 있는 경우에 보다 빨리 감는다는 사실을 발견하였다. 이는 사이클 선수가 혼자일 때 보다 다른 경쟁 상대가 있을 때, 보다 빠른 속도로 질주한다는 점과 그 맥을 같이 하는 것이다.

그림 1-2. Norman Triplett

태동기의 심리학자 및 체육학자들은 스포츠와 운동기능의 학습에 필요한 심리적 측면들에 관한 연구를 시작하는 단계에 있었다. 당시의 주요 관심 주제는 스포츠기능의 학습 방법, 스포츠와 성격 및 도덕성 개발에서의 스포츠가 지닌 역할, 반응시간의 측정 등이 있으나 실제 스포츠 현장에는 거의 적용시키지 못하였다.

2) Griffith 시대(1921~1938)

체계적인 스포츠심리학 연구는 미국 스포츠심리학의 아버지라 불리는 Coleman Griffith에 의하여 이루어졌다. Griffith는 1923년 일리노이 대학에서 '심리학과 운동경기(Psychology and Athletics)'라는 과목을 처음으로 강의하였다. 1925년에는 일리노이 대학에 스포츠심리학 실험실을 설립하고 심동 기능(psychomotor skill)의 발달 및 성격과 운동수행과의 관계를 중점적으로 연구하였다. 그는 1919~1931년 사이에 25편의 스포츠심리학 관련 논문을 기술하였으며, 주요 저서로는 코칭심리학(psychology of coaching)과 운동경기심리학

그림 1-3. Coleman Griffith

(psychology of athletics)이었다. 1938년에는 시카고 컵스 프로야구 팀에서 스포츠심리학 전문가로 고용되어 프로야구 선수들의 심리적 프로파일을 개발하였다.

3) 준비기(1939~1965)

버클리 대학의 Franklin Henry는 스포츠심리학 분야 뿐만 아니라 체육학 전반에 걸친 과학적 이론 적용을 시도하였다. 그는 Griffith와는 달리 대학교수가 되어 많은 후진 학자를 양성하였고, 이들 후배 학자들과 함께 당시 대학의 교과과정을 개편하여 현재의 체육학이라 불리는 학문분야로 발전시켰다. 그들은 체육학이 학문적 영역으로서 인정받도록 노력하여 스포츠과학의 체계를 형성하는데 도움을 주었으나 스포츠심리학의 응용 분야는 여전히 제한적이고 미흡하였다.

그림 1-4. Franklin Henry

4) 학문적 발달기(1966~1977)

1960년대 들어와서 체육은 하나의 독자적인 학문 영역이 되었으며, 스포츠심리학은 운동학습과는 별개의 독립적인 구성 학문이 되었다. 운동학습 전문가들은 스포츠기능을 포함한 다양한 신체활동을 습득하는 방법과 연습방법, 피드백 등에 관심을 가졌다. 스포츠심리학자들은 불안, 성격, 자기존중감 등의 심리적 요인들이 스포츠 수행에 어떠한 영향을 미치는지, 스포츠활동 참여가 성격과 공격성에 어떠한 영향을 미치는지를 규명하고자 하였다.

1960년대 Henry, Lawther 등에 이어 1966년 Ogilvie와 Tutko는 '문제 선수와 그 취급 방법(Problem Athletes and How to Handle Them)'이란 책을 출판하였는데, 이 책은 코치와 선수 모두에게 상당한 관심을 불러 일으켰다. 이리하

여 Ogilvie는 미국의 응용스포츠심리학의 아버지로 불리게 되었다(Williams & Straub, 1986).

1960년대에 전문적인 스포츠심리학 관련 학회들이 결성되기 시작하였다. 1965년 로마에서는 전 세계에 걸쳐 스포츠심리학에 관한 정보를 보급하기 위한 목적으로 ISSP(International Society of Sport Psychology)가 만들어지고 IJSP(International Journal of Sport Psychology)와 후에 The Sport Psychologist를 출간하였다. 그 후에 NASPSPA(North American Society for Psychology of Sport and Physical Activity)가 1967년에, CSPLSP(Canadian Society for Psychomotor Learning and Sport Psychology)가 1969년에 각각 결성되었다.

5) 현재의 스포츠심리학(1978~현재)

1970년대 중반 이후의 스포츠심리학의 주된 특징은 응용 분야에 대한 관심이 점점 높아지고 있다는 점이다. 스포츠심리학의 이론적 지식을 바탕으로 각종 학술지에 현장 적용 논문의 비율이 높아지게 되었고, 스포츠 대중화를 선도한 언론매체도 스포츠심리학 지식의 현장적용에 많은 관심을 가지게 되었다.

이와 같이 응용스포츠심리학적 지식의 발달에 따라 1985년에는 AAASP (Association for the Advancement of Applied Sport Psychology, 현재는 Association for Applied Sport Psychology : AASP)가 결성되어 스포츠심리학의 연구와 현장 적용에 새로운 전기를 맞이하게 되었다.

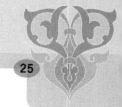

4
스포츠심리학자의 역할

1) 연구수행자로의 역할

모든 학문은 그 분야 내에서 체계적인 지식을 쌓고 발전시켜 나가는 기능을 가지고 있다. 이 모든 것이 연구에 의해서 이루어지게 되며 스포츠심리학자들의 대부분이 이러한 기능을 수행하고 있다. 예를 들어, 스포츠 참여가 어린이의 성격에 어떤 영향을 미치는지, 운동이 인지기능에 어떤 영향을 미치는지, 심상훈련이 배드민턴 헤어핀 기술에 어떤 영향을 미치는지 등의 연구가 그런 것이다. 이러한 지식들이 과학적인 검증과정을 거쳐 정기학술대회나 학회지를 통해서 발표된 후 하나의 이론으로 인정받게 되는 것이다.

2) 지도자로서의 역할

대부분의 스포츠심리학자들은 대학에서 스포츠심리학 관련 강좌를 강의하고 있다. 주로 연구와 실험을 통해서 검증된 이론을 가르치지만 때로는 당시 화재가 되는 심리학적 주제를 가지고 학생들과 직접 연구를 수행하는 경우도 있다.

3) 상담자 역할

스포츠 상황에서 경기력을 향상시키고자 하는 사람과 상담을 하는 역할이다. 훈련이나 연습상황에서의 동기유발, 시합상황에서의 최적각성수준유지법 등의 심리기술을 가르친다. 필요에 의해 종목별, 기술별 심리기술 훈련 프로그램을 개발하기도 한다. 심리적인 문제를 가진 선수들을 위한 심리문제 해결법을 제시해 주기도 한다. 외국의 경우 대부분의 대학 및 프로팀 내에 스포츠심리학을 전공한 상담가를 배치해 두고 있으며, 우리나라에서도 몇몇 프로구단과 국가대표팀에 스포츠심리상담가가 활동하고 있다.

4) 임상 스포츠심리학자로서의 역할

임상 스포츠심리학자는 정서적 장애(우울, 불안증, 자살성향 등)를 지닌 개인을 발견하고 치료하는 것을 목적으로 활동한다. 미국의 경우, 이들은 심리학 분야에서 폭넓은 훈련을 받고 주 위원회로부터 정서적 장애를 지닌 자들을 치료하기 위한 자격을 부여받는다. 또한 스포츠 및 운동심리학과 스포츠과학 분야에서 부가적으로 훈련을 받는다.

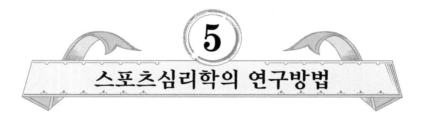

5 스포츠심리학의 연구방법

앞서 스포츠심리학의 개념에서 스포츠심리학을 스포츠 상황에서 인간의 생각, 감정, 행동을 연구하는 응용과학이라 했다. 스포츠심리학이 과학적인 입장을 취한다는 것인데 과학에 대해 좀 더 자세히 살펴보겠다.

1) 과학의 특징

(1) 논리성
어떤 현상에서 원인과 결과의 관계에서 결과가 원인보다 앞설 수 없다는 것이 과학의 논리성이다.

(2) 일반성

과학은 개별적인 현상을 하나하나 설명하기보다는 매우 광범위한 현상에 공통된 속성을 구분하거나 분리해내고 그들 간의 어떤 규칙적인 관계를 찾으려 노력한다. 예컨대, '어떤 특정한 선수가 왜 운동을 잘 하는가?'보다는 '운동을 잘하는 선수들의 공통적인 속성이 무엇인가?'에 관심을 더 갖는다.

(3) 간결성

어떤 현상을 설명하는 데에 도움이 되지 않는 변인들은 배제하고 최소한 공통 요소만을 이용하여 최대의 설명을 이끌어 내려고 한다.

(4) 구체성

현상에 관한 요소나 용어에 대한 구체적인 조작을 통해 의미를 통일시킨다. 추상적인 개념(사랑, 동기, 성격 등)에 있어서는 더욱 엄격한 용어의 조작적 정의가 필요하다.

(5) 반복성

내가 수행했던 연구를 다른 사람이 동일한 절차를 거쳐 수행했을 때 동일한 결과를 얻어야 한다.

(6) 잠정적이고 수정 가능성

과학적으로 검증된 지식일지라도 영원하리라는 보장은 없다. 단지 현재 시점에서 다른 지식에 비해 더 일반적이고 정확할 가능성이 확률적으로 높다는 것일 뿐이다. 따라서 과학적 지식은 항상 과학적 방법에 의하여 더욱 일반적이고 정교한 이론을 수정 또는 대체된다.

(7) 가설 연역성

가설은 여러 차례의 검증 과정을 거쳐 검증된 범위 내에서 일반화되어 법칙으로 만들어지며, 이렇게 만들어진 법칙은 다른 상황에서도 적용될 것이라는 예언적 가설을 형성한다. 이러한 가설은 또다시 검증되며 이와 같은 과정이 반복되면서 가설은 보다 폭넓은 범위로 일반화되고 과학적 지식은 한없이 확대되어 나간다.

2) 과학의 목적

(1) 기술
변인들을 정의하거나 분류하는 절차를 말한다.

(2) 설명
어떤 현상의 원인을 확인하는 것이다. 현상을 설명하기 위해서는 세 가지 조건이 모두 충족되어야 한다. 첫째, 만일 하나의 사상이 다른 것의 원인이라면 하나가 변할 때 다른 것이 변해야 한다는 공변의 원리이다. 둘째, 원인은 결과보다 시간적으로 먼저 일어나야 한다는 시간적 순서 관계이다. 셋째, 결과를 낳을 수 있는 다른 가능한 원인들이 원인으로서 배제되어야 한다는 것이다.

(3) 예측
어떤 변인으로 다른 변인을 예측하는 것이다.

(4) 통제
설명을 통해 확립된 이론을 실제적인 일에 응용하는 것을 말한다. 이처럼 과학은 어떤 현상을 기술, 설명, 예측 및 통제하려는 목적을 갖는다. 그리고 연구는 어떤 목적을 가지고 있느냐에 따라 기초학문과 응용학문으로 구분된다. 현상을 기술하고 설명하고 예측하는 데 관심을 두면 기초연구로, 통제 차원까지의 목적이 있다면 응용연구로 분류된다.

3) 과학적 연구의 방법

(1) 실험실 연구(laboratory experiment)

실험실 연구는 가설을 설정하고 인위적으로 통제된 조건 하에서 연구하고자 하는 특정 변인을 체계적으로 변화시켜서 그 효과가 어떻게 나타나는가를 측정하는 방법이다. 이러한 방법은 연구자가 원하는 대로 독립변인을 조작할 수 있고, 독립변인 외에 종속변인에 영향을 미칠 수 있는 다른 변인을 엄격하게 통제할 수 있다는 장점이 있으나, 실험상황은 인위적이므로 실제 상황에서는 연구결과가 다르게 나타날 수도 있다는 단점이 있다.

(2) 현장 실험(field experiment)

실험실이 아닌 실제 장면에서 행하여지는 실험으로 실험실 연구와 마찬가지로 독립변인을 조작한다. 하지만 현장연구는 자연스러운 상태가 실험의 일부이기 때문에 독립변인이나 가외변인을 원하는 대로 통제할 수 없고 피험자 또한 무선 배치하기가 어렵다.

(3) 관찰연구

관찰법은 심리현상을 인위적으로 조작하지 않고 자연 상태에서 연구하는 방법이다. 운동선수들의 훈련 상황이 궁금하다면 팀의 일원이 되어 같이 생활하면서 관찰할 수 있다. 주로 연구 초기에 연구문제를 찾기 위해 사용된다. 이 연구의 장점은 자연스런 상태에서 관찰하므로 실험실에서보다 더욱 자연스럽고, 자발적이며, 다양한 행동을 관찰할 수 있다는 것이다. 단점으로는 관찰자의 편견이 작용할 수 있고, 자신이 중요하지 않다고 판단되는 것은 기록에서 제외시킬 수 있으며, 관찰된 행동이 특정한 시간과 장소 그리고 관심이 있는 집단에 한정된다는 것이다.

(4) 조사방법 및 검사방법

조사방법은 변인의 측정을 피험자들이 질문에 응답한 자기보고나 면접에서 진술한 내용 및 연구자의 관찰로 한다. 따라서 연구참여자(피험자)로 선정된 사람들이 집단을 어느 정도 대표하는지, 그들의 보고내용이 진솔했는지가 연구의 결과에 상당한 영향을 미친다.

검사방법은 인간의 심리적 특성을 과학적 방법에 의해 객관적이고 체계적으로 만들어진 검사 도구로 양적으로 측정하고자 하는 것이다. 조사방법보다 정밀한 측정이 요구되는 상황에 사용된다. 이 방법에서는 검사도구의 신뢰성과 타당성이 매우 중요하다. 체계적이고 과학적인 제작과정을 거쳐 개발된 검사지를 사용해야 한다.

4) 과학적 연구의 일반적 과정

관심사항에 대한 연구자의 경험이나 문헌고찰을 통해 연구주제를 선정한다. 이 과정에서 연구문제의 가치나 해결 가능성 여부를 같이 탐색한다. 연구주제가 선정되면 가설을 설정한다. 가설은 문헌이나 실제경험을 토대로 얻어진 연구문제에 대한 잠정적인 해답으로서 '만일 ~라면 ~할 것이다'의 형식으로 진술한다. 가설이 설정되면 연구를 설계한다. 연구의 설계단계에서는 변인들의 조작적 정의, 표본의 추출, 실험방법의 확정 절차가 포함된다. 연구의 설계가 끝나면 연구를 실시한다. 연구 실시 후 수집된 자료를 토대로 여러 가지 통계적 방법을 활용하여 분석한다. 이 결과가 처음에 설정한 가설을 지지하는 것으로 나타나면 결과를 보고하고 그것이 지니는 의미에 대하여 논의하며, 만일 가설이 지지되지 않은 것으로 나타나면 왜 지지되지 않았는지를 고찰하여 결과를 다른 관점에서 재분석해 보거나 대안적 설명을 찾아서 다른 연구를 진행한다.

스포츠심리학 관련 단체

1) ISSP

1965년 세계 각국의 스포츠심리학자의 정보 교류를 목적으로 설립된 조직이다. 4년마다 열리는 학술대회에서는 전 세계 학자들의 다양한 연구 성과가 발표된다. 2009년에는 모로코의 마라케쉬에서 제 12차 국제학술회의가 개최되었다.

2) AASP

응용스포츠심리학의 연구와 실천을 목적으로 1985년에 결성된 조직으로 (1) 건강심리학 (2) 수행향상 (3) 사회심리학 등 세 분과를 두고 있다. 매년 정기 학술대회에서는 워크샵, 세미나, 논문 발표, 주제 강연, 포스터 발표 등을 통해 스포츠심리학의 새로운 지식과 현장적용 사례가 소개되고 논의된다.

3) NASPSPA

스포츠와 신체활동의 심리적 측면의 탐구를 목적으로 1965년에 조직되었다. 하위 분과로 운동발달, 운동학습, 운동제어, 스포츠심리학을 두고 있다. 스포츠심리학 분야에서 가장 오래된 전문 조직 중의 하나이다.

4) FEPSAC

1967년 유럽지역의 스포츠심리학자들이 중심이 되어 창설한 학회이다. 매 4년마다 유럽지역을 순회하면서 학술대회를 개최한다. 1995년에는 벨기에의 브뤼셀에서 제 5차 학술대회가 개최되었다.

5) ASPASP

1989년에 일본, 호주, 한국, 중국 등 아시아 남태평양 국가의 학자들이 창설한 학회이다. 유럽스포츠심리학회나 국제스포츠심리학회와 마찬가지로 매 4년마다 학술대회를 갖는다. 2003년에는 서울에서 제 4차 학술대회를 유치하였다.

6) ISMT

1989년 스웨덴의 심리학자인 Unestahl과 캐나다의 Orlick의 주도로 창설된 학회이다. 정신훈련의 이론 및 실천과 관련된 논문발표와 워크숍을 중심으로 매 4년마다 학술대회를 개최한다. 1995년 캐나다의 오타와에서 제2회 학술대회가 개최되었다.

7) 한국스포츠심리학회

국내 스포츠심리학 관련분야 연구자들이 중심이 되어 1989년에 창립되었다. 북미스포츠심리학회와 같이 운동학습, 운동제어, 운동발달, 스포츠심리학회 등의 하위분과를 모두 포함하여, 이들 분야의 학자와 예비 학자들이 학술지, 정기세미나를 통해 관련 정보를 교환하고 있다.

스포츠심리학 관련 학회지

1) Journal of Sport & Exercise Psychology

북미 스포츠심리학회의 공식 학술지로서 스포츠심리학 분야의 기초 및 응용 연구를 게재한다. 스포츠심리학 분야에서 가장 오래된 학술지로 1979년에 처음 발간되었으며, 이 분야의 연구자들이 가장 많이 인용한다.

2) International Journal of Sport Psychology

국제스포츠심리학회의 공식 학술지로 1970년 창간호가 발간되었으며, 년 4회 발간된다. 전 세계의 스포츠심리학 연구 활동을 게재하는 것을 목표로 하고 있다.

3) The Sport Psychologist

1987년에 창간되어 년 4회 발간한다. 스포츠심리학 지식이 코치와 선수에게 전달될 수 있도록 응용연구와 현장적용 사례 등이 집중적으로 실린다.

4) Journal of Applied Sport Psychology

응용스포츠심리학회 AASP의 공식 학술지로서 1989년 창간되어 년 4회 발간된다. 현장에서 사용할 수 있는 스포츠심리학의 지식과 현장 적용사례 등이 게재된다.

5) 한국스포츠심리학회지 (Korean Journal of Sport Psychology)

한국스포츠심리학회의 공식 학술지로 1990년에 처음 발간되었으며, 년 2회 발간된다. 운동학습, 운동제어, 운동발달, 스포츠심리학 분야의 연구논문이 게재된다.

참 고 문 헌

최영옥 · 이병기 · 구봉진(2002). 스포츠 행동의 심리학적 이해. 서울 : 대한미디어.

Alderman, R. B.(1980). Sport psychology : Past, present, and future dilemmas. In P. Klavora & K. A. W. Wipper(Eds.), *Psychological and Sociological Factors in Sport*(pp. 13-19). Toronto, ON : University of Toronto.

Cox, R. H.(1985). *Sport Psychology : Concepts and Applications*. Columbus, OH : McGraw-Hill.

Cox, R. H.(1994). *Sport Psychology : Concepts and Applications*. Madison, WS : Brown & Benchmark Publishers.

Cratty, B. J.(1989). *Psychology in Contemporary Sport*. Upper Saddle River, NJ : Prentice-Hall.

Gill, D. L.(1986). *Psychological Dynamics of Sport*. Champaign, IL : Human Kinetics.

Gould, D.(1996). Sport Psychology : Future directions in youth sport research. In F. L Smoll, & R. E. Smith(Eds.), *Children and Youth Sport : A Biopsychosocial Perspective*(pp. 405-422). Madison, WS : Brown & Benchmark.

Griffith, C. R.(1926). *Psychology of Coaching*. New York, NY : Scribners.

Griffith, C. R.(1928). *Psychology of Athletics*. New York, NY : Scribners.

Ogilvie, B., & Tutko, T.(1986). *Problem Athletes and How to Handle Them*. London : Pelham.

Singer, R. N.(1978). *Motor Learning and Human Performance(2nd ed.)*. New York, NY : Macmillan Publishing Company.

Triplett, N.(1898). The dynamogenic factors in pacemaking and competition. *American Journal of Psychology, 9*, 507-553.

William, J. M., & Straub, W. F.(1986). Sport psychology : Past, present, future. *Applied Sport Psychology : Personal Growth to Peak Performance*. Palo Alto, CA : Mayfield Publishing Company.

제 **2** 장

성 격

　　성격을 보다 쉽게 이해하기 위해서는 성격의 구조를 이해하는 것이 최선의 방법이다. 1960년대와 1970년대에 활발하게 이루어진 성격 연구에서는 스포츠 수행과 성격과의 관계에 대한 일치된 견해를 보여주지 못하고 있으며, 성격 연구가 진행된 이래로 다양한 성격 이론들이 주창되었다.

　　본 장에서는 성격의 정의 및 분류, 성격의 다양한 측정방법, 성격과 운동수행과의 관계에 대해 알아보도록 하겠다.

성격의 정의

　성격의 정의를 내리기란 쉽지 않다. 사람이 원래 복잡한 존재여서 성격에 대한 견해가 너무 많기 때문이다. Hollander(1967)는 '한 개인을 유일하고 독특하게 하는 특징의 총합'이라 하였고, Eysenck(1970)는 '환경에 독특하게 적응하도록 하는 개인이 성품, 기질, 지성 등의 안정성 있는 조직'이라 하였으며, Allport(1961)는 '환경에 독특하게 적응하도록 결정지어 주는 개인 내의 심리·물리적 체계의 역동적 조직'이라고 성격을 정의하였다. 이러한 학자들이 내린 성격의 정의를 살펴보면 몇 가지 공통적인 속성이 있음을 알 수 있다.

　첫째, '독특성'을 들 수 있다. 인간은 같은 상황이라도 개인에 따라 사고하고, 느끼고, 행동하는 양식이 다르다. 즉, 인간은 개개인이 서로 다른 반응 양식을 독특하게 가지고 있다는 것이다. 둘째, '일관성'이다. 성격은 시간이나 상황이 바뀌어도 비교적 안정되고 일관성을 지닌다. 즉, 성격은 쉽게 변하지 않는다는 것이다. 셋째, '경향성'이다. 성격은 사고나 느낌, 그리고 행동 그 자체가 아니라 이들 속에 나타나

표 2-1. 성격의 다양한 정의

학자	정의
Allport(1937)	개인이 환경에 독특하게 적응하도록 결정지어주는 심리물리적체계의 역동적 조직
Eysenck(1960)	환경에 독특하게 적응하도록 하는 한 개인의 성품, 기질, 지성 등의 안정성 있는 조직
Hollander(1967)	한 개인을 유일하고 독특하게 하는 특징의 총합
Weinberg와 Gould (1995)	다른 사람과 구별되어 독특한 존재로 변별하여 주는 여러 특성들의 총합
Cratty(1989)	선수의 경기력 향상에 중점을 두는 심리학의 하위 영역

는 어떤 경향성을 나타낸다. 즉, 행위 그 자체가 아니라 그 행위를 통해 추론된 성향
이 성격이라는 것이다.

　이처럼 독특성, 일관성, 경향성이 성격의 속성이며 여러 학자의 정의를 종합해보
면, 성격이란 환경에 대한 개인의 적응방식을 나타내는 독특하고 일관성이 있는 사
고와 감정 및 행동의 경향성이라고 할 수 있다.

2 성격의 구조

1) 심리적 핵(psychological core)

　성격의 구조에서 가장 안쪽에 위치하고 있는 것을 심리적 핵이라 한다. 인간 본
래의 내면적이고 순수한 면을 나타내며 기본적인 태도, 가치관, 적성, 신념, 동기
등을 포함하고 있다. 이 부분을 알아내기란 어려우며 성격의 가장 안정된 부분이며
장기간에 걸쳐 상당히 일정하게 유지되는 특성을 가지고 있다. 이것이 진정한 자신
의 모습이라 할 수 있다.

2) 전형적 반응(typical response)

　전형적 반응이란 환경에 적응하는 학습된 양식을 의미하며 개인의 가장 심층에
자리하고 있는 심리적 핵의 객관적인 척도라 할 수 있다. 예를 들어, 어떤 상황에서
수줍어하며 조용한 것으로 일관적으로 반응한다면 그 사람은 내향적일 가능성이 크
다는 것이다. 즉, 한 개인이 역경이나 좌절, 행복 그리고 불안한 상황 등에 반응하는
일관적 태도를 일컫는다.

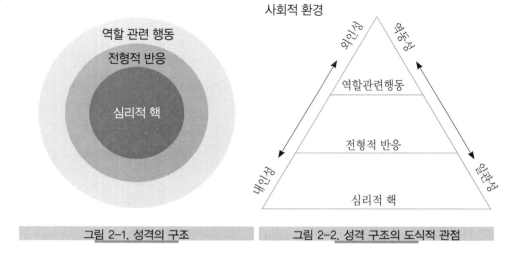

그림 2-1. 성격의 구조 　　　　　 그림 2-2. 성격 구조의 도식적 관점

3) 역할 관련 행동(role-related behavior)

성격구조에서 가장 표면에 위치하며 개인이 처한 환경에 대한 인식의 정도에 따라서 취하게 되는 행동을 말한다. 사람은 주어진 환경에 따라 여러 가지 다른 역할을 수행하게 되는데 제자로서, 코치로서, 선생님으로서, 직원으로서의 역할이 그것이다. 그 역할에 따라 행동은 달라질 것이다. 이것이 역할 관련 행동이고 성격의 구조에서 가장 변화하기 쉬운 부분이다.

3
성격 이론

성격 연구가 진행된 이래로 다양한 성격 이론들이 주창되었다. 체격(체형)이론, 정신분석이론, 현상학적이론, 특성이론, 사회학습이론 등이 개인의 성격을 이해하고 예측하는데 중요한 준거틀로 사용되었다.

1) 심리역동 이론(psychodynamics theory)

인간행동의 독특한 성격을 설명하기 위한 이론으로 역사상 가장 먼저 제창된 것 중의 하나는 심리역동 이론(psychodynamic theory)이다. 심리역동 이론은 행동을 지배하는 무의식적인 동기를 밝히려고 하였으며, Sigmund Freud, Carl Jung, Alfred Alder, Erich Fromm, Eric Erickson 등의 학자가 있으며, 초기 연구를 선도한 학자는 Freud이다. 그는 인간이 어떠한 특정 상황에서 타인과는 구별되나 일관성 있고 독특하게 행동하는 것은 인간 내부의 심리적 요인간의 역동적인 관계에 달려있다고 하였다. 또한 그는 인간의 성격은 배고픔, 성, 공격성, 배설 등과 같은 1차적인 생리적 욕구인 원초아(id), 의식적, 논리적, 현실적 차원의 심리적 요소인 자아(ego), 도덕적, 윤리적, 이성적 차원의 초자아(super ego)로 구성되어 있다고 보았으며, 인간의 내부에서 끊임없는 갈등과 상호작용을 통해 인간의 행동을 지배한다고 보았다 (그림 2-3).

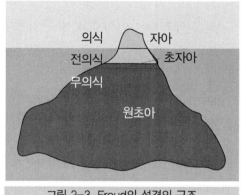

그림 2-3. Freud의 성격의 구조

그러나 심리역동 이론은 행동의 원인을 과거 경험에 지나치게 편중되어 해석되며, 경험적인 증거를 확인하기가 어렵다는 측면에서 비판을 받고 있다. 또한 선수의 독특하고 지속적인 성격을 설명하는 데에는 무리가 있다.

2) 현상학적 이론(phenomenological theory)

Abraham Maslow, Carl Rogers, George Kelly 등은 인간의 성격을 총체적, 기능적, 역동적인 관점에서 접근하였다. 이들의 현상학적 이론은 개인의 동기나 행동을 예언하는 것이 아니라, 개인이 어떻게 지각하고 해석하는가에 관심을 가지고 있다. 이 이론의 대표적인 주창자인 Maslow에 의하면, 인간행동의 공통적이며 독특성을 갖게 하는 성격의 본질은 인간의 내적 욕구체계에 의해 결정된다는 것이다.

Maslow는 인간행동의 기초적인 욕구단계를 성, 공격성, 배고픔 등의 생리적 욕구(physiological needs), 위험으로부터 보호받으려는 안전 욕구

그림 2-4. Maslow의 욕구위계 5단계

(safety needs), 누군가에게 사랑받고 애정을 가지고 싶어 하는 애정 욕구(love needs), 사회에서 인정받고, 누군가에게 존중받고 싶어 하는 존중 욕구(esteem needs), 자아를 실현하고자 하는 자아실현 욕구(self actualization needs)의 5단계로 구분하였다(그림 2-4).

현상학적 이론에 따르면, 인간행동의 특징인 성격의 본질은 위계적인 욕구단계와 관련되어 있으며, 개인의 요구 관계에 따라 인간행동의 특징이 결정된다는 것이다. 그러나 이러한 현상학적 이론은 인간주의적인 특징으로 인한 매력은 있으나 과학적인 방법으로 증명하기는 어려우며, 자아실현이라는 개념이 정확하게 정의되지 못했다는 단점이 있다.

3) 체격 이론(constitutional theory) 또는 체형 이론(body type theory)

체격 이론(constitutional theory) 또는 체형 이론(body type theory)이라 불리는 이 이론은 Stanley Kretschmer와 William Sheldon에 의해 주창되었다. 체형이론은 개인이 가지고 있는 체형 또는 체격은 주로 유전적으로 결정되며, 이는 성격과 밀접한 관련이 있다고 주장한다. Sheldon은 성격과 관련되어 인간의 체형을 비만형, 근육형, 세장형으로 구분하여 이에 상응하는 성격형을 내배엽형, 중배엽형, 외배엽형으로 구분하였다. 즉, 비만체형으로 배가 나오고 뚱뚱하며 사교적이며 타

인과 원만한 관계를 추구하는 내배엽형, 근육체형이며 건장하고 골격이 발달하였으며 신체적이고 정신적인 모험을 추가하는 중배엽형, 빼빼마른 체형으로 뼈가 가늘고 허약한 체형으로 자제력이 강하나 예민한 성격을 가지고 있어 원만한 대인관계를 유지하지 못하는 외배엽형으로 구분하였다(표 2-2).

표 2-2. Sheldon의 체형과 성격 분류

체형		성격형	
명칭	특징	명칭	특징
세장형	키가 크고 마른 체격	외배엽형	긴장 사회적 제재 사회적 고립
근육형	발달된 근육 체격	중배엽형	강한 모험심 격렬한 신체활동 추구
비만형	뚱뚱하고 둥근 체격	내배엽형	사교적 위안감 애정

4) 특성 이론(trait theory)

특성 이론의 기본 전제는 개인의 행동은 외부 환경의 영향보다 개인 내에 존재하고 있는 일관적이고 안정된 특성에 의해 결정된다는 것이다. 1960년대와 1970년대에 특성 이론을 주장한 Cattell은 성격과 관련된 수많은 단어들을 정리하여 16개 특성 요인들이 성격의 복잡성을 설명한다는 결론을 내리고 16PF라는 성격 검사지를 개발하고, 이들 16가지 성격 요인으로 한 개인의 성격을 설명할 수 있다고 주장하였다. Eysenck와 Eysenck(1968)는 수많은 개인적 특성 요인들을 상대적 개념으로 보았고, 내향성/외향성과 안정성/불안정성의 2가지 주요 차원으로 분류하였다. 이들은 장기간의 지속적이고 안정적인 성격 특성들을 고려함으로써 성격을 쉽게 이해할 수 있다고 주장하였다.

성격 연구에 있어서 이러한 특성 이론은 스포츠 상황에서 훌륭한 선수의 성격 특성을 규명하는 데 집중되었으나, 연구 결과 성격과 운동 수행과의 상관관계는 낮은 것으로 밝혀졌다. 즉, 단지 개인의 성격 특성을 파악한다는 것이 특정한 상황 하에서 그 선수가 어떻게 행동할 것인지를 예측하는데 도움이 되지 않는다는 것이다. 예를 들면, 스포츠 상황에서 쉽게 흥분하는 경향이 있는 선수가 다른 상황에서는 그렇지 않을 수가 있는 반면, 어떤 선수는 시합 상황에서 냉철할 정도로 침착한 행동을 하다가도 다른 상황에서는 쉽게 흥분하는 경향이 있을 수도 있다는 것이다. 이러한 단점으로 인하여 특정 행동을 유발하는 상황이나 환경에 초점을 맞추어야 한다는 주장이 제기되었다.

5) 사회학습 이론(social learning theory)

사회학습 이론은 특성 이론과는 상반된 이론이다. 이 이론은 인간의 행동이 개인 내에 내재하고 있는 일관적이고 안정된 특성들에 의해 결정되는 것이 아니라 각 개인이 처한 상황과 학습에 의해서 좌우된다는 것이다. 예를 들면, 평소에 강인하고 안정된 특성을 갖고 있는 선수가 중요한 시합에서 불안하고 흥분된 행동을 보일 수 있다.

Bandura(1977)는 인간의 행동을 관찰학습(모델링)과 사회적 강화(피드백)로 사회학습 이론(Bandura, 1977)을 설명하고 있다. 즉, 각 개인의 외부 환경과 강화가 그 사람의 행동 양식을 결정한다는 것이다. 많은 사람들은 타인의 행동을 관찰하고, 모방하고 학습하며, 행동 결과에 대한 적절한 보상은 그 행동을 다시 반복할 가능성이 많다는 것이다. 예를 들면, 유소년 선수가 자신이 좋아하는 선수의 공격적 행위를 보고, 실제 자신의 시합에서 그 행동을 모방할 가능성이 아주 높다. 그리고 지도자가 자신의 공격적 행위에 대한 피드백을 준다면 다음 시합에서도 이러한 공격적 행동이 지속될 것이다.

사회학습 이론은 특성 이론에 비해 스포츠심리학자들에게 수용된 예가 적지만, 실제 스포츠 현장에서 관찰학습, 언어적 피드백, 자신감 등의 이론들이 많이 유용되고 있다. 하지만 특성 이론과 마찬가지로 사회학습 이론도 인간의 행동을 완전하게 예측하지는 못한다. 특정한 상황은 분명히 행동에 영향을 미칠 수 있지만, 특정한 개인은 그 상황에서도 동요되지 않을 수 있다는 의외성이 있다.

6) 상호작용적 접근

상호작용적 접근 방법은 상황과 각 개인의 성격을 행동의 상호결정체로 보고 있다. 즉, 개인의 심리적 특성과 특정한 상황 모두를 이해하는 것이 인간 행동을 예측하는데 도움이 된다는 것이다. Boweres(1973)는 인간 행동의 12%가 개인적 성격 특성에 의하여, 10%는 상황적 요인에 의하여, 개인 특성과 상황의 상호작용은 인간의 행동을 21% 가량 설명할 수 있다고 주장하였다. 즉 상호작용적 접근이 특성적 접근과 상황적 접근의 두 배 정도나 설명력이 높다고 할 수 있다.

오늘날 대부분의 스포츠심리학자들은 상호작용적 접근에 의하여 스포츠 상황에서 발생하는 행동들을 연구하고 있다. 예를 들면, 단체 경기라는 상황에서 외향적 성격 특성을 갖고 있는 선수가 내향적인 선수보다 좋은 수행을 할 것인가? 성취동기라는 개인적 특성이 높은 사람이 낮은 사람에 비해 정규 운동프로그램에서 운동 행동을 더욱 오래 지속할 수 있을 것인가? 자신감이 높은 사람이 낮은 사람에 비해 경쟁적 스포츠를 좋아할 것인가? 등의 연구문제를 설정할 수 있다.

환경이 선수에게 미치는 영향은 어떤 특정한 성격 특성보다 훨씬 더 강한 잠재력을 갖는다. 즉, 각각의 선수는 불안하게 되는 성격 특성을 갖고 있을 수 있지만 어떤 선수가 높은 불안을 야기시키는 스포츠 상황에서 불안해하지 않을 수 있겠는가? 야구 9회에서 동점에다 만루인 경우에 핀치히터로 나가는 경우와, 동점이고 경기 시간이 불과 몇 분 남지 않은 월드컵 축구 경기에서 페널티킥을 차게 되는 경우가 이러한 상황에 해당될 것이다. 이처럼 특정한 스포츠 상황에서 어떠한 반응을 보이는가에 대한 상호작용적 접근 방법은 개인의 행동을 보다 정확하게 예측하고 설명할 수 있을 것이다.

4
성격의 측정

스포츠 상황에서 성격의 측정은 스포츠에 참여하는 사람들의 행동을 설명하고 예측하려는 목적을 가지고 수행된다. 스포츠 상황에서 나타나는 여러 가지 인간 행동의 원리를 정확하게 이해하기 위해서는 우선적으로 체계적이고 과학적인 성격 측정이 필요하다. 심리학자들은 사람들의 성격 차이를 밝히기 위해 여러 가지 방법들을 고안했는데, 이러한 검사 도구는 스포츠에 참여하는 사람들(운동참여자, 선수, 감독, 코치 등)에게 유용한 정보를 제공할 수 있다.

1) 평정 성격 척도

평정척도로 성격을 측정하는 방법은 사전에 여러 가지 질문을 준비하여 피험자 수준에 맞는 단계를 평정하는 방법으로 주로 인터뷰와 관찰법을 사용한다.

인터뷰 방법에서 특히 유념해야 할 점은 조사자의 주관성을 배제하기 위해서 구조화 또는 반구조화된 설문지를 이용하여 객관성을 높여야 한다는 점이다. 인터뷰 방법이 과학적이고 체계적인 방법으로 이루어진다면 그 결과는 신뢰롭다고 할 수 있다.

그러나 이렇게 되기 위해서는 조사자의 인터뷰 기법 역시 뛰어나야 한다. 관찰법은 사전에 잘 만들어진 체크리스트를 사용해야 하고 체크리스트에는 관찰자가 발견할 수 있는 특별한 성향과 행동양식이 포함되어야 한다. 이 방법 역시 과학적이고 객관적인 체크리스트를 사용한 경우에는 비교적 신뢰할 수 있으나, 스포츠 심리학 연구 분야에서 자주 사용하지는 않고 있다. 그 이유는 시간이 많이 소비되고 표준화하기 어려우며, 정량화하기 곤란하다는 단점이 있기 때문이다. 가장 널리 알려진 체크리스트로는 Smith 등(1977)이 제작한 코칭행동평가체계(CBAS:

표 2-3. 코칭행동평가체계(CBAS) 관찰 양식

관찰자: _____   관찰일자:

장소: _____

관찰 시작시간: _____   관찰 종료시간:

구분		코칭행동분류	빈도	소계
반응행동	바람직한 행동	긍정적 강화		
		무강화		
	실수	실수관련 격려		
		실수관련 기술지도		
		처벌		
		처벌적 실수		
		관련 기술지도		
		실수 무시		
	장난	통제유지		
자발행동	연습과 관련	일반적 기술지도		
		일반적 격려		
		조직		
	연습과 무관	일반적		
		의사소통		

Coaching Behavior Assessment System)가 있다.

2) 구성적 성격 척도

구성적 성격 검사 도구는 보통 자기보고식 검사(지필검사)라고 하는데 성격연구에서 가장 일반적으로 사용되고 있는 객관적 방법이다. 구조화된 질문지를 피험자에게 주고 자신에게 맞는 응답을 하도록 구성되어 있으며, 자료를 관리하거나 수량화하는 데 용이하다.

미네소타 다면적 인성 검사
(Minnesota Multiphasic Personality Inventory : MMPI)

1940년대 미국 미네소타 대학의 정신과와 심리학과 교수들이 제작한 것으로 정상인과 비정상인을 구별하기 위하여 임상 장면에서 많이 사용하고 있는 검사도구이다. 원래 9개의 요인을 측정하도록 개발되었으나 현재는 12개의 요인을 측정하도록 수정, 보완되었다.

카텔의 성격요인 검사
(Cattell's 16 Personality Factor Questionnaire : 16PF)

이 검사도구는 1957년 Cattell이 고안한 검사로 인간 성격의 근원적인 특성 16가지를 측정하도록 구성되어 있으며, 이때까지 개발된 검사로는 가장 과학적인 검사도구라 할 수 있다.

아이젱크 성격 검사
(Eysenck Personality Inventory : EPI)

이 검사는 Eysenck가 1975년에 개발한 성격차원 검사로 내향성/외향성과 안정성/불안정성의 두 차원으로 측정하도록 구성되어 있다.

3) 비구성적 성격 척도

이 검사방법은 피험자에게 애매한 자극을 제시하고 그에 대한 반응을 분석함으로써 피험자의 성격을 진단하는 방법이다. 이 방법의 기본 전제는 피험자가 애매한 자극을 구조화할 때 성격구조의 깊은 곳(심리적 핵)을 드러낸다는 것이다. 그러나 피험자가 의식적으로 반응을 왜곡하기 쉽고 해석상의 어려움이 있다. 대표적인 검사방법으로는 로샤검사와 주제통각검사가 있다.

로샤검사 (Rorschach Test)

스위스의 정신과 의사인 Rorschach가 1921년에 개발한 검사로서 잉크얼룩이 있는 10장의 카드로 구성되어 있다. 검사방법으로는 카드 한 장씩을 피험자에게 보여주고 잉크얼룩과 비슷하게 보이는 모든 것을 말하도록 묻는 검사이다. 그리고 검사자가 피험자에게 응답에 대한 해석을 자세하게 묻는다. 채점은 반응을 하게 한 그림의 위치, 결정요인, 내용의 세가지 차원에서 한다. 해석은 전문적인 지식과 기술을 요한다.

그림 2-5. 성격 구조의 도식적 관점

주제통각검사 (Thematic Apperception Test : TAT)

이 검사는 1930년 하버드대학의 임상심리학 실험실에서 Morgan과 Murray에 의해서 개발된 것으로서 문학적인 창조성을 자극하여 상상한 내용에서 무의식의 복합을 분석하는 방법이며 일명 테마해명검사라고도 한다. 주로 인물이 등장하는 그림을 20~30장을 보여서 의미를 부여시켜 자유로운 공상적 이야기를 만들게 하고 그 의미 부여의 방법이나 이야기의 전개방법 또는 표현방법을 분석함으로써 본인이 뚜렷하게 의식하지 못하는 마음의 응어리나 숨은 욕구를 찾아내기도 하고, 성격 전체를 진단하기도 한다. 검사 결과의 분석과 해석은 통찰적이고 심층심리학적이기 때문에 경험을 쌓은 검사자가 실시해야 한다.

성격검사 시 고려해야 할 지침

1. 검사의 원리와 측정오류를 이해해야 한다.

스포츠심리 검사와 해석이 이루어지기 전, 우리는 검사의 원리를 숙지하고, 측정상 발생될 수 있는 오류를 인식할 수 있어야 하며, 타당도 검사를 마친 척도를 사용하여야 한다. 이는 모든 심리 검사들이 체계적이고 신뢰롭게 구성되어있지 않기 때문이며, 이 검사들은 결코 절대적이지 않아 반박할 여지가 있다는 말이다.

체계적으로 개발된 타당한 검사지일지라도 측정오차는 나타날 수 있다. 다시 말해 초등학생에게 성인을 대상으로 고안된 검시지를 실시한다면 결과는 그리 긍정적이지 못할 것이다. 또한 문화적 차이를 보이는 동양인과 서양인에게 문화적 차이를 고려한 검사를 실시해야 한다는 뜻으로 연구자는 검사도구의 신뢰도와 타당도를 확보하기 위해 검사하고자 하는 특정집단을 대상으로 사전검사를 실시하는 것이 바람직하다.

2. 검사자 자신의 한계를 이해해야 한다.

검사 실시자들은 자신이 알고 있는 지식으로만 모든 해석이 가능하다고 믿어서는 안된다. 실례로, 정신분열증이나 조울증과 같은 정신병리적 검사지를 운동선수의 불안수준을 측정하는데 사용한다면 이는 비윤리적이며, 운동선수들에게 해가 될 수도 있기 때문이다. 또한 타당하지 않은 검사결과가 초래되므로 검사자는 검사전 자신이 검사할 목적을 반드시 숙지한 후 검사지를 선택해야 할 것이다.

3. 검사자는 응답자에게 사전 설명을 해주어야 한다.

심리검사를 실시하기 전 검사자는 응답자에게 검사실시 목적, 내용 자료의 용도 등과 같은 세부사항을 자세히 설명한 후 응답자들로 하여금 성실한 답을 유도할 수 있는 신뢰감을 주어야 한다. 또한 검사 결과를 응답자에게 알려줌으로써 자기개발에 이용할 수 있게 한다.

4. 응답자의 비밀을 보장한다.

응답자에게 검사결과에 대한 모든 것이 비밀이라는 것을 확신 시켜주어야 한다. 이는 비밀이 보장 될 때에 응답자가 성실하게 검사에 응하기 때문이다. 만약 비밀이 보장되지 않는다면 응답자들은 검사의 참된 결과를 왜곡시킬 수도 있다.

5. 타피험자와의 비교를 금지해야 한다.

운동선수의 심리검사 결과를 일반인과 비교해서는 안 된다. 선수들은 일반인과 비교하여 동기수준이 평균보다 높게 나타날 수 있기 때문이다. 이는 선수들이 특정상황에서 왜 그런 반응이 일어나는가를 알고 싶은 것이지, 선수의 동기가 다른 사람과 비교하여 높거나 낮다는 사실을 알기 위함이 아니기 때문이다.

5 성격과 스포츠 수행의 관계

　운동선수와 비운동선수의 성격에는 차이가 있는가? 그러한 성격은 종목에 따라 또는 포지션에 따라 다른가? 어떤 성격특성이 훌륭한 선수를 만드는가? 등에 관한 연구가 1960년대와 1970년대에 활발히 이루어져왔다. 성격과 운동수행의 성공은 밀접히 관련되어 있다는 학파(신봉적 학파)와 성격과 운동수행의 성공과는 무관하다는 학파(회의론적 학파)로 분류되었는데, 아직까지 이 두 관점에 대해서 어느 하나가 정확하다고는 볼 수 없으며 보다 많은 연구가 필요하다.

1) 운동선수와 비운동선수의 성격

　운동선수와 비운동선수를 비교한 대표적인 연구로는 Schurr, Ashley와 Joy(1977)와 Morgan(1980)의 연구가 있다. 이들은 운동선수가 비운동선수에 비해 외향적이고, 불안수준이 낮다는 결과를 보고하였다. Cooper(1969)는 운동선수가 일반인에 비해 자신감이 높고, 경쟁적이며, 사회성이 탁월하다고 하였으며, Hardman(1973)은 운동선수가 일반인보다 지적이라고 하였다.

　이들의 연구결과를 종합해 보면 선수와 비선수를 구별할 수 있는 성격 특성의 차이가 발견되긴 하였지만 분명한 차이가 있는 것은 아니다. 이러한 결과는 스포츠 참여를 통해 성격이 변화했다기 보다는 어떤 특정한 성격의 소유자가 특정한 스포츠를 선택했을 수도 있다는 것을 시사하고 있다(Weinberg & Gould, 1995).

　스포츠 성격에 관련된 문제 중의 하나는 스포츠 형태에 따른 성격 차이가 존재하느냐 하는 것이다. 표 2-4의 연구에서도 볼 수 있는 바와 같이 개인 종목 선수와 단체 종목 선수 간에는 성격 차이가 있는 것으로 나타났지만, 많은 다른 연구 결과는 일관성이 없고 논란의 여지가 많은 것 또한 사실이다.

운동선수와 비운동선수간의 성격이 차이가 있는지를 알기 위해서는 운동선수를 어떻게 규정하는가가 중요하다. 대한체육회 산하의 종목별 경기단체에 등록이 되어 있는 선수만을 운동선수라 규정지을 것인가, 아니면 각종 대회에 참가하는 동호인도 운동선수로 보아야 할 것인가는 연구자의 관점에 따라 다르다. 운동선수의 성격 특성을 밝히려는 연구를 대할 때는 이러한 점도 고려해야 한다.

표 2-4. 선수/ 종목별 성격특성에 관한 Schurr 등(1977)의 연구결과

준거집단	비교집단	성격특징
직접스포츠(접촉스포츠)	비선수	더 외향적임 더 독립적임
평행스포츠(비접촉스포츠)	비선수	덜 불안해함 덜 독립적임 마음씨가 더 거칠음
단체종목	비선수	더 외향적임 더 의존적임 마음씨가 덜 거칠음
개인종목	비선수	덜 불안해 함 더 의존적임
단체종목	개인종목	더 의존적임 더 불안해 함 더 외향적임

2) 운동 종목별 성격

스포츠는 종목별로 독특한 형태로 경기가 진행된다. 레슬링, 복싱과 같이 개인이 하는 경기와 농구, 축구와 같이 개인 혼자만으로는 할 수 없는 경기가 있다.

Schurr, Ashley와 Joy(1977)는 그림 2-6과 같이 스포츠를 신체접촉이 있는 직접 스포츠(direct sports)와 신체접촉이 없는 평행스포츠(parallel sports)로 크게 분류하고, 이를 다시 개인경기와 단체경기로 분류하였다. 그들은 이러한 분류체계를 바탕으로 실시된 연구에서 단체경기 선수는 개인경기 선수에 비해 불안이 높고,

의존심이 강하며, 외향적이라고 하였고, 직접스포츠 종목의 선수는 평행스포츠 종목 선수보다 독립적이고 이기심이 적다고 주장하였다. 이처럼 스포츠 종목 간의 성격 특성은 차이가 있다는 것을 알 수 있으나, 이러한 유사 연구 결과들에서 일관된 결과를 보이고 있지는 않다.

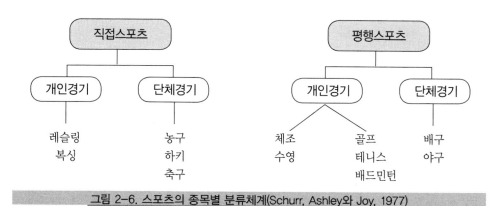

그림 2-6. 스포츠의 종목별 분류체계(Schurr, Ashley와 Joy, 1977)

3) 여자 운동선수의 성격

스포츠에 참여하는 여성의 수가 증가함에 따라, 여자 운동선수들의 성격특성을 이해하는 것도 중요해졌다. Williams(1980)의 연구결과에서는 우수 여자선수들이 비선수들에 비해 보다 성취지향적이었고 독립적이었으며, 공격적이고 정서적으로 안정되었으며 완강한 성격을 가지고 있다고 보고하였다. 이는 남자선수와 비선수 사이의 성격 특성과 동일한 결과라 할 수 있다. 따라서 우수한 스포츠선수는 성별에 관계없이 비슷한 성격특성을 가지고 있음을 알 수 있다.

4) 포지션과 성격

스포츠 성격에 관련된 또 다른 문제는 선수의 포지션에 따른 성격 차이가 있느냐 하는 것이다. 예를 들어 축구나 하키에서 골키퍼와 공격진 선수 간에 성격 차이가 있을 것이라는 가정이다. Kirkcaldy(1982)는 배구, 럭비, 핸드볼 종목에 있어서 공격 선수는 수비 선수보다 더 정서적으로 불안정하고 외향적임을 밝혔고, Cox(1987)는 배구의 세터는 다른 포지션 선수들보다 넓은 내적(broad-internal) 주의집중 형태를 갖고 있어 한꺼번에 여러 단서를 추적할 수 있다고 주장하였다. Schurr 등(1984)은 미식축구에서 라인스맨은 백필더에 비해 더 조직적이고 실제적인 반면, 공격과 방어를 맡고 있는 백필더들은 유연하고 적응적이었다. 또한 공격형 백필더들은 더 외향적이고, 방어를 맡고 있는 백필더들은 보다 내향적이었다.

이러한 연구들은 선수의 포지션과 성격 변인 간에 어떤 관계가 있음을 시사 하지만, 이러한 주제에 관한 연구를 효과적으로 이끌 체계적이고도 종합적인 이론이나 패러다임은 없는 형편이다.

5) 선수의 기술수준과 성격

우수 선수와 비우수 선수간의 성격에 차이가 있는가를 규명하는 것 역시 많은 스포츠심리학자들의 관심주제였다. 그러나 이 주제를 검증하는 것에는 대부분의 연구자들이 실패하였다. 그럼에도 불구하고, 현장의 지도자들은 성격 특성으로 선수들을 구분하고자 한다. 이러한 물음에 대한 해답은 Williams와 Parkins(1980)의 연구에서 그 근거를 제공하고 있다. 이들은 세계적 하키 선수, 국가대표급 선수, 클럽 수준의 선수들의 성격을 16PF 점수로 비교하였다. 그 결과, 세계적 선수들은 클럽 선수들의 성격과 달랐으나, 국가대표급 선수와 세계적 선수, 국가대표급 선수와 클럽 선수간에는 뚜렷한 차이가 없었다. 이러한 결과에 대해 Silva(1984)는 운동선수들의 기능이 향상됨에 따라 그 성격이 동질적으로 변화하기 때문이라고 주장하였다. 그는 운동선수들의 경기력 수준과 성격과의 관계를 그림 2-7과 같이 제시하였다.

그림에서 나타나 있는 피라미드는 위로 올라갈수록 선수들의 성격과 심리적 특성이 유사해진다는 것을 의미한다. 초기단계의 기술수준을 가지고 있는 선수들의 성격은 매우 이질적이며 다양하지만, 일종의 과정을 통해 스포츠 상황에 적응이 가능한 특성을 가진 선수만이 상위 수준으로 상승하고 다른 특성의 소유자는 탈락할 가능성이 많다는 것이다. 따라서 기술수준이 높아질수록 선수들은 그들의 성격 특성이 동질적이 되며, 반대로 낮아질수록 이질적이 된다. 운동기술 수준이 중간 정도 즉, 피라미드에서 중간 단계의 선수들 간에 차이점을 찾아내기란 쉽지 않다. 그러나 중요한 것은 피라미드의 높은 수준의 최고 엘리트 선수들은 낮은 수준의 선수들과는 서로 다른 성격 프로파일을 나타낸다는 것이다.

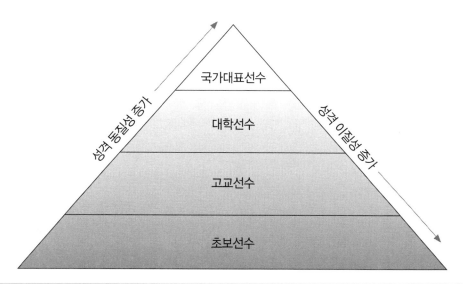

그림 2-7. 경기력 수준에 따른 운동선수의 성격 피라미드

6) 우수선수의 성격 프로파일

선수의 환경과 성격 간의 상호작용에 대한 관심은 대부분의 스포츠 심리학자들로 하여금 순수한 성격 모형을 상호작용 모형으로 대치하는 결과를 초래하였다. 중요한 것은 선수가 일반적으로 어떻게 느끼고 반응하는가가 아니라 특정한 순간에 어떻게 느끼고 반응하는가이다. 결과적으로 Morgan(1979)은 심리적 변인들과 운동 수행과의 관계를 연구하는 수단으로 Profile of Mood States(POMS)를 이용하여 세계 수준의 엘리트 선수들은 냉정하고도 아주 안정된 성격(iceberg profile)을 갖고 있음을 밝혀냈다(그림 2-8, 2-9).

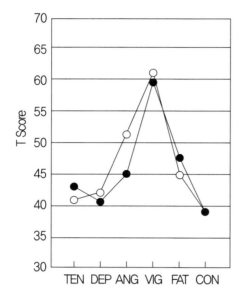

—○— 1972 OLYMPIC WRESTLING TEAM

—●— 1972 OLYMPIC WRESTLING TEAM

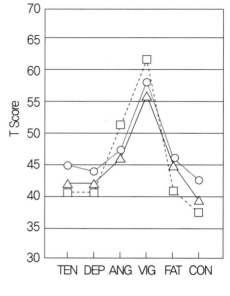

—○— RUNNING

---□--- WRESTLING

—△— ROWING

그림 2-8. 올림픽 레슬링 선수의 성격 특성　　그림 2-9. 육상, 레슬링, 조정선수의 성격 특성

기분상태 질문지(POMS)

아래 단어들은 당신의 기분상태 Wood States를 표현한 것입니다. 지금 자신이 느끼고 있는 기분 상태를 그 정도에 따라 해당되는 번호(0부터 4까지)에 표시하여 주십시오. 옳고 그른 답은 없습니다. 솔직하게 자신의 현재 느낌을 응답해 주십시오.

		전혀 아니다		보통 이다		매우 그렇다			전혀 아니다		보통 이다		매우 그렇다
1	친절한	0	1	2	3	4	33	분개한	0	1	2	3	4
2	긴장한	0	1	2	3	4	34	신경질적인	0	1	2	3	4
3	화가난	0	1	2	3	4	35	외로운	0	1	2	3	4
4	기진맥진한	0	1	2	3	4	36	비참한	0	1	2	3	4
5	불행한	0	1	2	3	4	37	머리가텅빈	0	1	2	3	4
6	상쾌한	0	1	2	3	4	38	즐거운	0	1	2	3	4
7	활기찬	0	1	2	3	4	39	쓸쓸한	0	1	2	3	4
8	혼란스러운	0	1	2	3	4	40	탈진한	0	1	2	3	4
9	했던 일들이 후회스러운	0	1	2	3	4	41	불안한	0	1	2	3	4
10	동요되는	0	1	2	3	4	42	싸우고싶은	0	1	2	3	4
11	의욕이 없는	0	1	2	3	4	43	온화한	0	1	2	3	4
12	짜증나는	0	1	2	3	4	44	침울한	0	1	2	3	4
13	신중한	0	1	2	3	4	45	절망적인	0	1	2	3	4
14	슬픈	0	1	2	3	4	46	나태한	0	1	2	3	4
15	활동적인	0	1	2	3	4	47	반항적인	0	1	2	3	4
16	안절부절한	0	1	2	3	4	48	곤경에빠진	0	1	2	3	4
17	시무룩한	0	1	2	3	4	49	싫증난	0	1	2	3	4
18	우울한	0	1	2	3	4	50	당혹스러운	0	1	2	3	4
19	활기넘치는	0	1	2	3	4	51	민첩한	0	1	2	3	4
20	허겁지겁한	0	1	2	3	4	52	기만당한	0	1	2	3	4
21	희망이 없는	0	1	2	3	4	53	격분한	0	1	2	3	4
22	이완된	0	1	2	3	4	54	능률적인	0	1	2	3	4
23	무의미한	0	1	2	3	4	55	신뢰하는	0	1	2	3	4
24	심술이 난	0	1	2	3	4	56	원기왕성	0	1	2	3	4
25	동정심이 있는	0	1	2	3	4	57	기분이 언짢은	0	1	2	3	4
26	불편한	0	1	2	3	4	58	가치 없는	0	1	2	3	4
27	들떠있는	0	1	2	3	4	59	망각하기 쉬운	0	1	2	3	4
28	집중할수없는	0	1	2	3	4	60	태평스러운	0	1	2	3	4
29	피곤한	0	1	2	3	4	61	두려운	0	1	2	3	4
30	도움이 되는	0	1	2	3	4	62	죄를 범한	0	1	2	3	4
31	귀찮은	0	1	2	3	4	63	힘이 솟는	0	1	2	3	4
32	의기소침한	0	1	2	3	4	64	불확실한	0	1	2	3	4
							65	맥이 빠진	0	1	2	3	4

참고문헌

최영옥, 이병기, 구봉진(2002). 스포츠행동의 심리학적 이해. 서울 : 대한미디어.

Allport, G. W.(1937). *Personality : A psychological interpretation*. New York, NY : Holt.

Allport, G. W.(1961). *Pattern and Growth in Personality*. New York, NY : Holt.

Bandura, A.(1977). Self-efficacy : Toward a unifying theory of behavioral change. *Psychological Review, 84*, 191-215.

Bowers, K. S.(1973). Situationism in psychology : An analysis and a critique. *Psychological Review, 80*, 307-336.

Cooper, L.(1969). Athletics, activity, and personality : A review of the literature. *Research Quarterly, 40*, 17-22.

Cox, R. H.(1987). Relationship between psychological variables with player position and experience in women's volleyball. Unpublished manuscript.

Eysenck, H. J.(1960). *The structure of human personality*(2nd ed.). London : Methuen.

Eysenck, H. J.(1970). *The structure of human personality*(3rd ed.). London : Methuen.

Eysenck, H. J., & Eysenck, S. B. G.(1968). *Eysenck Personality Inventory Manual*. London : University of London Press.

Hardman, K.(1973). A dual approach to the study of personality and performance in sport. In H. T. A. Whiting, K. Hardman, L. B. & M. G. Jones(Eds.), *Personality and Performance in Physical Education and Sport*. London : Kimpton.

Hollander, E. P.(1967). *Principles and Methods of Social Psychology*. New York : Holt.

Kirkcaldy, B. D.(1982). Personality profiles at various levels of athletic participation. *Personality and Individual Differences, 3*, 321-326.

Morgan, W. P.(1979). Prediction of performance in athletics. In P. Klavora & J. V. Daniel(Eds.), *Coach, Athlete and the Psychology*(pp. 173-186). Champaign, IL : Human Kinetics.

Morgan, W. P.(1980). The trait psychology controversy. *Research Quarterly for Exercise and Sport, 51*, 50-76.

Schurr, K. T., Ashley, M. A., & Joy, K. L.(1977). A Multivariate analysis of male athlete characteristics : Sport type and success. *Multivariate Experimental Clinical Research, 3*, 53-68.

Schurr, K. T., Ruble, V. E., Nisbet, J., & Wallace, D.(1984). Myers-Briggs type inventory characteristics of more and less successful players on an American football team. *Journal of Sport Behavior, 7,* 47-57.

Smith, R. E., Smoll, F. L., & Hunt, E.(1977). A system for the behavioral assessment of athletic coaches. *Research Quarterly, 48,* 401-407.

Silva, J. M.(1984). Personality and sport performance: Controversy and challenge. In J. M. Silva & R. S. Weinberg(Eds.), *Psychological Foundations of Sport*(pp. 59-69). Champaign, IL : Human Kinetics.

Weinberg, R. S., & Gould, D.(1995). *Foundations of Sports and Exercise Psychology.* Champaign, IL : Human Kinetics.

Williams, J. M.(1980). Personality characteristics of the successful female athlete. In W. F. Straub(Eds.), *Sport Psychology: An Analysis of Athlete Behavior*(2nd ed.). Ithaca, NY : Mouvement Publications.

Williams, L. R. T., & Parkins, W. A.(1980). Personality profiles of three hockey groups. *International Journal of Sport Psychology, 11,* 113-120.

제 **3** 장

불 안

선수들은 스포츠 상황에서 다양한 요인에 의해 불안을 겪게 된다. 일반적으로 불안은 선수에게 부정적인 영향을 미치게 되며, 이는 곧 경기력의 저하로 이어지게 된다. 불안은 각성, 스트레스와 유사한 용어로 사용되고 있기 때문에 이들 개념을 명확하게 정의할 필요가 있다.

본 장에서는 불안과 운동수행을 설명하는 이론, 불안의 측정 방법 등에 대해 알아보도록 하겠다.

1
불안의 유사 개념들

    스포츠 상황에서 스포츠심리학자들은 불안이 경기력에 부정적 영향을 미친다는 사실을 직·간접적으로 목격하였다. 일반적으로 불안과 함께 사용되는 유사개념으로 각성, 스트레스가 있다. 불안(anxiety)과 유사한 개념의 각성(arousal), 스트레스(stress)라는 용어는 동의어는 아니지만 상호 교환적으로 혼용되어 왔다. 이처럼 불안과 관련해서 여러 가지 용어가 사용되고 있기 때문에 이들 유사한 개념을 명확하게 정의할 필요가 있다. 이들 각각의 개념은 엄밀하게 같은 개념은 아니다. 이러한 문제점은 종종 연구내용을 정확하게 결정하는 것을 곤란하게 하여 개념의 혼란을 일으켰다. 그리고 불안과 관련된 다양한 구성개념의 상호 교환적 사용은 오래 전부터 불안 연구의 비판점이었다(Landers, 1980; Martens, 1974). 따라서 이들은 서로 어떤 관련성과 차이점을 가지며, 운동수행에 어떠한 영향을 미치는지에 대해 살펴볼 필요가 있다.

1) 각성

    전통적으로 각성은 '생리적 활성화' 또는 '자율반응성'으로 정의되었다(김성옥, 2000). 각성과 관련하여 Landers와 Boutcher(1986)는 '각성은 강렬하고 활발한 활동을 하기 위하여 신체적 자원을 동원하여 활력을 돋우는 기능'이라고 정의하였다. 전통적으로 각성의 개념을 정의함에 있어 전반적인 경향은 각성을 '행동을 유발시키거나 활성화시키는 생리적 활성화'로 개념화 하고 있다. 포괄적 의미에서 각성은 '활성화되다(activate)', '각성되다(arouse)', '깨어나다(awaken)', '기민해지다(alert)', '흥분하다(excite)'와 같은 뜻을 나타내는 동기유발(motivation)과 동의어(Magill, 1989)로 여겨진다. 이와 맥을 같이하여 Landers(1980)는 각성을 '동기적 구성개념' 또는 '행동의 강도차원'으로 정의하였다. 동기는 행동이 얼마만큼의 에너지를 동원하느냐를 나타내는 강도라는 차원과 이러한 행동을 특정한 목적으로 안내하는 방향이라는 차원을 지니고 있다(Duffy, 1957). 각성은 행동의 바탕이 되는 강도라고 할 수 있다. 각성의 개념은 Duffy(1957)와 Malmo(1959)가 주장한 연속체 개념으로 설명하는 것이 이해하기 쉽다. 이들 개념은 결론적으로, '깊은 수면 상태에서부터 강렬한 흥분상태에 이르는 연속선상에서 변화하는 유기체의 일반적인 생리적, 심리적 활성화 상태'로 정의할 수 있다. 고도로 각성된 사람은 정신적으로 활성화되며, 심박수, 호흡율의 증가를 경험하게 된다. 그러나 각성이 즐겁고 불쾌한 일과 자동적으로 연관되는 것은 아니다. 인간은 몇 억원의 복권이 당첨되거나, 사랑하는 사람이 죽었을 경우에도 동등하게 각성화 될 수 있다.

2) 스트레스

일상에서도 흔히 사용하는 스트레스(stress)라는 용어는 불안과 유사한 개념 혹은 동의어로 사용되어 왔다. 스트레스라는 용어는 건강심리학 분야에서 Hans Selye (1956)가 소개한 개념이다. 그에 의하면 스트레스는 '내 · 외적 압력에 의하여 유기체 내에서 일어나는 모든 불특정한 반응의 총화', 혹은 '신체적 자원의 소모 정도'로 정의된다.

스트레스와 관련하여 Martens(1977)는 이 용어의 사용이 일관적이지 않음을 주장하며 스트레스가 자극, 중재(intervention), 또는 반응 변인으로 정의되어 왔다고 지적하였다. 또한 스트레스는 환경적 변인과 특수한 상황에 대한 정서적 반응으로 기술되기도 했다(Gould & Petlichkoff, 1987). McGrath(1970)에 의하면 스트레스는 환경의 요구와 개인의 능력간의 불균형에서 온다. 그는 스트레스를 '환경의 요구에 대응하지 못할 때 중대한 결과가 초래되는 상황에서 환경의 요구가 개인의 반응 능력간의 실제적인 불균형'이라고 정의하는 스트레스 모형(그림 3-1)을 개발하였다.

그림 3-1의 모형을 보면, 스트레스는 (1) 상황적 요구 (2) 위험의 지각 (3) 반응 (4) 결과의 네 단계로 나누어 설명되고 있다. 이해를 돕기 위해 스포츠 장면에 적용

하여 예를 들자면, 첫째 단계는 상황적 요구 단계로서 시합이 있을 때 상대선수나 팀과 같은 환경이 존재하는 것이다. 둘째 단계는 이런 환경을 선수 개인이 어떻게 지각하느냐이다. 즉, 상대의 능력을 자신과 비교하고 평가하여 지각하는 단계이다. 셋째 단계는 앞선 두 단계를 토대로 반응을 준비하는 단계이다.

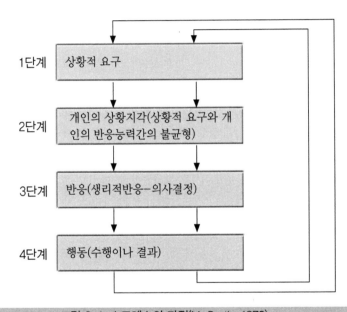

그림 3-1. 스트레스의 과정(McGrath, 1970)

이때 생리적 각성수준이 결정되며 경기에 대해 불안을 느끼거나, 도전적인 자세로 자신감을 가지며 쾌감을 경험하기도 한다. 마지막 단계는 행동단계로 이러한 스트레스를 받으면서 행동한 결과로 나타나는 행동의 수준이다. 즉 성공과 실패가 나타나는 단계이다. 이 스트레스 모형은 스트레스 요인으로서 환경의 욕구와 스트레스를 받은 결과로 일어나는 인지적 활동인 불안의 관계를 잘 나타내 주고 있다.

이와 관련하여, 모든 스트레스원(stressor)이 부정적인 것으로만 지각되지 않는다는 주장도 제기되었다. 특히 Selye(1974)는 스트레스를 분류함에 있어, 가볍고 조절이 가능한 스트레스는 오히려 상쾌한 자극이 되어서 감정과 지적 발달에 긍정적으로 작용하는 순기능적인 역할을 하는 쾌적 스트레스(eustress)라 정의하였고,

반면에 스트레스가 심하고 장기적이면 조정이 불가능한 경우에는 면역체계를 약화
시키는 역기능적인 역할을 하는 유해스트레스(distress)로 정의하였다.

3) 불안

불안(anxiety)은 일상생활에서 경험하는 매우 중요한 정서반응이다(김성옥,
2000). 불안은 각성과는 달리 활성정도와 불쾌한 감정상태를 내포하고 있다. '불안'
이라는 용어는 가끔 '각성'과 상호 교환되어 사용되기도 하지만, 심리학적 구조이며
좀 더 구체적인 용어이다. 그래서 불안이란 용어는 행동의 강도와 또는 정서의 방향
을 설명하고 있다. 불안의 정서적 특성은 불쾌한 감정으로 표시되는 부정적인 정서
상태이다(Spielberger 등, 1977). McNeil, Turk와 Ries(1994)는 불안을 '자신의 힘
으로 통제할 수 없는 좋지 않은 일들이 예측할 수 없이 일어날 것이라는 근심과 걱정
을 동반하는 정서'라고 정의하였다. 이렇듯 불안은 앞으로 일어날 일과 자신의 능력
에 대한 상대적인 비교에서 비롯되며, 정서의 인지적 측면을 주로 나타내는 것(김성
옥, 2000)으로 인식되기 때문에, 불안을 주로 부정적 기능에 초점을 맞추어 이해하
게 된다. 불안은 근심, 걱정, 우려 등의 부정적 생각과 관련된 요인과 맥박이 빨라지
거나, 손에 땀이 나는 등의 신체적 활성화로 나타나는 요인이 있을 수 있다. 전자는
인지적 불안(cognitive anxiety), 후자는 신체적 불안(somatic anxiety)이라 한다.
한편, 불안은 선천적으로 타고난 기질로 설명되는 특성불안(trait anxiety)과 일시적
인 상황에서 느껴지는 상태불안(state anxiety)으로 구분된다. 불안이 부정적 기능
을 하는 경우는 그 수준이 극도로 높을 때이다. 사실 이런 부정적 기능보다는 환경에
적응하도록 준비시키는 기능을 할뿐만 아니라 신체적, 정신적 에너지를 동원하여 환
경에 대처하도록 준비시키는 긍정적 기능도 가지고 있다.

(1) 특성불안(trait anxiety)

특성불안은 어떤 사람의 성격의 한 측면으로서 개인적 특성 및 기질로 설명할 수
있다. 즉, 객관적으로 위협적이지 않은 상황에서도 그것을 위협적으로 지각하여,

객관적 위협의 정도와 관계없이 상태불안 반응을 나타내는 행동경향(Spielberger, 1966)으로 정의된다. 특성불안은 사람들의 상태불안의 강도 및 빈도와 관계를 가진다. 즉, 특성불안이 높은 사람은 위협이 있을 때 더 많은 상황을 의식하게 되고 이와 같은 상황은 심리적 반응 강도를 더 높게 할 것이다. 예를 들면, 중요한 야구 시합에서 9회말 동점인 상황에서 대타로 투입된 경우 선수에 따라 불안반응은 큰 차이가 날 것이다. 특성불안이 높은 선수는 대타로 투입된 것을 상당히 두려워 할 것이다. 결국, 특성불안이 높은 선수는 높은 수준의 상태불안을 경험하게 되어 현재의 상황을 보다 더 위협적인 것으로 느끼고 더 높은 상태불안 반응을 보이게 된다.

(2) 상태불안(state anxiety)

일반적으로 불안은 정서적 효과(emotional impact) 또는 생리적 각성의 인지적 평가로 생각할 수 있다. Landers(1980), Landers와 Boutcher(1986)는 자율신경계의 각성을 수반하는 불유쾌한 정서적 반응과 같은 부적응 상태가 상태불안(state anxiety)이라고 제시하였다. Martens(1977)는 상태불안 반응이란 개인에 의해 위협적인 것으로 해석된 객관적인 환경적 요구로부터 일어난 것이라고 제안하였다. 상태불안은 일시적인 상황적 측면이 강한 개념이다. 즉, 상황에 따라 다양하게 변화하는 정서상태로서 자율신경계의 활성화와 관련된 주관적이고 의식적으로 지각된 공포, 우려 및 긴장감을 지닌 일시적이고 지속적으로 변화하는 정서상태로 정의된다. 예를 들면, 경기가 있는 날 아침까지 상태불안 수준이 낮은 상태였지만, 경기장에 도착해서는 주변의 여러 상황으로 인해 상태불안 수준이 급격하게 올라갈 수 있다. 상태불안은 인지적 상태불안과 신체적 상태불안으로 구분할 수 있다. 인지적 상태불안은 한 개인이 특정한 순간에 우려나 걱정을 하고 부정적인 생각을 하는 정도를 말하며, 신체적 상태불안은 특정한 순간에 느끼게 되는 신체적, 생리적 반응으로 설명될 수 있다.

(3) 경쟁불안(competitive anxiety)

경쟁불안은 시합상황에서 선수가 느끼게 되는 불안정한 심리상태라고 할 수 있다(원주연, 2000). 경쟁불안은 스포츠 경기상황에서 발생한다. 따라서 경쟁 상황에서 나타나는 불안의 한 형태이다. 즉, 스포츠 상황에서의 경쟁이라는 요소에 의하여 발생하게 되는데, 개인의 요인과 관련하여 외부의 자극을 어떻게 받아들이냐에 따라 경쟁불안의 수준이 결정된다. 경쟁상황 속에 있는 선수들에게는 환경적인 요인은 수행에 많은 영향을 미친다. 과제의 성질 또는 본질, 상대방에 대한 자신의 능력, 유인, 타인의 존재 등 이러한 요인들이 상태불안 수준에 영향을 미치는데 이러한 요인을 객관적 요인이라 한다(김덕진, 2006). 또한 개인의 성격, 개인의 지각, 해석, 경쟁적 상황의 평가 등 선수 개인의 내적 요인들에 의해 중재되어지는 주관적 요인이다. 또한, 경쟁불안은 경쟁특성불안이나 경쟁상태불안으로 분류할 수 있다.

경쟁특성불안
(competitive trait anxiety)

경쟁특성불안은 경쟁적인 상황 즉, 시합상황을 위협적인 것으로 지각하고 이와 같은 상황에 대하여 우려와 긴장의 감정으로 반응하려는 경향의 선천적인 기질이다. 환언하면, 경쟁 또는 시합이라고 하는 일종의 자극을 위협적인 것으로 느끼는 성격적 특성을 말한다. 경쟁불안은 어떤 개인이 경쟁이라는 특정한 상황을 위협적인 것으로 지각함으로써 발생되는 상태불안이다. 그러나 같은 경쟁상황에서 개인에 따라 다르게 나타나는 상태불안의 정도는 개인의 성격적 특성에 따라 다르게 나타나는데, 이와 관련한 것이 경쟁특성불안이다.

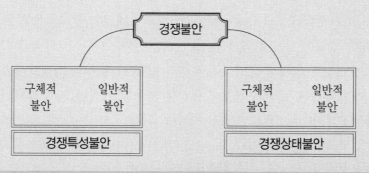

그림 3-2. 경쟁불안의 종류

Spielberger(1966)의 특성불안에 근거하여 Martens(1977)는 경쟁특성불안을 '상황특성' 또는 '스포츠 특성'의 개념으로 표현하였다. 그는 경쟁특성불안을 '경쟁상황을 위협으로 인식하고, 이러한 상황들을 두려움과 긴장의 감정을 가지고 반응하는 경향'이라고 정의함으로써 경쟁특성불안이 높은 사람들은 경쟁을 보다 더 위협적으로 받아들이며 동일한 상황에 대하여 경쟁특성불안이 낮은 사람에 비해 높은 불안 수준을 경험한다고 하였다. 최근의 연구들은 특성불안 요인들을 경쟁불안 수준과 관련되어 있는 개인의 경쟁에 대한 다양한 인지적 평가와 관련시켜 연구하고 있고, 이러한 관점에서 일반적 특성불안은 첫째, 개인의 자존심에 대한 위협(자아위협) 둘째, 수행기대와 결과의 불확실성으로부터 발생되는 스트레스 요인 셋째, 잠재적인 신체위협의 함축에 따른 스트레스 요인으로 구분되며, 또한 부적응감이나 과소평가된 자기 효능감(self-efficacy)은 선수들의 불안요인이 된다고 한다.

경쟁상태불안
(competitive state anxiety)

특별한 경쟁 상황에 의해 유발되는 불안 반응을 '경쟁상태불안'이라고 한다. 이것은 불안 반응을 유발하는 자극이 항상 스포츠상황이라는 것을 제외하고는 일반 상태불안과 동일한 의미를 갖는다. 어떤 상황적 요인들이 잠재적으로 자기 자신에 위협을 주는 의미로 개인의 상황판단에 직·간접적으로 영향을 미친다. 성공 경험이 많은 우수한 선수는 기술수준이 낮은 선수나 초보자들과 비교해서 동일한 상황에서 상태불안 수준이 낮게 나타난다. 경쟁상태불안은 인지적으로 경쟁함에 있어서 성공에 대한 부정적인 기대 또는 부정적인 자기평가로 발생되는 불안의 정신적 요인이며(Martens, Burton, Vealey, Bump, & Smith, 1990), 경쟁상황에서 나타날 수 있는 여러 가지 구체적인 원인으로 인한 불안을 의미한다(김덕진, 2006).

　　높은 경쟁특성불안을 가진 사람들은 많은 상황을 위협으로 인식하고 증가된 활성화 수준 또는 강도로 반응하는 경향이 있다. 경쟁특성불안이 높은 사람이 상황을 위협적으로 인식할 것인가, 아닌가 하는 것은 개인의 경험, 기술수준, 불안반응에 대한 조절능력 등의 여러 가지 요인에 달려있다.

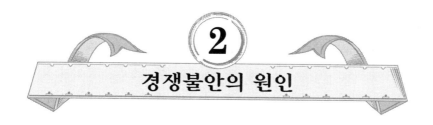

2 경쟁불안의 원인

　　스포츠에 참가한 선수들에게 경쟁상태불안을 일으키는 구체적인 상황요인은 여러 가지가 있다. 예를 들면, 경쟁불안의 상황적 요소로 사용하던 경기도구가 신체에 맞지 않는 부적감(feeling of inadequacy)도 경쟁불안이 원인 중 하나이다. 극도로 긴장하게 되는 시합 상황은 자신이 그동안 습득한 운동기능을 많은 관중 앞에서 보여야 하고, 동시에 어떠한 기준(기록)과 비교되며, 때로는 상대 선수 또는 팀과 격렬한 경쟁을 펼쳐야 하고, 선수 자신을 제외한 누군가가 존재하여 이와 같은 경쟁과정을 평가한다는 특징이 있다. 즉, 스포츠는 근육운동 자체로 끝나는 것이 아니고 육상 또는 수영에서와 같이 다른 선수와 경쟁하면서 자기 자신의 새로운 기록에 도전하게 되는 개인적 기준(personal standard)이나 체조, 다이빙에서와 같이 다른 선수와의 비교와 아울러 어떠한 규범적 기준(normative standard)에 도전하기도 하며, 팀경기에서의 선수들은 상대팀이 경쟁의 기준이며, 그 수행의 결과는 상대팀 선수들의 수행과의 비교에서 판가름된다. 한마디로 경기수행 과정은 경쟁이라는 특성을 필연적으로 동반하게 된다. Kroll(1979)과 Scanlan(1984)은 경쟁불안의 원인으로 실패공포, 부적감, 통제상실, 신체적 불만, 죄의식을 지적하였다. 시합 상황에서 선수들이 느끼게 되는 불안의 정도는 제반 상황적 요구에 의해 발생되는 실패에 대한 두려움과 경기결과에 대한 불확실성, 자신감 결여, 그리고 선수에게 영향을 미칠 수 있는 주위사람들의 기대 또는 선수 자신이 갖고 있는 성격적 특성과 밀접한 관계가 있다.

김기웅 등(1986)이 한국 남여 대표선수들의 불안 원인을 조사한 결과에 의하면 심판의 판정에 의해 야기되는 즉, 시합 중 상대에 비해 자신에게 불리한 판정을 내릴 것 같은 부적절한 생각이 불안의 본질적인 원인 중의 하나로 나타났으며, 다음이 시합전 자신의 훈련 내용에 대하여 느끼는 만족도 또는 자신의 훈련내용에 대한 불안감(부정적 평가)과 함께 상대선수 또는 상대팀의 훈련에 대한 막연한 우월성 인정에서 비롯된 자신에 대한 부정적 평가나 부정적인 감정에 대한 예상이다.

또한 불안의 요인으로서 중요한 몫을 차지하는 것이 실패에 대한 공포이다. 예를 들면, 내가 실수하여 시합에 지지 않을까, 시합에 지면 어떻게 될까하는 등등의 실패에 대한 예상이나 운동수행이 실패로 끝나는 것에 대한 두려운 감정 등이다. 특히 실패우려로 인한 불안의 정도는 선수 자신의 성격적 특성 즉, 개인의 경쟁특성불안 정도에 의해 크게 영향을 받는다(이병기, 민병모, 신동성, 1990). 이외에도 선수들이 시합상황에서 느끼게 되는 불안의 주원인으로 주위로부터의 자신에 대한 과도한 기대가 선수에게 큰 부담을 안겨주며, 코치 또는 팀 동료와의 원만하지 못한 관계에서 오는 갈등을 들 수 있다.

이러한 경쟁불안의 원인을 종합해 보면, 경쟁상황에서 느끼는 불안의 정도는 여러 가지 상황적 요구에 따라 발생되는 실패에 대한 두려움과 자신감의 결여, 주위의 기대, 신체적 불만족, 심판의 불공정성, 열악한 시설조건, 경기결과에 대한 불확실성 등은 불안의 직접적인 원인으로 작용한다(김기웅, 이병기, 김병현, 1986).

3 경쟁불안의 측정

스포츠 상황 속에서는 언제나 경쟁이라는 요소가 내포되어 있다. 그리고 선수들은 그러한 환경에서 최대한의 경기력을 발휘하기 위해 노력한다. 경기력을 극대화하기 위해서는 경기력에 부정적인 영향을 미치는 불안을 효율적으로 통제하고 조절해야 하며, 우선적으로는 선수 개개인의 불안수준을 파악해야 한다. 일반적으로 불안 수준을 측정하는 방법은 심리적, 생리적, 행동적 측정방법이 있다.

1) 행동적 측정

이 방법은 어떤 특정한 과제의 수행상태를 관찰하는 것으로, 코치나 지도자들에게 유용한 방법으로서 과제수행 시 나타나는 생리적 · 심리적 반응들을 연습과 경기

표 3-1. 불안의 행동적 증상 기록지

행동적 특성	시간			
	평소연습 시	시합 30분 전	시합 5분 전	시합 10분 후
목이 뻣뻣하다				
뱃속이 뒤틀리는 기분이다				
초조하다				
가슴이 두근거린다				
화장실에 가고 싶다				
하품이 자주 나온다				
몸이 떨린다				
토할 것 같은 기분이다				
땀을 많이 흘린다				
근육이 경직된다				
안절부절하다				
목이 마르고 타는 듯 하다				
애기한 것을 잘 잊어버린다				
집중이 잘 안된다				
혼동을 잘 한다				

전후에 관찰하고 기록하여 불안의 원인을 파악하고 개선하는 데 활용하게 된다. 행동적으로 나타나는 불안의 증상을 측정하여 불안상태를 파악하는데 이용된다. 따라서 현장의 코치나 선수들에게 가장 현실성 있는 자료가 될 수 있으며, 선수 자신의 행동을 관찰해서 불안 수준을 알 수 있다. 표 3-1에 제시된 불안의 행동적 증상 기록지를 활용하여 불안이 높을 때 어떠한 증상이 나타나는지 쉽게 알 수 있다.

2) 생리 · 생화학적 측정

선수들이 경쟁상황에 처하게 되면 평소와 다르게 나타나는 생리적 혹은 생화학적 변화와 반응에 주목하는 방법이다. 선수들은 시합상황에서 평소와 다르게 소변이 자주 마렵거나 손에 땀이 나기도 하며, 심각하게는 정신이 혼미해지는 경우도 겪게 된다. 이러한 현상과 그 정도는 선수들이 얼마나 불안해 하는지에 대한 지표가 된다. 그리고 이런 측정의 방법으로 활용되는 생리적 방법으로는 근육활동의 유형을 측정하는 근전도(EMG : Electromyogram), 뇌의 활동을 측정하는 뇌전도(EEG : Electroencephalogram), 그리고 피부전기저항(GSR : Galvanic Skin Response)을 재는 방법이 있다(Fisher, 1976 ; Martens, 1974).

그리고 생화학적 측정방법은 선수들에게서 일어나는 화학적 변화와 반응을 측정하는 방법으로, 선수들의 각성상태와 호르몬의 변화는 혈당이나 소변에서 탐지될 수 있다(Fisher, 1976). 인체 내 분비되는 호르몬 중 에피네프린은 평상 시와 비교해서 경쟁 직전 및 직후 2~3배 정도 증가하며, 이렇게 확인된 결과는 불안의 탐지에 직접적으로 이용할 수 있는 생화학적 지표이다. 그러나 불안의 생리적 · 생화학적 측정방법은 실용성과 효율성 면에서 문제점이 제기되고 있다(김용규, 2007).

3) 심리적 척도

효율적인 운동 수행 여부는 경쟁불안에 따른 각성 수준과 밀접한 관계를 갖는다. 따라서 경기력을 극대화하기 위해서는 경기력에 부정적 영향을 미치는 불안을 효율

적으로 통제하고 조절해야 하는 데 가장 먼저 이루어져야 할 일은 선수 개개인의 불안 수준을 파악하는 일이다. 일반적으로 경쟁불안의 수준을 측정하는 방법으로 심리적, 행동적, 생리적, 그리고 생화학적 측정방법이 있으나 최근에 가장 보편적으로 많이 사용되고 있는 측정방법은 심리적 측정방법이다.

　운동수행 과정에서 나타나는 불안을 측정하기 위한 방법 중 널리 사용되고 있는 심리검사로는 직접적으로 관찰이 어려운 불안상태를 직접 경험하고 있는 수행자 자신이 자기진술을 통하여 측정하려는 자기보고식 측정방법이다. 이러한 심리적 방법에 의한 불안 측정도구로는 표명불안척도(Manifest Anxiety Scale : MAS ; Taylor, 1953)가 있다. 이 방법은 높은 불안 수준을 나타내는 사람은 정서적으로 보다 반응적(responsive)이며, 이러한 반응성의 정도는 선천적인 욕구수준(drive level)을 나타낸다고 가정하고, 타고난 특성으로서의 선천적인 불안 성향을 측정한다. 그러나 특성불안만을 측정하고 있기 때문에 환경적 자극을 고려한 상황적 불안(situational anxiety) 즉, 상태불안을 측정하고 있지 못한다는 단점이 지적되었으며, 신뢰성이 낮다는 비판을 받았다(Neiss, 1988).

　이러한 비판에 근거를 두고 선천적인 특성으로서의 특성불안과 특정상황에 따라서 다르게 나타나는 상태불안을 측정할 수 있는, STAI(State Trait Anxiety Inventory)가 Spielberger(1966, 1973)에 의해 개발되었는데, 이 검사지는 특성불안과 상태불안을 동시에 측정할 수 있는 비교적 간단한 자기보고형의 불안척도로서 높은 신뢰도를 가지고 있음이 여러 연구에서 입증되었다. 그러나 이 검사는 일반인의 불안측정을 위해 개발되었기 때문에 스포츠 현장에 적용시키는 데 무리가 있다.

　스포츠 상황에서 선수들이 지니는 불안을 측정하기 위한 질문지는 Martens(1977)의 SCAT(Sport Competition Anxiety Test)이다. SCAT는 15문항으로 구성되어 있으며 그 내용은 스포츠 상황에서의 불안은 경쟁으로부터 발생하는 것이고 나아가 스포츠 상황의 불안을 보다 직접적으로 측정하기 위해서는 스포츠 상황에서의 경쟁을 염두에 둔 구체적인 불안측정 검사가 고안되어야 한다는 점에 근거를 두고 있다. 그러나 이 질문지는 선수들의 특성불안을 측정하여 경기력을 예측하려는 의도로 개발되었기 때문에, 선수들이 특정 경기 시에 가지는 상태불안을 측정할 수

없는 한계를 가지고 있다.

　Martens 등(1980)은 상태불안의 직접적인 측정을 위해 CSAI(Competitive State Anxiety Inventory)를 개발하였다. CSAI는 일반 심리학의 불안을 특성불안과 상태불안으로 구분한 Spielberger의 이론을 이용하여 다시 경쟁특성불안과 경쟁상태불안을 정의하고 그것을 측정하는 데에 초점을 맞추었다.

　가장 최근에 개발된 질문지는 Martens 등(1990)이 CSAI를 보완, 수정한 질문지인 CSAI-2(Competitive State Anxiety Inventory-2)이다. CSAI-2는 27개의 문항으로 구성된 자기 평가 질문지로서 인지적 상태불안, 신체적 상태불안, 그리고 상태 자신감의 3가지 하위 척도 요인을 상대적이고 독립적인 차원에서 측정할 수

〈SCAT〉 설문지

		거의 없음	가끔	자주
1	다른 사람과 경쟁한다는 것은 즐거운 일이다.	1	2	3
2	나는 시합하기 전에 불안하다.	1	2	3
3	나는 시합을 앞두고 지면 어떻게 하나하고 걱정한다.	1	2	3
4	나는 시합을 정정 당당히 한다.	1	2	3
5	나는 시합할 때 실수할까봐 걱정이 된다.	1	2	3
6	나는 시합에 임하기 전에는 침착한 편이다.	1	2	3
7	시합할 때 무엇인가 달성하겠다는 목표를 세우는 것은 중요하다.	1	2	3
8	나는 시합을 하기 전에 뱃속이 이상해짐을 느낀다.	1	2	3
9	나는 시합 직전에 심장이 보통 때보다 빨리 뛰는 것을 느낀다.	1	2	3
10	나는 격렬한 운동을 하는 것을 좋아한다.	1	2	3
11	나는 시합하기 전에 편안한 기분을 느낀다.	1	2	3
12	나는 시합 전에는 신경이 날카로워진다.	1	2	3
13	단체 경기가 개인 경기보다 더 흥미 있다.	1	2	3
14	나는 시합 시작을 기다릴 때 안절부절 한다.	1	2	3
15	나는 시합을 하기 전에 보통 초조하다.	1	2	3

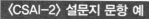

〈CSAI-2〉 설문지 문항 예

		전혀 그렇지 않다	약간 그렇다	대체로 그렇다	아주 그렇다
1	이번 시합에 신경이 쓰인다.	①	②	③	④
2	초조하다.	①	②	③	④
3	마음이 가볍다.	①	②	③	④
4	자신감에 대하여 의문을 갖는다.	①	②	③	④
5	내 몸이 과도하게 민감해진다.	①	②	③	④
6	마음이 편하다.	①	②	③	④
7	기량을 잘 발휘할 수 없을까봐 걱정이 된다.	①	②	③	④
8	몸이 긴장된다.	①	②	③	④
9	자신이 있다	①	②	③	④
10	질까봐 걱정이 된다.	①	②	③	④
11	속이 긴장된다.	①	②	③	④
12	안심이 된다.	①	②	③	④
13	압박감 때문에 답답할까봐 걱정이 된다.	①	②	③	④
14	몸이 이완된다.	①	②	③	④
15	시합에 대처할 자신이 있다.	①	②	③	④
16	경기를 못할까봐 걱정이 된다.	①	②	③	④
17	심장이 빨라진다.	①	②	③	④

있도록 구성되어 있다. 즉, 인지적 차원에서의 조심, 걱정과 신체적 차원에서의 생리적 각성 정도와 상태 자신감을 동시에 측정하는 근래에 가장 많이 쓰이는 불안 검사지이다.

4
불안과 운동수행과의 관계

경쟁적 요소가 주를 이루는 시합상황에서 경쟁과정에 가장 명확하게 수반되는 특징은 경쟁으로부터 파생되는 경쟁불안이라 할 수 있다. 일반적으로 스포츠심리학자들이나 선수를 직접 지도하는 코치들의 경험에 의하면 선수들은 경기장면에서 과도한 경쟁불안을 갖게 되며, 고조된 경쟁불안은 운동 경기수행에 유해한 효과를 미치는 것으로 알려져 있다(Cratty, 1983; Landers, 1980; Singer, 1978).

1) 욕구 이론(drive theory)

욕구 이론은 운동수행의 결과는 불안의 정도 또는 그 상관물로서의 각성수준과 비례하여 증가한다는 이론이다(Sonstroem, 1984). 보다 구체적으로 설명하면 욕구 이론에서는 상황에 대한 반응으로서 운동수행 또는 그 효과를 운동수행시까지 학습된 습관의 힘과 수행의 결과에 따라 주어지는 유인동기 그리고 경쟁 상황적 요구에 의해 나타나게 되는 불안(욕구) 정도와의 함수 관계로 설명하고, 운동수행=f(욕구×습관강도×유인동기)라는 공식으로 설명하고 있다. 즉, 운동수행은 욕구의 정도, 습관의 강도 그리고 유인동기에 따라 달라지는 복합적 함수관계이다. 이 운동수행은 습관의 힘이 강화된 시행의 결과로 욕구가 커지게 되면 수행결과 역시 높아지게 된다. 결국, 운동수행의 결과는 불안의 강도와 각성수준에 비례하여 증가한다는 것이다.

이 이론은 모든 운동종목에 해당되는 것이 아니고 운동기능의 수행방법이 비교적 단순한 기초운동능력, 특히 근력과 인내력을 포함하는 대근육을 사용하는 운동에서는 어느 정도 높은 수준의 흥분을 요구한다(Cratty, 1983)고 이해할 수 있다. 즉, 수영, 단거리 달리기, 역도 등과 같이 폭발적인 힘을 요구하는 종목은 어느 정도 높은 각성 수준이 운동수행에 도움을 준다는 것이다. 그러나 욕구이론은 그 실험대상이 주로 동물이었으며 간단한 실험과제에 사용되었기 때문에 복잡한 인간의 운동수행에 적용하기에는 미흡하다는 지적이 있으며, 대다수 운동 기술 과제에서 적절한 반응과 부적절한 반응의 습관 위계(habit hierarchy)를 결정하기가 매우 어렵고 따라서 이론을 적절하게 검증하기가 곤란하다는 것이다. 결국 이 이론은 연구의 방법론적인 문제와 경험에 근거를 두었다는 비판으로 현재는 일반적으로 무시되고 있다. 그러므로 Martens(1971, 1974)는 운동행동 영역에서 욕구이론의 사용을 거부하고 역-U 가설(inverted-U hypothesis)이 운동수행력을 보다 잘 예언한다고 제시하였다.

2) 적정수준 이론(inverted-U theory)

각성과 운동수행의 관계를 설명하는 또 하나의 모델은 적정수준 이론이다. 불안과 운동수행과의 관계를 분석한 대부분의 연구가 지지하고 있는 이 이론은 주창자의 이름을 따라 Yerkes-Dodson 법칙이라고도 하고, 특히 각성수준과 수행과의 관계에서 나타나는 특징이 U자를 거꾸로 놓은 모양과 같다고 하여 이를 역-U 가설(inverted-U hypothesis)이라고도 한다.

이들은 특정 지점까지 각성의 증가는 수행력을 증가시키지만, 이후의 지속적인 각성의 증가는 수행력을 저하시킨다고 주장하였다. 따라서 각성과 수행과는 곡선관계가 있다고 제안하였다.

이 이론은 많은 스포츠심리학자들에 의해 가장 많은 지지를 받고 있으며, 운동수행과의 직선적인 관계를 예언하는 욕구 이론과는 달리 운동수행의 성과가 일정한 수준의 불안상태까지 향상되어 적정한 수준의 각성상태에서 운동수행은 극대화되다가 각성수준이 더욱 증가하여 과각성 상태가 되면 운동수행의 결과는 저하된다는 것이다(Martens, 1977 ; Landers, 1980).

이 이론에 의하면, 어려운 감각식별이나 복잡한 연상이 요구되지 않는 쉬운 과제는 강도가 강한 자극 하에서 빨리 학습되며, 이와는 반대로 난이도가 높은 어려운 과제는 비교적 강도가 약한 자극 하에서 쉽게 습득된다(Oxedine, 1970)는 것이다. 예를 들면 역도 경기와 같은 대근 운동은 높은 각성 수준에서 효과적인 운동수행을 보이나, 골프의 퍼팅과 같은 소근 운동에는 낮은 각성 수준이 요구되고 있다. 또한 개인의 수준에 따라 적정 수준에는 차이가 있는데, 골프의 퍼팅이 역도와 비교해서 복잡한 활동이듯이 농구의 드리블 기술을 습득하는 것은 숙련자에 비하여 초보자에게는 매우 어려운 기술이다. 따라서 초보자의 최적 각성 수준은 숙련자의 각성 수준보다 매우 낮아야 한다(Landers, 1980; Oxdenine, 1970).

　일반적으로 경쟁불안의 정도는 대체로 시합전에 상승하였다가 시합이 시작되면 다소 감소하고, 시합이 끝나기 직전이나 시합 직후에 다시 상승한다. 또한 체조,

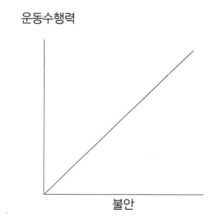

그림 3-3. 불안과 운동수행의 욕구이론

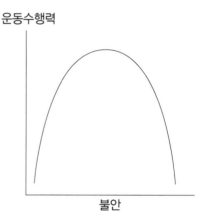

그림 3-4. 불안과 운동수행의 역-U 가설

표 3-2. 종목별 적정 각성수준

각성수준	스포츠 기술
5 (극도의 흥분)	미식축구 태클, 200 또는 400m 달리기, 윗몸일으키기, 역도, 팔굽혀펴기, 투포환, 턱걸이
4	단거리달리기, 멀리뛰기
3 (중간정도의 각성)	농구, 복싱, 유도, 체조
2	야구 투구, 펜싱, 테니스, 다이빙
1 (약간의 각성)	양궁, 골프 퍼팅, 농구 자유투, 축구 페널티킥

육상, 수영, 복싱, 레슬링 등의 개인 경기 종목에서는 비교적 높게 나타나며, 구기 종목과 같은 단체 경기 종목에서는 상대적으로 낮게 나타난다(Jones & Swain, 1995). 즉, 각성수준이 아주 높거나 낮을 경우 경기력은 저하되기 때문에 경기력 극대화를 위해서는 적정수준의 각성상태를 유지해야 효과적이라는 것이다.

　　요컨대 이 이론이 불안과 운동수행과의 관계를 설명하는 데 욕구 이론에 비해 보다 설득력이 있다하더라도 이를 경기력의 극대화를 위하여 현장에 적용하기까지는 몇 가지 고려하여야 할 사항이 있다. 왜냐하면 각성수준과 경기력간의 관계가 곡선 형태를 가진다는 것만 밝혀냈을 뿐이지 왜, 어떻게 각성이 경기력에 영향을 미치는가를 규명하지 못하였을 뿐만 아니라(Landers, 1980), 스포츠현장에서 명백하게 경기력을 예측할 수 있는 예측타당성이 결여되어 있다는 것이다(Hardy & Fazey, 1987).

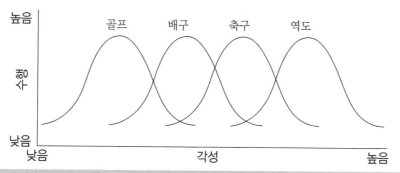

그림 3-5. 기술의 복잡성에 따른 최적의 각성수준

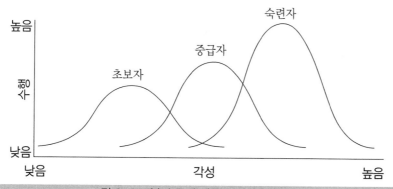

그림 3-6. 기술수준에 따른 최적의 각성수준

3) 적정기능구역 이론(zone of optimal functioning theory)

Hanin(1980)은 불안과 운동수행에 관하여 적정기능구역(zone of optimal functioning: ZOF)이론을 제시했다. 그 동안 많은 연구의 대상이 되어 왔던 역 U-가설은 학문적으로 일관된 결과를 보이지 못하는 어려움 외에도 실제 현장에서 어떻게 접근해야 할지 구체적으로 적용이 막연했던 것이 사실이었다. 적정 각성의 수준은 과제에 따라 또 개인에 따라 차이가 커서 이를 정확하게 구명하여 실제적으로 현장에서 사용하기가 매우 힘들었다. 그래서 Hanin(1980)은 스포츠 참가자가 적정의 운동수행을 하리라 예측할 수 있는 불안의 수준 범위를 명시하였다.

구체적으로 Spielberger 등(1970)이 개발한 STAI로 그 참여자의 경기 전 상태불안 평균을 알아내면 그 평균±4점(약 1/2표준치)이 적정기능 구역이며, 어느 경기 전에 측정한 STAI의 상태불안 점수가 이 범위 안에 들어오면 그 사람은 자기능력 수행 시 불안의 영향을 크게 받지 않으리라 예측할 수 있다는 것이다. 즉 선수들의 상태불안이 자신들의 적정기능 구역 내에 있으면 적정기능 구역 밖에 있는 선수들 보다 훌륭한 수행을 할 것이라고 기대한 것이다.

이 이론은 간단한 가설이기도 하나 그 실제적 적용가치는 매우 크다고 할 수 있다. 이 가설의 실증적 연구로 경쟁전 적정기능구역 밖에 있던 선수가 적정기능구역 내에 있던 선수보다 덜 성공적이었다는 Hanin(1980)의 연구와 그리고 적

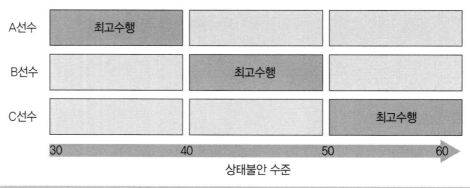

그림 3-7. 적정기능구역(ZOF)

정기능구역과 엘리트 선수와의 관계를 밝힌 Morgan 등(1987, 1988)의 연구가 있다. 이 이론은 현실적이고 직관적이며 어떠한 상태불안 수준이 적정한 운동수 행을 일으키는지를 예측할 수 있어 실제 적용의 의미가 크나 불안을 단일 척도 개 념에 근거하고 있으며, 또한 독립적인 검증이 안되어 추후 보다 많은 연구에 의 한 검증이 필요한 상태이다.

4) 다차원적 이론

다차원 불안 이론은 적정수준이론의 대안으로 제시될 수 있으며, 불안은 일차 적 현상이 아니라 2개의 구성요소로 이루어지는 현상이라 보는 견해라 할 수 있 다. 여기서 불안은 인지불안(cognitive anxiety)과 신체불안(somatic anxiety) 으로 나누어진다. 인지불안은 불유쾌한 감정의 인식과 수행력에 영향을 주는 부 정적 기대를 말하고, 신체불안은 생리적 각성인식과 경쟁상황에 대한 조건화된 반 응으로 상이한 선행조건을 갖춘 것을 말하며, 이 두 요소는 수행력에 서로 다른 영 향을 미친다. 그러나 인지불안과 신체불안이 상호독립적으로 운동수행력에 영향 을 미친다는 주장은 구조적인 약점이라고 지적되기도 한다(Cox, 2005). 초기에 는 불안을 일차원적인 현상으로 생각했지만 Endler(1978)는 상태불안을 두 가지 요인으로 분류하여 인지적 걱정(cognitive-worry)과 정서적 각성(emotional-arousal)으로 명명하여 적어도 2개의 구별되는 하위구성요소로 이루어질 수 있다 고 하였다. Liebert와 Morris(1967)는 이러한 하위 구성요소를 걱정과 정서로 분 류하였다. Davidson과 Schwarta(1976) 그리고 Borkover(1976)도 비슷한 요인 으로 분류하여 인지적 불안(cognitive anxiety)과 신체적 불안(somatic anxiety) 으로 구분하였다.

이러한 불안의 두 가지 하위 구성요소는 운동수행에 다르게 관여하기 때문에 중요하다(Liebert & Morris, 1967). 즉, 인지적 불안이 신체적 불안보다도 경 기력에 더 강력하며 일관성이 있고, 신체적 불안은 경기가 시작되기 직전에 최고 점에 도달했다가 사라지기 때문이다. 따라서 불안을 다차원적으로 검사함으로써 불안과 경기력과의 관계를 규명할 수 있다(Burton, 1988).

이러한 다차원적인 불안 이론이 스포츠장면에 적용되었을 때 인지불안과 신체불안은 선수의 경기력에 따라 영향을 미칠 것이다(Burton, 1988; Martens 등, 1990). 즉, 인지적 불안과 경기력은 부적 선형 관계이고, 신체적 불안과 경기력은 역-U 관계이며, 자신감과 경기력은 정적 선형 관계를 갖는다. 따라서 Burton (1988)은 다차원적 불안의 세 가지 연구문제를 검증함으로써 불안과 경기력의 관계를 평가해야 한다고 주장하였다. 첫째, 인지적 불안은 신체적 불안보다 경기력을 일관성 있고 강력하게 관련되어 있으며, 둘째, 신체적 불안은 경기력과 역-U 관계를 보여주고 있는 반면에, 인지적 불안과 경기력의 관계는 부적 선형관계 그리고 자신감과 경기력과의 관계는 정적 선형관계를 보여주고 있고, 셋째, 신체적 불안은 기술수준이 중간정도 이면서 장시간 동안 지속되는 운동종목 보다 기술수준이 아주 높거나 아주 낮은 정도이면서 짧은 시간동안 지속되는 운동종목에서 경기력과 보다 강력한 관계가 있다는 것을 검사하여 불안과 경기력과의 관계를 평가해야 한다는 것이다.

Martens 등(1990)은 경기시 경쟁상태불안의 다차원적 이론을 전개시키면서 인지적 불안과 신체적 불안은 경기가 다가옴에 따라 상이한 형태의 변화를 유발시키는 각각의 선형관계를 가지고 있다고 예측하였다. Morris 등(1981)은 상태불안의 두 가지 요소가 상이한 본질과 상이한 변화의 형태를 가지고 있기 때문에 인지적 불안이 신체적 불안보다도 더욱 자주 그리고 더욱 강력하게 경기력에 부정적인 영향을 미친다고 가정하였다. 많은 연구들도 기대감이 경기력에 더욱 강력하게 영향을 미친다고 보고하고 있다(Rosenthal, 1968; Bandura, 1977; Feltz, 1982; Feltz 등 , 1979; Weinberg 등, 1980).

다양한 종목을 대상으로 실시한 선행연구인 골프(Krane & Williams, 1988; Martens 등, 1982), 레슬링(Gould 등, 1984), 체조(Krane & Williams, 1988), 사격(Gould 등, 1984)등을 대상으로 한 연구결과들이 불안과 경기력과의 가설을 검증하는데 실패하였다. 왜냐하면 지적 활동을 우선적으로 요구하는 상황에서는 인지적 불안이 전 과정을 직접적으로 방해를 주어 급격하게 수행력을 떨어뜨리는 반면에, 신체적 불안은 각성이 지나치게 높아지면 주의 집중이 안되어 수행력에 방해를 주기 때문이다. 이것은 스포츠에서는 최고의 경기력을 발현하는데 필요한 최적의 생리적 준비가 가끔은 필수적이며 신체적 불안은 경기력에 더욱 직접적으로 영향을 미칠 수가 있기 때문이다.

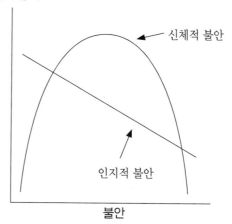

운동수행력

신체적 불안

인지적 불안

불안

그림 3-8. 불안과 운동수행의 다차원적 이론 모형

많은 학자들은 인지적(걱정) 상태불안과 신체적(생리적) 상태불안과의 구별의 필요성을 강조하고 있다. 이러한 상태불안의 요인에 대한 구별은 중요하다. 왜냐하면 이 요인들은 각기 상이하게 수행에 관련된다는 증거가 제시되고 있기 때문이다. 특히 불안을 연구하고 있는 학자들은 인지적 불안이 신체적 불안보다 수행에 더욱 지속적이며 강력하게 관계되어 있는 것으로 판단하고 있다(Deffenbacher, 1980; Morris 등, 1981). 또한 스포츠심리학자들도 인지적 불안과 신체적 불안이 수행에 다르게 관련되어 있다는 연구결과들을 제시하고 있다. 그러나 이러한 연구결과들은 서로 일치하지 않고 있으며, 스포츠상황에서의 인지적 불안과 신체적 불안이 수행에 미치는 영향에 대한 연구가 더욱 요구되고 있는 상황이다.

다차원적 불안 이론은 최근에 스포츠 상황에 적용되었고, 최근의 결과는 유익하였다. 이 이론의 강점은 불안의 하위 구성요소를 구분해 주고 이러한 불안이 하위 구성요소가 수행에 상이한 영향을 준다는 최초의 증거를 제시해 주었다는 데에 있다. 이에 대한 최근의 제한점으로는 일관된 경험적 연구의 부족과 인지적 불안이 주의 산만을 통하여 수행에 부정적 영향을 준다는 연구 결과가 많지 않다는 데 있다.

5) 반전 이론(reversal theory)

불안과 운동수행력의 관계에 대한 이해를 제고시키기 위하여 적용시킬 수 있는 또 다른 흥미로운 이론은 Apter(1982)에 의해 제안된 반전 이론(reversal theory)이다. 반전 이론은 Kerr(1985, 1987)에 의해 유럽 스포츠심리학 문헌에서 매우 관심 있는 연구주제로 부각되었다.

반전 이론의 핵심개념은 각성과 정동적 정서(emotional affect) 간의 관계가 자신의 각성 수준에 대한 인지적 해석에 의해 결정된다는 것이다. 높은 각성은 흥분(유쾌함) 또는 불안(불유쾌함)으로 해석되고, 낮은 각성은 이완(유쾌함) 또는 지루함(불유쾌함)으로 해석된다. 유쾌함 또는 불유쾌함으로써 정서의 해석은 쾌락 가변역(hedonic zone)으로 알려졌다. 정서와 각성은 연속선상에서 다양하기 때문에 반전이론은 각성과 정서적인 유쾌함 간의 관계를 두 개의 곡선으로 기술할 수 있다고 한다(그림 3-9).

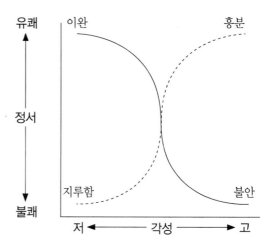

그림 3-9. 반전이론의 모형(Apter, 1982)

반전 이론에서는 각성-쾌락 가변역 그래프 상에는 두 개의 곡선이 있기 때문에, 하나의 곡선에서 다른 곡선으로 급작스러운 불연속적인 반전(switching)이 다른 차원의 변화로 도입되었다. 곡선은 각성을 해석하는 상반적인 방식이기 때문에 반전은 전환을 구성하는 것으로 간주할 수 있다(Apter, 1984). 나아가 Apter는 각 곡선이 상이한 메타 동기상태(meta motivational state)를 나타낸다고 설명하였다. 메타 동기상태는 '자신의 동기의 어떤 측면을 해석하는 특정한 방식에 의해 특징지워지는 현상학적 상태'로 정의하였다.

6) 카타스트로피 이론(catastrophe theory)

역-U 가설에 대한 대안으로 Hardy와 Fazey(1987)는 각성수준과 운동수행의 관계를 설명하는 새로운 모형을 제시하였다. 이는 Thom(1975)이 개발하여 그 후 Zeeman(1976)에 의해 발달된 모형으로 자연이나 사회현상에서 흔히 일어나는 갑작스러운 변형이나 불연속현상을 설명하기 위한 수학적 모델의 모형이다. 이 이론은 사회현상을 설명하는 데 자주 적용되어 왔는데 Hardy와 Fazey(1987)가 이를 운동상황에 도입하였다.

카타스트로피(catastrophe)라는 용어는 급격한 변화를 의미한다. 그리스어원으로 kata는 영어의 'down', strophe는 'turning'을 의미한다. 따라서 카타스트로피 이론은 급격한 질적 변화와 같은 불연속적 현상을 나타내는 것(김용운, 1980)으로 질적 변화에 주목하는 이론이다. 이 이론은 각성의 증가가 수행을 최적수준까지 가속화시키지만 각성이 적정 수준을 넘어서 이후 거기에 따르는 운동수행은 급격히 저하된다고 설명하고 있다. 역-U 이론과 카타스트로피 이론은 최적 수준까지 불안의 증가가 운동수행을 촉진시킬 것이라고 예견하고 있다는 관점에서 공통점을 가지고 있지만, 최적 수준을 넘어선 과도한 불안이 운동수행에 미치는 영향에 대하여 상반된 예언을 한다. 역-U 가설은 적정 수준보다 불안이 증가하면 운동수행력이 체계적인 곡선 관계 속에서 감소한다고 가정하는 반면, 카타스트로피 이론에 의하면 불안이 과도하게 증가하면 어느 시점에서 운동수행력의 크고 급진적인 감소가 일어난다는 것이다(Hardy & Fazey, 1987). 아울러 이 상태에서 중재에 의한 불안수준의 점진적인 감소가 역-U 가설의 예언처럼 체계적으로 운동수행력의 회복을 가져다주지 않고 수행력의 상승이 일어난다는 것이다. 즉, 인지불안과 생리적 각성이 수행에 영향을 줄 때 항상 질서정연한 방식으로 상호작용하지 않는다는 것이다.

Hardy와 Fazey(1987)는 이어 경쟁불안에 대한 다차원적인 접근 방법을 수용하여 그의 중요한 요소인 신체불안과 인지불안 그리고 운동수행이 세 축을 이루는 3차원의 카타스트로피 모형을 제시하였다. 간단히 말해, 인지불안이 없는 경

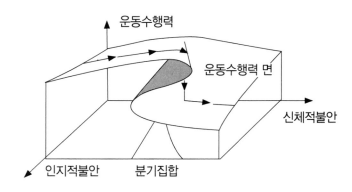

그림 3-10. 불안과 운동수행의 3차원적 카타스트로피 모형

우 생리적 각성과 운동수행은 대략 역-U자형의 관계를 보이나 인지불안이 커짐에 따라 각성이 적정수준을 넘게 되면 어느 점에서 수행의 보다 큰 급격한 하락이 있게 된다는 것을 3차원 도표에서 '겹쳐지는 수행면'으로 제시하고 있다.

즉, 경기자의 수행은 신체적 각성의 증가와 관련이 있다는 것이다. 그러나 수행에서 신체적 각성의 효과는 인지불안에 의해 조성된다. 생리적 각성과 수행사이의 관계는 인지불안의 수준에 대한 의존과 인지불안이 높을 때 발생하는 카타스트로피 수행효과와는 다른 것이다.

물론 이 이론은 최근에 제시되어 그에 관한 실증적 연구는 매우 부족하다. Hardy와 Parfitt(1991)에 의하면 심박수를 생리적 각성으로 사용한 연구에서 생리적 각성의 증가는 인지불안이 높거나 낮든지 간에 수행과 관계가 다르게 나타났다고 보고하고 있다. 이 이론의 장점은 스포츠 현장에서 일어나는 각성과 수행의 실제 관계를 보다 재인식할 수 있다는 것이다. 반면 이 이론의 약점은 학문적 실증 연구를 수행하기가 까다롭기 때문에 이론검출을 위해 동일 피험자를 무수히 반복 측정해야 한다는 점이다. 이 이론이 비교적 최근에 제시된 것이기도 하지만 이론의 복잡성으로 인해서도 실제 연구량이 극히 적은 형편이다.

참 고 문 헌

김기웅, 이병기, 김병현(1986). 대표 선수들의 경기불안 원인분석에 관한 연구. 한국체육과학 연구원 연구보고서.

김덕진(2006). 스쿼시 선수용 PSI 및 규준 개발. 한국체육대학교 대학원 박사학위논문.

김성옥(2000). 스포츠 행동의 심리학적 이해. 서울 : 태근문화사.

김용규(2007). 운동수행시간 흐름에 따른 카타스트로피 모델의 적용 가능성 검증. 한국체육대 학교 대학원 박사학위논문.

김용운(1980). 카타스트로피 이론 입문. 서울 : 도서출판 우성.

원주연(2000). REBT 프로그램이 경쟁불안, 스포츠자신감 및 경쟁지향성에 미치는 영향. 한국 체육대학교 대학원 박사학위논문.

이병기, 민병모, 신동성(1990). 스포츠 경쟁불안 검사지 및 척도개발(I). 한국체육과학연구원 연구보고서.

최영옥, 이병기, 구봉진(2002). 스포츠 행동의 심리학적 이해. 서울: 대한미디어.

Apter, M. J.(1982). *The Experience of a Motivation : The Theory of Psychological Reversals.* NY : Academic Press.

Apter, M. J.(1984). Reversal theory and personality: A review. *Journal of Research in Personality, 18*, 265-288.

Bandura, A.(1977). Self-efficacy : Toward a unifying theory of behavioral change. *Psychological Review, 84(2)*, 191-215.

Barkovek, T. D.(1976). Physiological cognitive process in the regulation of arousal. In G. E. Schwartz & D. Shapiro(Eds). *Consciousness and Self-Regulation : Advances in Research,*(pp. 261-312). NY : Pletium.

Burton, D.(1988). Do anxious swimmers swim slower? Reexamining the elusive anxiety-performance relationship. *Journal of Sport & Exercise Psychology, 10*, 45-61.

Cox, R. H.(2005). *Sport Psychology : Concepts and Applications*(6th ed.). New York, NY : McGraw-Hill.

Cratty, B. J.(1983). *Psychology in Contemporary Sport : Guidelines for Coaches and Athletes.* Englewood Cliffs, NJ : Prentice-Hall.

Davidson, R. J., & Schwartz, G. E.(1976). The psychology of the relaxation and related states :

a multiprocess theory. In D. I. Mostofsky(Eds.), *Behavioral Control and Modification of Psychological Activity*(pp. 339-442). Englewood Cliffs, NJ : Prentice-Hall.

Deffenbacher, J. L.(1980). Worry and emotionality in test anxiety. In I. G. Sarason(Eds.), *Test Anxiety : Theory Research and Application*(pp. 111-128). Hillsdale, NJ : Lawrence Erlbaum Associates.

Duffy, E.(1957). The psychological significance of the concept of arousal or activation. *Psychological Review, 64*, 265-275.

Endler, N. S.(1978). The interaction model of anxiety : Some possible implications. In D. M. Landers & R. W. Christina(Eds.), *Psychology of Motor Behavior and Sport-1977*(pp. 332-351). Champaign, IL : Human Kinetics.

Feltz, D. L., Landers, D. M., & Reader, U.(1979). Enhancing self-efficacy in high-avoidance motor task : A comparison of modeling techniques. *Journal of Sport Psychology, 1*, 112-122.

Fisher, A. C.(1976). Psych up, push out : Relationship of arousal to sport performance. In A. C. Fisher(Eds.), *Psychological of Sport*(pp-136-142). Palo Alto, CA, Mayfield Publish.

Gould, D., & Petlichkoff, L.(1987). Psychological stress and the age group wrestler. In E. W. Brown & Brants, C. F.(Eds.), *Competitive Sports for Children and Youth : An Overview of Research and Issues.* Champaign, IL. Human Kinetics Publishers.

Gould, D., Petlichkoff, L., & Weinberg, R. S.(1984). Antecedents Of, Temporal Changes In, And Relationships Between CSAI-2 subcomponents. *Journal of Sport Psychology, 6*, 289-304.

Gould, D., Petlichkoff, L., Simons, H., & Vevera, M.(1987). The relationship between Competitive State Anxiety Inventory-2 subscale scores and pistol shooting performance. *Journal of Sport Psychology 9*, 33-42.

Hanin, T. L.(1980). A study of anxiety in sports. In W.F. Straub(Eds.), *Sport Psychology : An Analysis of Athlete Behavior*(pp. 236-249). Ithaca, NY : Mouvement Publications.

Hardy, L., & Fazey, J. A.(1987). The inverted-U hypothesis : A catastrophe for sport psychology. Paper presented to the North American Society the Psychology of Sport and Physical Activity annual conference, Vancouver, Canada.

Hardy, L., & Parfitt, C. G.(1991). A catastrophe model of anxiety and performance. British *Journal of Psychology, 82*, 163-178.

Jones, G., & Swain, A.(1995). Predispositions to experience debilitative and facilitative anxiety in elite and nonelite performers. *The Sport Psychologist, 9*, 201-211.

Kerr, J. H.(1985). The experience of arousal : A new basis for studying arousal effects in sport. *Journal of Sport Sciences, 3*, 169-179.

Kerr, J. H.(1987). Structural phenomenology and performance. *Journal of Human Movement Studies, 13*, 211-229.

Krane, V., & Williams. J.(1988). Performance and somatic anxiety, cognitive anxiety and confidence changes prior to competition. *Journal of Sport and Behavior, 10(1)*, 47-56.

Kroll, W.(1979). The stress of high performance athletics. In P. Klavora, & J. V. Daniel(Eds.), *Coach, Athlete and Sport Psychologist*. Toronto, ON : University of Toronto.

Lander, D. M., & Boucther, S. H.(1986). Arousal- performance relationships. In J. M. Williams(Eds.), *Applied Sport Psychology : Personal Growth to Peak Performance*(pp. 163-184). Palo Alto, CA : Mayfield Publishing Company.

Landers, D. M.(1980). The arousal-performance relationship revisited. *Research Quantity for Exercise and Sport, 51*, 77-90.

Liebert, R. M., & Morris, L. W.(1967). Cognitive and emotional components of test anxiety : A distinction and some initial data. *Psychological Reports, 20*, 975-978.

Magill, R. A.(1989). Motor Learning. *Concept and Applications*(3rd ed.). Iowa, WM : C. Brown Publishers.

Malmo, R. B.(1959). Activation : A neuropsychological dimension. *Psychological Review, 66*, 367-386.

Martens, R. S.(1971). Anxiety and motor behavior : A review. *Journal of Motor Behavior, 3(2)*, 151-179.

Martens, R. S.(1974). Arousal and motor performance. In J. H. Wilmore(Eds.), *Exercise and Sport Science Reviews*(pp. 155-188). NY : Academic Press.

Martens, R. S.(1977). *Sport competition anxiety test.* Champaign, IL : Human Kinetics.

Martens, R., Burton, C., Rivkin, F., & Simon, J.(1980). Reliability and validity of the competitive state anxiety inventory(CSAI). In C. H. Nadeau, W. R. Halliwell, K. M. Newell, & G. C. Roberts(Eds.), *Psychology of Motor Behavior and Sport-1979.* Champaign, IL : Human Kinetics.

Martens, R., Burton, C., Vealey, R., Smith, D., & Bump, L.(1982). Cognitive and somatic dimensions of competitive anxiety. Presented at NASPSPA annual conference, University of Maryland.

Martens, R., Vealey, R. S., & Burton, D.(1990). *Competitive Anxiety in Sport.* Champaign, IL : Human Kinetics.

McAuley. E.(1985). Modeling and self-efficacy : A test of Bandura's model. *Journal of Sport Psychology, 7,* 283-295.

McGrath, J. E.(1970). Major methodological issues. In J. E. McGrath(Eds.), *Social and Psychological Factors in Stress*(pp.19-49). New York, NY : Holt, Rinehart, & Winston.

McNeil, D. W., Turk, C. L., & Ries B. J.(1994). Anxiety and fear. In Encyclopedia of human behavior. *Academic Press Volume 1.*

Morgan, W. P., O'Connor, P. J., Ellickson, D. A., & Bradley, P. W.(1988). Personality structure, mood state, and performance in elite male distance runners. *International Journal of Sport Psychology, 18,* 247-263.

Morgan, W. P., O'Connor, P. J., Sparling, P. B., & Pate, R. R.(1987). Psychological characterization of the elite female distance runner. *International Journal of Sport Psychology, 8,* 124-131.

Morris, L., Davis, D., & Hutchings, C.(1981). Cognitive and emotional components of anxiety : Literature review and revised worry-emotionality scale, *Journal of Educational Psychology, 73,* 541-555.

Neiss, R.(1988). Reconceptualizing arousal : Psychobiological states in motor performance. *Psychological Bulletin, 103,* 345-366.

Oxendine, J. B.(1970). Emotional arousal and motor performance. *Quest, Vol. 13.*

Rosenthal, R.(1968). Experimenter expectancy and the reassuring nature of the null decision procedure. *Psychological Bulletin Monograph Supplement, 70,* 30-47.

Scanlan, T. K.(1984). Competitive stress and the child athlete. In J. M. Silva & R. S. Weinberg(Eds.), *Psychological Foundations of Sport*(pp. 118-129). Champaign, IL : Human Kinetics.

Selye, H.(1956). *The Stress of Life.* New York : Mcgraw-Hill.

Selye, H.(1974). *Stress Without Distress.* NY : American Library.

Singer, R. N.(1978). *Motor Learning and Human Performance*(2nd ed.). New York, NY : Macmillan Publishing Company.

Sonstroem, R. J.(1984). An overview of anxiety in sport. In J. M. Silva & R. S. Weinberg(Eds.), *Psychological Foundations of Sport*(pp. 104-117). Champaign, IL : Human Kinetics.

Spielberger, C. D.(1966). Theory and research on anxiety. In C. D. Spielberger(Ed.), *Anxiety and Behavior.* NY : Academic Press

Spielberger, C. D.(1973). *Preliminary Test Manual for the State-Trait Anxiety Inventory for Children.* Palo Alto, CA : Consulting Psychologists.

Spielberger, C. D., Gorsuch, R. L., & Lushene, R. L.(1970). Manual for the State-Trait Anxiety Inventory. Palo Alto, CA : Consulting Psychologists.

Spielberger, C. D., Lushene, R. E., & McAdoo, W. G.(1977). Theory and measurement of anxiety states. In R. B. Cattell & R. M. Dreger(Eds.), Handbook of modern personality theory(pp. 239-253). Washington, DC : Hemisphere.

Svebak, S., & Stoya, J.(1980). High arousal can be pleasant and exciting : The theory of psychological reversals. Biofeedback Self Regul. 5, 439-447

Taylor, J. A.(1953). A personality scale of manifest anxiety. Journal of Abnormal and Social Psychology, 48, 285-290.

Thom, R. (1975). Structural stability and morphogenesis.(D. H. Fowler, trans) NY : Benjamin-Addison Wesley(Originally published, 1972).

Weinberg, R. S., Gould, D., & Jackson, A.(1980). Expectations and performance : An empirical test of Bandura's self-efficacy theory. *Journal of Sport Psychology, 1*, 320-331.

Zeeman, E. C.(1976). Catastrophe theory. *Scientific American, 234*, 65-82.

제 4 장

불안해소기법

우리는 앞장에서 불안과 경기력과의 관계에 대해 알아보았다. 불안은 어떤 심리적 요인보다도 경기력에 많은 영향을 미치고 있으나, 실제 스포츠 현장에서 적용되는 사례는 그다지 많지 않다.

본 장에서는 불안을 해소하는 대표적인 기법인 바이오피드백 훈련, 명상, 자생훈련법, 점진적 이완훈련, 인지 재구성 기법, 호흡 조절법을 알아보고자 한다.

1

바이오피드백(biofeedback) 훈련

바이오피드백이란 감지장치를 이용하여 인체의 자율신경계의 반응을 조절하는 기법이다. 근육의 긴장이나 심장의 활동에 관한 정보는 알 수 없기 때문에 특수한 감지장치를 이용하여 신호를 증폭시키게 된다. 감지장치를 통해서 알 수 있는 생리적 반응에는 근육의 활동, 피부온도, 심박수, 호흡수, 뇌파 등이다(최영옥, 이병기, 구봉진, 2002). 이것은 크게 두 가지로 방법으로 분류가 가능한데, 하나는 정서장애나 심신증 등으로부터 일어나는 스트레스에 대한 이완방법이고, 다른 하나는 뇌성마비나 경련 등과 같은 신경 및 근육계의 장애에 대한 신경 및 근육 재교육법이다.

바이오피드백 신호는 크게 두 가지 역할을 하는데 한 가지는 지속적으로 생리적 정보가 제시되고 자각된 감각이 되어 수의적 조절의 지침이 되는 것이고, 다른 하나

그림 4-1. 바이오피드백 장비

는 생체 피드백 신호가 보조로 작용되는 것이다. 특히, 생체피드백 훈련은 긴장완화의 한 기법으로 근육의 긴장 감소 학습과 근육의 기능회복을 위해 근육을 강화하는 학습으로 나누어진다. 스포츠에서 바이오피드백을 이용해 기술을 바꾸면 수행의 향상으로 이어질 수 있다. Daniels와 Landers(1981)는 사격선수들을 대상으로 바이오피드백 훈련을 시킨 결과, 격발 순간을 효과적으로 조절할 수 있었고, 사격점수가 향상되었다. 바이오피드백을 연구한 42편의 연구를 분석한 Zaichkowsky와 Fuchs(1988)는 바이오피드백이 불안과 각성의 조절 및 수행향상에 효과가 있다는 결론을 내렸다. 바이오피드백은 불안과 각성에 대한 자각도를 높여주고 시합불안을 낮출 수 있어 궁극적으로 수행을 향상시키는 수단이 될 수 있다.

② 명상

명상은 인도와 티베트의 동양권 문화에서 기원했으며, 최근에는 초월적 명상기법이 개발되어 다른 형태의 명상과 함께 과학적 학습의 종합 검사를 하는 방법으로 이용된다. 명상은 단지 육체에 영향을 주고 신체적 이익을 생산하는 정신적 운동일 뿐이다. 명상의 목적은 자신의 정신을 통제하는 방법을 터득하는 것이며, 이 방법을 터득하면 정신적 혼란을 멈추고 무엇에 집중할지 선택할 수가 있게 된다. 명상은 간단하고 가치 있는 심리적 기술훈련의 일종이다. 이것은 긍정적인 상태로의 심리적인 변화를 만들어주고 스트레스를 감소시킬 수 있는 이완반응의 일종이기도 하다.

아침식사나 저녁식사 전이 명상을 실시하기에 가장 좋은 시간이다. 식사 후에 바로 명상을 하게 되면 피가 위로 모여서 소화의 진행을 돕기 때문에 이 작용을 억제하면 완전한 이완이 되지 않는다.

다음은 명상기법 중 한 가지를 소개한 것이다.

① 조용한 방을 찾아서 편안한 의자에 앉는다. 당신은 잠이 올 정도로 편안한 것을 원하지 않으므로 등이 똑바로 된 의자가 좋을 것이다. 의자에 또는 무릎에 팔을 편안하게 둔다.

② 최대한으로 당신의 근육을 완화시키고, 힘을 주지 마라. 수동적인 자세를 갖고 호흡에 초점을 맞춘다.

③ 눈을 감는다. 이마나 눈에 긴장이 없도록 한다. 호흡을 편안하고 자연스럽게 코로 한다. 마음속에서 중단 없이 주문을 매우 천천히 반복해라. 그리고 이완된 당신의 모습을 관찰하지 마라.

④ 20분 정도 이것을 꾸준히 하라. 하루에 두 번, 20분씩 명상하는 것을 추천한다.

⑤ 명상하는 것을 멈췄을 때, 몸에 조정시간을 주어야 한다. 눈을 떠라. 방안의 어떤 물체에 초점을 맞추어라. 몇 번 깊게 숨을 쉬어라. 앉아있는 동안 기지개를 켜라. 준비가 다 되었다고 느꼈을 때 일어나서 기지개를 켜라.

3 자생훈련법

자생훈련법(augogenic training)은 1930년대 독일의 Johannes Schultz에 의해서 개발되어 주로 유럽에서 널리 사용되고 있고, 이후 Schultz와 Luthe(1959)가 체계화를 시켰다. 자생훈련이란 운동을 이용하여 사지 또는 허리에 온기와 무게감을 유발시키는 자기유발 이완기술이다. 그 다음에 이완상태를 확장시키는 이완 상상법을 이용한다. 명상이 너무 쉽고 단조로워 지루하다고 느끼는 사람들이 주로 이 방법을 애용한다. 왜냐하면 자생훈련은 주의집중을 자신이 원하는 신체에 적용할 수 있기 때문이다. 자생훈련법은 스포츠경기에서 자기 긴장 완화법으로 이용하기도 하고, 명상 연습을 이미지 트레이닝으로 응용하는 등 운동선수의 심리적 요인에 의한 운동기능의 향상에도 응용이 가능하다. 슬럼프를 없애거나 빨리 극복할 수 있는 심리적 컨디션 조절에 이용되며, 선수가 자신의 심리적, 신체적인 변화를 조절하고 자기 통찰능력을 높이는 것이 가능하게 된다. 자생훈련은 앉거나 누운 상태에서 실시할 수 있으며 각 자세에서 가장 편안한 자세로 실시하면 된다.

다음은 자생훈련 프로그램을 소개한 것이다.

– 조용하고 편안한 자세를 취한다.

– 두 눈을 감고 천천히 호흡을 깊게, 그리고 온몸의 힘을 뺀다.

– 팔과 다리가 무겁다는 느낌에 주의를 기울이면서 다음의 지시문대로 느껴본다.

〈1단계 : 무거운 느낌〉

– 나의 오른팔이 무거워진다. 무거워진다. 무겁다.

– 나의 왼팔이 무거워진다. 무겁다.

– 나의 양팔이 무겁다. 무겁다.

– 나의 오른발이 무거워진다. 무거워진다. 무겁다.

– 나의 왼발이 무거워진다. 무거워진다. 무겁다.

– 나의 양팔이 무겁다. 무겁다.

– 나의 양손, 양팔이 무겁다. 무겁다.

〈2단계 : 체온상승〉

– 나의 오른팔의 체온이 상승하기 시작한다. 체온이 상승한다.

– 나의 왼팔의 체온이 상승하기 시작한다. 체온이 상승한다.

– 나의 양팔의 체온이 상승한다.

– 나의 오른발의 체온이 상승하기 시작한다. 체온이 상승한다.

– 나의 왼발의 체온이 상승하기 시작한다. 체온이 상승한다.

– 나의 양발의 체온이 상승한다.

〈3단계 : 심장〉

– 나의 심장은 조용하고 규칙적이다.

〈4단계 : 호흡〉

– 나의 호흡은 조용하고 편안한 상태이다.

〈5단계 : 복부〉

- 나의 복부는 따뜻하다. 따뜻해진다.

〈6단계 : 이마〉

- 나의 이마가 차가워진다. 차갑다.

4
점진적 이완훈련

점진적 이완훈련은 여러 이완기법 중에서 가장 널리 쓰이고 있는 방법이다. 점진적 이완훈련은 원래 소근육에 경련현상을 자주 일으키는 환자들을 치료하기 위해 창안된 근육이완 기법으로 한 근육씩 순서대로 몸 전체의 근육들을 이완시키는 절차로 이루어진다. 즉, 긴장(경련)된 근육부위를 정확히 탐지하고 그 부위를 가능한 최대로 수축시킨 후 점진적으로 이완시키는 기법으로, 근육을 수축시키는 것부터 연습시키는 것은 근육이 긴장된 상태의 현상과 느낌을 알 수 있도록 하기 위해서이다. 이러한 과정을 통하여 극도로 긴장된 근육을 이완시킬 수 있는 능력을 키우게 된다.

이 훈련은 평상시 무리한 훈련으로 인해 극도로 피곤하거나 또는 긴장된 분위기에서 계속 훈련을 강행할 경우, 시합경험이 부족하거나 중요하다고 생각되는 시합 직전, 또는 시합 중, 낯선 경기장의 시설이나 관중으로 인한 경기불안이 고조될 경우, 또는 중요한 시합을 앞두고 있거나 국제경기 또는 순회경기가 빈번하여 선수단이 자주 이동하게 될 경우 기내, 차량 안에서 피로회복 및 기분전환을 위해 실시할 수 있다. 다음은 점진적 이완훈련 기법을 소개한 것이다.

〈다리 부분〉

- 바르게 누워 양 다리를 30~40cm 정도 벌리고 두 팔은 몸통 부분에서

10~15cm 정도 떨어져 놓는다.

- 신체 모든 부분이 바닥에 완전히 닿아 가라앉는 듯한 느낌이 들도록 온 몸에 힘을 빼고 조용히 눈을 감는다.

- 숨을 깊고 길게 들이마시면서 양 발가락을 최대한 앞쪽으로 굽힌 다음 숨을 멈추고 마음속으로 다섯을 세면서 발가락의 오목한 부분의 긴장을 느껴본다. 이 때 무릎이 굽혀지지 않도록 한다.

- 숨을 길게 내쉬면서 발가락의 힘을 뺀다.

- 호흡이 고르게 되었을 때 다시 숨을 깊게 길게 들이마신 후 멈추고 5초 동안 실시한다.

- 숨을 깊고 길게 들이 쉬면서 양 발가락을 최대한 젖힌 다음 숨을 멈추고 마음 속으로 다섯을 세면서 긴장을 느껴본다. 이때 발목도 따라서 젖혀지지 않도록 한다.

- 숨을 길게 내 쉬면서 발가락의 힘을 뺀다.

- 호흡이 고르게 되었을 때 다시 시작한다.

- 숨을 깊고 길게 들이쉬면서 양 다리를 모으고 곧게 편 후 바닥에서 15~20cm 정도 들어 올린다.

- 숨을 멈추고 발목을 앞쪽으로 최대한 굽혀 마음속으로 열을 세면서 발목의 긴장상태를 느껴본다. 이때 발가락에 힘이 들어가지 않도록 주의한다.

- 숨을 길게 내 쉬면서 발목에 힘을 빼면서 편안하게 내려놓는다.

- 호흡이 고르게 되었을 때 똑같은 방법으로 2회 더 실시한다.

- 숨을 깊고 길게 들이쉬면서 두 다리를 모으고 곧게 편 후 바닥에서 15~20cm 정도 올린다.

- 숨을 멈추고 발목을 뒤쪽으로 최대한 젖힌 상태에서 10초 동안 긴장상태를 유지한다. 이때 발가락도 따라서 젖혀지지 않도록 유의한다.

- 숨을 길게 내쉬면서 발목에 힘을 완전히 빼고 내려놓는다. 무릎 밑 부위가 긴장이 풀리면서 편안한 기분과 함께 따뜻하면서 무거워지는 듯한 기분이 든다.

- 호흡이 고르게 되었을 때 같은 방법으로 2회 더 실시한다.
- 양 다리를 곧게 펴고 바닥으로부터 15~20cm 정도 들어 올린다.
- 숨을 깊고 길게 들이쉬면서 동시에 양 발가락과 발목을 최대한 앞으로 굽힌 상태에서 무릎은 가슴에, 발목은 엉덩이 방향으로 끌어당긴다.
- 숨을 멈춘 상태에서 마음속으로 열을 세면서 긴장상태를 느껴본다. 이때 상체는 힘이 들어가지 않도록 유의하며, 다리 전체 근육이 떨리는 것과 같은 긴장감을 느끼게 된다.
- 숨을 길게 내 쉬면서 다리를 천천히, 편안하게 내려놓는다. 10초 정도 쉬면서 다리가 묵직하고 따뜻하면서 서서히 이완되는 것을 느끼게 된다.
- 호흡이 고르게 되었을 때 같은 방법으로 2회 더 실시한다.
- 양 다리를 모으고 곧게 뻗은 다음, 무릎을 위로 올려 종아리와 허벅지 사이가 90~100° 정도 되도록 구부린다. 이때 발바닥은 지면에 붙인다.
- 숨을 깊고 길게 들이쉰 다음 멈춘 상태에서 엉덩이를 지면에서 5~7cm 정도 올리고 항문에 힘을 주면서 10초 동안 유지한다. 이때 어깨와 목, 양팔에 힘이 들어가지 않도록 하며 마음속으로 열을 세면서 엉덩이 부위의 긴장감을 느껴본다.
- 숨을 길게 내 쉬면서, 엉덩이와 다리를 내려놓는다. 엉덩이와 다리에 들어갔던 힘이 빠지고 긴장이 풀리면서 묵직하게 가라앉고 따뜻하고 편안하게 느껴진다. 호흡이 고르게 되었을 때 2회 더 실시한다.

〈팔 부분〉
- 숨을 깊고 길게 들이 쉬면서 양 팔과 손가락을 힘을 주어 뻗고, 손목은 최대로 앞으로 굽힌다.
- 숨을 멈추고 10초동안 손등과 전완부의 긴장을 느껴본다.
- 숨을 길게 내쉬면서 팔과 손에 힘을 뺀다.
- 숨을 깊고 길게 들이 쉬면서 양 팔과 손가락을 힘을 주어 뻗고, 손목은 최대한 뒤로 젖힌다.

- 숨을 길게 내 쉬면서 천천히 팔과 손에 힘을 빼고 지그시 눈을 감는다. 점점 무거워지는 느낌과 함께 손과 팔에 편안한 느낌이 퍼져 가도록 한다.
- 숨을 깊고 길게 들이 쉬면서 두 주먹을 꽉 쥐고 서서히 양쪽 어깨를 향해 최대한 구부린다. 머릿속으로 트럭과 같은 큰 차를 끌어당기는 것과 같은 느낌으로 팔을 구부린다. 양 어깨와 팔 뒤꿈치는 몸통에 붙이고, 목에 힘이 가해지지 않도록 한다.
- 숨을 멈추고 팔의 긴장을 10초간 느낀다.
- 숨을 길게 내쉬면서 팔의 힘을 빼고 원상태로 내려놓는다. 손과 팔의 긴장이 풀리면서 긴장과 이완의 차이를 느끼게 된다. 호흡이 고르게 되었을 때 2회 더 실시한다.

〈몸통과 어깨 부분〉
- 숨을 깊고 길게 들이쉼과 동시에, 배를 서서히 등쪽으로 최대한 끌어당긴다.
- 그대로 숨을 멈추고 10초동안 유지한다. 가슴과 배에 긴장감이 느껴진다.
- 숨을 길게 내쉬면서 편안하게 긴장을 푼다. 숨을 내쉴 때 느껴지는 편안한 기분이 등을 타고 하반신까지 고루 퍼져간다.
- 바르고 편안하게 앉는다.
- 숨을 깊고 길게 들이 쉬면서 양 손은 등위에서 잡고, 양쪽 어깨는 최대한 뒤로 제치면 가슴은 위로 올리는 듯한 기분과 함께 등위에 모은 손을 최대한 아래 엉덩이 방향으로 민다.
- 숨을 멈추고 10초동안 그대로 유지한다. 가슴이 터질듯하고 어깨와 등 부위의 긴장감을 느끼게 된다.
- 숨을 길게 내쉬면서 편안한 기분으로 몸을 약간 앞으로 구부린다. 호흡이 고르게 되었을 때 2회 더 실시한다. 지금까지의 이완운동을 통해 팔, 다리, 몸통 부분의 긴장이 사라지고 편안하게 풀리면서 무거워지면 따뜻한 기운이 감돈다.

〈목과 머리 부분〉

- 바르고 편안하게 앉는다.
- 숨을 깊고 길게 들이 쉬면서 턱을 최대한 가슴 쪽으로 붙인다. 이때 상체는 바르게 세운다.
- 숨을 멈추고 10초동안 유지하면서 목 부분의 긴장을 느껴본다.
- 숨을 길게 내쉬면서 원위치 한다.
- 숨을 깊고 길게 들이 쉬면서 머리를 최대한 뒤로 젖힌다.
- 숨을 멈추고 10초동안 유지한다.
- 숨을 길게 내쉬면서 편안하게 긴장을 푼다. 호흡이 고르게 되었을 때 2회 더 실시한다.
- 숨을 깊고 길게 들이 쉬면서 머리를 최대한 좌측으로 돌린다.
- 숨을 멈추고 그대로 10초 동안 유지한다. 이때 턱과 목이 떨리는 듯한 긴장감을 느낀다.
- 숨을 길게 내 쉬면서 서서히 긴장을 푼다.
- 다시 숨을 깊게 길게 들이 쉬면서 머리를 우측으로 최대한 돌린다.
- 숨을 멈추고 10초동안 긴장감을 느껴본다.
- 숨을 길게 내 쉬면서 서서히 그리고 편안한 기분으로 원위치 한다. 이때 목 부위가 느슨하게 풀리면서 편안한 기분이 감돈다.
- 숨을 깊고 길게 들이 쉬면서 턱을 약간 올린다.
- 숨을 멈추고 혀를 입천장에 대고 10초 동안 최대한 민다. 이때 머리가 흔들리는 듯한 느낌이 들 정도로 세게 밀면서 긴장을 느껴본다.
- 숨을 길게 내 쉬면서 긴장을 푼다. 입안이 뜨거워지고 저절로 머리가 숙여지는 듯한 기분이 든다. 호흡이 고르게 되었을 때 2회 더 실시한다.
- 숨을 깊고 길게 들이 쉬면서 치아는 가능한 세게 꽉 물고 동시에 입술은 최대한 옆으로 편다.
- 숨을 멈추고 10초동안 안면의 긴장을 느껴본다. 이때 눈동자를 안으로 끌어당기는 것처럼 꼭 감는다.

– 숨을 길게 내 쉬면서 안면의 긴장을 푼다. 긴 잠에서 깨어난 것과 같이 정신
이 맑아지고 편안하며 상쾌한 기분이 든다.

점진적 이완의 궁극적인 목표는 짧은 시간 내에 자신의 몸을 완전히 이완시키
는 것이다. 점진적 이완을 처음 시작할 때는 매회 20~30분의 시간이 필요하다.
연습을 계속함에 따라 시간이 점점 줄어들며, 반복 연습을 통해 점진적 이완법을
숙달시키면 '이완' 또는 '편안히'라는 키워드 하나만으로도 몇 초 이내에 이완시
킬 수 있게 된다.

5 인지 재구성 기법

스포츠 장면에서 불안 감소의 심리학적 접근은 두 가지로 구분할 수 있는데, 그
중 하나는 이미 일어난 불안 그 자체를 줄이려는 접근 방법이며, 다른 하나는 불안
발생의 원인이 되는 근본적인 문제점을 파악, 이를 해결하여 불안을 통제하려는 접
근 방법이다(Lazarus & Folkman, 1984). 문제 중심 계통의 심리적 기술들의 장
점은 시합불안이 처음부터 제어될 수 있다는 것이며, 그 효과가 강하다는 점, 불안
에 대한 기저의 생각을 바꾸는 것으로 시합상황에서의 부적절한 심리적 요인에 대
처할 수 있다는 점 등이다(김용승 등, 1998; Ellis, 1993; Taylor, 1994).

이 방법은 선수 자신이 마음속으로 시합에 대비하여 준비하는 심리적인 과정
으로서 부적절한 믿음을 버리고 합리적 생각 및 자기 진술로 대처함으로써 불안
을 감소시키고 자신감을 증대시키는 방법이다.

합리적 인지 재구성 진술 항목의 예

① 시합 중 실수가 걱정이 되나 실수도 연습하면 할수록 점점 줄어드는 것을 알고 있다. 충분한 연습으로 실수를 최대한 줄이려 한다.

② 내가 지금 대표 선수가 된 것은 우연히 얻어진 것이 아니며, 많은 양의 피땀으로 이루어진 것이다. 연습을 충분히 하는 한 이것은 쉽게 무너지지 않는다.

③ 이전 시합에서도 늘 걱정은 했었으나, 결국은 내가 이겼다. 연습만 충실히 하면 다시 이긴다.

④ 주위(부모님, 선생님, 동료 등)에서 나에게 무엇을 기대하든 나는 나의 기준과 목표가 있다. 내 노력으로 그 목표를 달성했더니 대표 선수가 된 것이다. 주위에서 무얼 기대하든 내가 나를 가장 잘 알고 있으니 나에게 맞는 목표를 세워 그것을 이루어 갈 것이다.

⑤ 인간이기 때문에 완벽할 수는 없으며, 완벽하려고 초조해 할 필요도 없다. 그러나 연습에 의해 완벽에 무한히 접근할 수 있다는 것을 안다. 연습으로 대처한다.

⑥ 시합 중 실수가 있더라도 나는 다시 나를 통제하여 제 자리에 돌아올 자기 통제 방법을 연구하고 연습하여 갖추고 있다(갖출 것이다). 신중히 하겠지만 만일의 실수 시에도 걱정 없다.

⑦ 시합과 상대방에 대해 보다 더 치밀하게 분석하여 잘 알고, 보다 더 많은 피땀을 쏟아 붓는 것이 시합에 대한 불안을 없애는 가장 효과적인 방법임을 안다. 이는 모두 내가 할 수 있는 것이다.

⑧ 시간 없이 허둥대면 불안해지고 실수한다. 항상 충분한 시간을 갖고 미리 준비한다.

⑨ 신문, 방송에서 뭐라 하던 그건 내 일이 아니며 내 알 바가 아니다. 나는 내 목표, 내 계획대로 한다. 내 계획대로 하는 것은 내가 할 수 있는 일이다.

⑩ 요행으로 1등 하기를 바라지 않는다. 내 노력과 연습량이 제일 많으면 1등이 되는 것이라 생각하고 연습한다. 노력과 연습, 모두 내가 할 수 있는 일이다.

⑪ 이번 시합에서 내가 1등 하느냐 아니냐 하는 것은 내가 하는 수행 외에도 상대방의 수행, 심판, 운 등 여러 가지와 관계가 되어 있다. 내가 할 수 있는 일은, 내 힘이 닿는 한 가장 많은 연습과 가장 치밀하고 탄탄한 준비를 하고 결과를 기다리는 것이다. 나는 내가 할 수 있는 것에만 신경을 쓴다.

⑫ 나를 진정으로 생각해 주는 사람은 내가 1등 한다고 나를 좋아하고 1등을 못한다고 싫어하지 않는다. 내가 할 수 있는바 가장 많은 피땀과 치밀한 준비를 한 시합이면 결과가 어떻든 그들의 애정은 변함이 없다는 걸 알고 있다.

⑬ 내 주위에는 내가 불안할 때 언제든지 믿고 의지할 수 있는 사람들(부모, 선생님, 친구들 등)이 있다. 불안할 때는 언제나 의지하고 안정을 찾는다.

⑭ 나는 걱정이 될 때 그것을 푸는 방법(음악 듣기, 물건 사기 등)을 알고 있다. 그렇게 하면 긴장이 풀린다는 걸 알고 있다.

⑮ 불안하지만 내가 해내야 한다. 강하고 독한 마음을 먹는다. 강하고 독한 마음을 먹으면 잡다한 불안 따위는 아무 문제가 아님을 알고 있다.

6
호흡조절법

호흡은 이완을 달성하기 위한 한 방법이며(Gould & Weinberg, 1995), 시합상황에서 불안과 긴장을 낮출 뿐만 아니라 혈액 중에 산소의 양을 증가시켜 수행을 향상시킬 수 있는 방법이다(Harris & Williams, 1993). 압박감 속에서 수행하는 선수들은 자신의 호흡과 기능을 정상적으로 수행하는 데 종종 실패하게 된다. 시합에서 압박감이 생기게 되면, 호흡이 정상적이지 않게 멈추게 됨에 따라 근육긴장을 증가시켜 최대 수행을 방해하게 된다. 따라서 자신의 수행을 극대화시키기 위해서는 적절한 호흡조절이 필요하다.

수행향상에 관심을 갖는 스포츠심리학자들은 여러 가지 호흡조절 연습을 고안하였다. 호흡조절에서 중요한 것은 숨을 들이마시고 내 쉬는 과정을 가슴이 아닌 복부로 깊고 천천히 의도적으로 반복하는 것이다. 이 때 모든 주의를 호흡에만 집중시키는 것이 중요하다. 복부에서 이루어지는 깊은 호흡을 하면 특히 어깨와 목 부위의 긴장이 완화되며 주의집중이 좋아져 과제를 효과적으로 수행할 수 있게 된다. 또한 시합 시에도 짧은 시간에 긴장을 낮추고 에너지를 재충전할 수 있다.

호흡조절의 절차(Gould & Weinberg, 1995)

1. 흡기

코를 통해 깊게 그리고 천천히 들이마시며, 가로막 아래로 내려가는지에 집중한다. 천천히 복식호흡을 한 다음 가슴의 가운데와 윗부분에 공기가 차서 퍼지도록 한다. 흡기 시 배를 충분히 바깥쪽으로 내민다. 흡기는 약 5초간 지속한다.

2. 호기

입을 통해 천천히 내 쉰다. 팔과 어깨의 근육들이 이완됨을 느낀다. 내쉬면서 이완됨에 따라, 중심이 견고하여 바닥이 잘 고정되어 있음을 느낀다. 다리는 이완되었지만 단단하게 느껴진다. 호기는 약 7초간 지속한다.

참 고 문 헌

김용승, 신동성, 이병기, 김병현, 구해모, 한명우(1998). 합리적 인지 재구성에 의한 시합 불안 감소 연구 : Ⅰ. 진술 항복 개발. 체육과학연구, 8(3), 60-76.

최영옥, 이병기, 구봉진(2002). 스포츠 행동의 심리학적 이해. 서울 : 대한미디어.

Daniels, F. S., & Landers, D. M.(1981). Biofeedback and shooting performance : A test of disregulation and system theory. *Journal of Sport Psychology, 4*, 271-282.

Ellis, A.(1993). Rational-emotive imagery : RET version. In M. E. Bernaed & J. L. Wolfe(Eds.), *The RET Resource Book for Practioners*(pp. 8-10).

Gould, D., & Weinberg, R. S.(1995). *Foundation of Sport and Exercise Psychology.* Champaign, IL : Human Kinetics.

Harris, D. V., & Williams, J. M.(1993). Relaxation and energizing techniques for regulation of arousal. In J. M. Williams(Eds.), *Applied Sport Psychology : Personal Growth to Peak Performance*(pp. 185-199). Mountain View, CA : Mayfield Publishing Company.

Jacobson, E.(1938). *Progressive Relaxations.* Chicago, IL : University of Chicago Press.

Lazarus, R. S. & Folkman, S.(1984). *Stress, Appraisal, and Coping.* New York, NY : Springer.

Schultz, J. H., & Luthe, W.(1959). *Autogenic Training : A Psychophysiological Approach to Psychotherapy.* New York, NY : Grune and Stratton.

Taylor, J.(1994). Examining the boundaries of sport science and psychology trained practitioners in applied sport psychology : Title usage and area of competence. *The Sport Psychologist, 6*, 185-195.

Taylor, J.(1995). A conceptual model for integrating athletes needs and sport demands in the development of competitive mental preparation strategies. *The Sport Psychologist, 9*, 339-357.

Zaichkowsky, L. D., & Fuchs, C.(1988). Biofeedback applications in exercise and athletic performance. *Exercise and Sport Science Reviews, 16*, 381-421.

제 **5** 장

동 기

　　인간의 행동은 어떤 특정한 상황이나 과제를 해결하고 성취하기 위해서 나타나는 것으로, 성취 상황 속에서 나타나는 인간행동의 방향, 강도, 지속성은 성취동기에 의해 결정되며, 특히 스포츠 상황은 성취 지향적인 상황의 대표적 상황으로 설명할 수 있다. 지난 20년 동안 스포츠심리학에서 지속적으로 연구되는 주제 중의 하나는 인간의 규칙적인 운동에 참여, 지속, 포기하는 것에 대한 의문들이다. 스포츠심리학 연구에서 동기는 엘리트 선수들의 자기 통제와 과제에 대한 헌신을 촉진시키는 원동력으로서 그 가치를 인정받고 있다.

　　본 장에서는 성취동기의 이론적 모형과 성취동기 이론의 타당성에 관해 설명하고, 스포츠 상황에서의 내적동기와 성취목표성향에 관한 개념 및 운동수행과의 관계에 대해 알아보고자 하였다. 더불어 스포츠 장면에서의 효율적인 운동수행을 위해 선수들을 동기유발시키는 방법도 기술하였다.

1 스포츠동기의 이해

1) 동기의 정의

사람들이 스포츠에 참가하는 동기가 무엇이며, 중도에 표기하는 이유는 무엇인가를 밝히는 것은 스포츠심리학에서 1970년대와 1980년대의 관심거리였다(정청희 등, 2009). 궁극적으로 동기는 사람이 나타내는 행동에 대한 원인을 제공하며 이것을 탐구하는 것이 바로 스포츠심리학이 추구하는 핵심인 것이다. 동기의 어원은 '움직인다'라는 뜻을 지닌 라틴어 'movere'이다. 동기라는 용어가 매우 다양한 의미로 쓰이기 때문에 이를 한마디로 정의하기는 힘들다(최영옥, 이병기, 구봉진, 2002). 인간의 행동은 개인과 환경 모두의 영향을 받아 결정되는 것이다(Gill, 1999). 따라서 동기는 특정한 방식으로 행동하도록 하는 내적인 힘과 외적인 힘이 복잡하게 얽혀 있는 상태인 것이다(Vealey, 2005). 스포츠심리학 분야에서 동기는 '노력의 방향과 강도'라는 Sage(1977)의 정의가 자주 쓰이고 있다. 즉, 동기는 행동이 이루어질 방향성과 이에 대한 지속을 예측할 수 있는 강도로 대변된다는 것이다.

2) 동기의 요소

동기는 노력의 방향과 강도로 구성되어 있다. 노력의 방향은 특정 상황이나 행동을 선택하여 추구하기 위해 다가가는 것을 의미하며, 노력의 강도는 개인이 목표행동을 실현하기 위하여 설정한 특정한 상황을 위해 얼마만큼 많은 노력을 기울이는가에 관한 것을 말한다(구해모, 김병현, 한명우, 2003). 예를 들면 노력의 방향은 올림픽을 준비해야 하는 선수가 기술과 체력에 대한 훈련을 훈련일정에 따라 꾸준히 하며, 필요한 행동을 긍정적인 방향으로 추구하고 있는 것이다. 반면, 운동수행과 관련한 훈련을 소홀히 하고 주위 동료와 담화를 즐기거나 개인의 취미활동에 열중하는 것은 부정적인 방향으로 동기화 된 것이다. 노력의 강도는 이렇게 정해진 노력의 방향성에 대해 개인의 투자를 의미하는 것으로, 올림픽을 위해 선수가 하루의 연습량을 어느 정도로 하느냐의 문제이다. 즉, 동기수준이 높은 선수는 성취행동을 위해 보이는 노력의 강도가 높다는 것이다. 이렇듯 운동 및 스포츠 상황에서 노력의 방향과 강도는 행동에 밀접하게 영향을 미치는 요소이다.

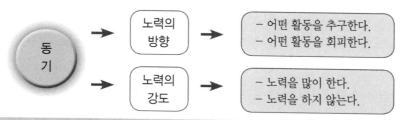

그림 5-1. 동기의 방향과 강도(정청희, 김병준, 1999)

3) 동기를 이해하는 관점

동기는 사람마다 관점에 따라 다를 수 있다. 동기를 이해하는 관점은 개인의 특성적 측면을 고려한 특성지향적 관점, 환경에 초점이 맞춰진 상황지향적 관점, 그리고 개인과 환경의 조합에 관심을 갖는 상호작용적 관점으로 나눌 수 있다(Weinberg & Gould, 1995).

(1) 특성지향적 관점
특성지향적 관점은 참가자 중심의 관점이라고 볼 수 있으며, 동기가 유발된 행동은 본질적으로 개인적 특성의 작용이라고 가정한다. 인간의 행동은 개인의 특성에 의해 결정된다는 것이다. 행동의 주체가 되는 개인의 특성적 요인인 성격, 목표성향, 태도 등이 행동에 영향을 미치는 중요한 의미를 갖는다고 본다. 이에 따르면 성격적으로 동기수준이 높은 사람이 있는 반면, 동기가 부족하고 성취욕구가 낮은 사람도 있다는 것이다. 이 관점은 운동에서 성공을 하려면 높은 동기수준을 타고 나야 함을 시사한다(정청희, 김병준, 2007). 그러나 이와 같은 특성지향적 관점에 대한 지지는 절대적이지 않다. 개인의 행동은 주위의 영향을 통해 발현되는 경우가 많다. 선수가 새로운 지도자를 만나고 새로운 팀과 동료를 통해 동기 수준이 바뀔 수 있기 때문이다. 즉, 이러한 관점은 현실성이 부족하며, 환경에 의한 영향을 고려하지 않은 관점이라 볼 수 있다.

(2) 상황지향적 관점

상황지향적 관점은 앞서 살펴본 것처럼, 특성지향적 관점이 소홀히 한 환경의 상황적 맥락이 개인의 동기에 영향을 미친다는 관점이다. 즉, 환경이 달라짐에 따라 개인의 동기수준은 차이가 있다는 것이다. 선수가 팀을 옮겨 새로운 지도자를 만나고 새로운 훈련환경을 접함으로써 이전 팀에서와는 달리 운동에 대한 동기가 바뀌는 것을 예로 들 수 있을 것이다. 그러나 이 또한 개인의 동기를 완전히 이해하는 데는 한계가 있다. 지도자의 지도방식이나 팀의 분위기가 마음에 들지는 않지만 자기의 운동에 최선을 다하는 경우도 볼 수 있기 때문이다. 따라서 한 가지 측면에서만 단편적으로 동기를 이해하는 것은 옳지 않다.

(3) 상호작용적 관점

앞서 설명한 동기에 대한 두 관점들은 나름의 설득력은 있지만, 동기를 완벽히 설명하는 데는 부족한 점이 있다. 이를 종합적으로 살펴보면, 동기는 개인의 특성적 요인과 환경적 요인인 복합되어 이루지는 결정체로 이해할 수 있다. 이것이 바로 동기의 상호작용적 관점이다. 즉, 개인의 동기는 여러 요인의 복합적 결정체로서 개인의 특성과 환경이 복합적으로 이루어지는 것으로, 현대의 스포츠 및 운동심리학자들에 의해 가장 폭넓게 지지되고 있다(Weinberg & Gould, 1995).

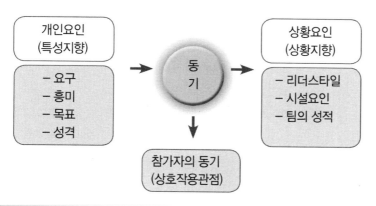

그림 5-2. 동기의 상호작용적 관점(정청희, 김병준, 1999)

2
스포츠에 참가하는 동기

사람들의 스포츠 행동을 이해하는 데 있어서 동기에 관한 관심은 필연적일 것이다. 스포츠심리학에서는 1970년대 이후로 스포츠 참가 동기에 관심을 가졌다. Gill 등(1983)의 연구에 따르면, 스포츠에 참가하는 중요한 이유로는 운동기술의 향상, 재미, 새로운 기술 습득, 도전, 체력 등이 있는 것으로 보고하였다. Weiss와 Chaumeton(1992)은 청소년을 대상으로 스포츠 참여동기가 무엇인지를 탐색하여 유능성, 체력증진, 소속감, 팀 요인, 경쟁, 재미가 공통된 동기요인이라고 밝혔다. 이렇듯 스포츠 행동에 참여하는 개인의 동기는 다양하며, 이를 우선적으로 이해할 필요가 있는 것은 동기의 본질이 이후 행동의 방향과 강도를 결정한다는 측면에서 중요하게 다루어지는 것이다.

우리나라 청소년의 경우, 스포츠에 참가하는 동기는 스포츠가 가지는 본연의 매력 요인보다는 외적요인과 사회적 요인이 많은 것으로 나타났다(성창훈, 김병준, 1996). 우리나라 청소년의 운동부 참여 이유는 재미와 유능성, 건강과 체력, 도전,

표 5-1. 청소년의 스포츠 참가 동기(Weinberg & Gould, 1999)

요인	세부영역
사회적 안정	부모와 친구의 인정, 지도자의 인정
경쟁	팀 동료와의 경쟁, 라이벌 팀과의 경쟁
기술숙달	운동 동작과 기술의 숙달, 새로운 기술의 학습
라이프스타일	어릴 때부터 시작, 부모의 권유, 여가시간의 활용
체력과 건강	건강과 몸매 유지, 체력향상
우정과 대인관계	동료 선수와의 우정, 유명 선수의 영향
성공과 성취	중요한 시합참가, 연습의 보람, 개인 목표의 성취
특별 혜택	선수 장학금, 전지훈련 기회, 특별한 대접과 주변의 관심
시합과 관중	많은 관중 앞에서 경기하기, 인기, 응원의 뜨거움
스트레스 해소	스트레스 해소의 기회, 기분의 개선
지위	주변에서 자신을 존중해 줌, 스스로 중요하게 느낌
자기발달	자신감 증대, 자신을 더 훌륭하게 여김, 자신에 대한 특별함

여가활용, 부모와 교사의 권유, 장래의 선수로 성공, 공부 부진과 진학, 부모에게 효도, 매스컴의 영향 등으로 밝혀졌다(성창훈, 김병준, 1996).

3 내적동기 이론

1) 내적동기의 개념

많은 스포츠심리학자들이 어떤 활동에 대한 개인의 내적 동기는 개인이 외적 목표를 획득하기 위한 수단으로서 그 활동에 참여하도록 강요될 때 내적동기는 감소될 수 있다고 주장하고 있다. 일반적으로 개인이 외부의 보상 없이 순수한 개인의 즐거움을 위해 스스로 스포츠 활동에 참여할 때 그 개인은 내적으로 동기화 되었다고 할 수 있으며, 수행과 참여가 상금이나 트로피 등의 외적인 힘에 의해 통제되어 스포츠 활동에 참여할 때 그 개인은 외적으로 동기화 되었다고 할 수 있다. 따라서 어떤 사람이 외적 보상을 바라지 않고 스포츠 자체가 좋아서 운동을 하면 내적동기가 높다고 말한다. 반면, 스포츠 활동을 하는 이유가 상금이나 기타 외적인 보상 때문이라면 그 사람은 외적동기가 높다고 할 수 있다. 때문에 개인의 동기는 두 동기의 합이라고 볼 수 있다. 이 관계에 따르면 내적 동기와 외적동기가 모두 높을 경우 개인의 동기가 가장 높게 나타난다. 그러나 원래 재미있는 활동을 하는데 외적보상(외적동기)을 제공하면 그 활동에 대한 내적동기가 떨어진다는 사실이 발견되었다 (Deci & Ryan, 1985). 외적보상의 통제적 측면 때문에 내적동기가 감소한 것이다.

많은 연구들에서 다양한 외적요인들이 내적동기를 감소시키는 것으로 밝혀져 Deci의 결과가 지지되었다. 그러나 다행히도 모든 외적요인들이 내적동기를 감소시키지는 않는다. 예를 들어 물질적 보상이나 언어적 피드백이 개인을 특수한 방향으로 행동하도록 억압하거나 통제하지 않을 경우, 유능성에 대한 긍정적 정보를 제공하여 내적동기는 증가하는 경향을 보였다. 실제적으로 조직적 스포츠는 많은 외적 구성요소도 포함하고 있는 것이 사실이다(Ryan 등, 1984).

예를 들어, 대부분의 시합에는 트로피나 메달과 같은 보상이 주어지며 금전적 보상과 같은 실체물에 의해 많은 팀의 참가가 고무되고, 어린이들은 스포츠에 참가하도록 사회적 압력을 받을 수도 있을 것이다. 내적동기와 관련된 많은 연구들은 과제수행의 대가로 보상이 제공되거나 보상을 전제로 수행을 요구할 경우 차후 그 과제를 행하는 자유(시간)나 흥미수준에서 부정적 효과가 나타남을 제시하고 있다. 실제 한 연구결과를 예로 들면, 운동참가자에게 자신들이 운동을 선택하고 목표를 스스로 설정하게 했을 경우, 운동프로그램에 대한 내적동기가 높아졌다(Thompson & Wankel, 1980).

지금까지 스포츠와 운동의 내적동기를 다룬 연구들은 개념상 동기론적 관점에 기초를 두고 진행되어 왔다. 이러한 연구의 형태는 크게 스포츠사회학에서 내적동기에 영향을 미치는 관련 변인을 조사하거나 내적동기가 참여나 지속과 같은 운동

수행에 미치는 영향을 규명하려는 두 가지로 구분할 수 있다.

특히 Deci와 Ryan(1985)의 인지평가이론(cognitive evaluation theory)은 내적동기와 관련해 잘 알려진 이론이다. 인지평가이론은 인간이 유능성(competence)과 자결성(self-determination)을 느끼려는 본능적인 욕구를 갖고 있다고 전제한다. 그리고 개인의 유능성과 자결성을 높여주는 활동이나 사건이 바로 개인의 내적동기를 증가시킨다고 본다. 반면, 운동을 하는 개인이 스스로 유능하지 못하다고 느끼거나 남에 의해 통제를 받는다고 느낀다면 내적동기가 감소된다. 여기에서 자결성은 인과소재(locus of causality)로 이해되는데 자신에 의해 행동이 개시되면 내적 인과소재를 가지며, 타인이나 외부요인에 의해 행동이 시작되면 외적인 인과소재를 갖는다.

다음으로 내적동기이론에서 고려되는 것은 통제적 측면과 정보적 측면이다. 인간의 행동은 통제적 측면과 정보적 측면을 모두 갖고 있다. 통제적 측면은 자결성과 밀접하게 관련된다. 외부의 압력 때문에 어떤 활동을 시작했다면 개인의 자결성은 낮아지고 결국 내적동기도 감소한다. 반면, 어떤 행동을 스스로 결정해서 시작했다면 자결성은 높아지고 내적동기도 높아진다. 정보적 측면은 개인의 유능성과 관련된다. 예를 들어, 야구 투수가 전국대회에서 우수한 기량을 발휘한 공로로 최우수선수가 되었다면, 이것은 그 선수의 능력에 대한 긍정적인 정보로 작용하게 되고 선수의 내적동기는 증가할 것이다. 하지만 반대로 대회동안 후보선수로만 있거나 제 실력을 발휘할 기회를 잡지 못했다면 유능성이 감소하므로 내적동기도 감소할 것이다.

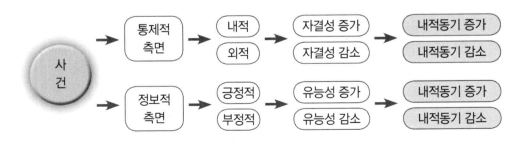

그림 5-3. 인지평가이론

2) 내적동기와 운동수행

　스포츠 상황에서 경쟁이 내적동기에 미치는 영향에 대하여 살펴보면, 경쟁은 일반적으로 스포츠에서 가장 효과적인 요인으로 고려되어 왔다. 대부분의 스포츠 시합은 경쟁이 내재되어 있으며, 스포츠에 참가하는 개인들은 승리하고자 하는 욕구를 피력함에 따라 경쟁은 때때로 내적동기로 일컬어져 왔다.

　Deci 등(1975)은 경쟁이 내적동기에 주는 영향력에 대하여 연구를 수행하였다. 경쟁이 일종의 보상으로 작용한다고 보고 경쟁을 통제적인 측면과 정보적인 측면으로 살펴볼 수 있다고 하였다. 즉, 개인은 승리욕구나 승리에 대한 강박관념에 대해 통제 받을 수 있으며, 승리하는 것 자체만으로도 최선을 다할 수 있도록 하고, 재미까지도 느끼게 할 수 있다는 것이다. 만약, 시합에서 승리가 전부라고 생각하면 통제적 측면이 더 강한 것이다. 이 분야의 연구는 비교적 많지 않지만 흥미로운 사실은 경쟁이 내적동기에 미치는 효과가 성에 따라 다르다는 사실이다.

　경쟁과 내적동기에 관한 최초의 연구는 Deci 등(1981)에 의해 수행되었는데, 이 연구에서는 직접적 경쟁(절대적 기준이 아닌 상대방과의 경쟁)이 내적동기에 미치는 영향을 탐색하였다. 결과는 직접적인 대면 경쟁은 어떤 기준을 대상으로 한 경쟁과 비교했을 때 그 활동에 대한 내적동기를 크게 낮추는 것으로 나타났다.

　Deci, Betley와 Kahle(1981)의 연구에서도 타인과 경쟁하거나 타인이 존재하는 조건에서 수수께끼 과제를 풀게 한 실험에서도 타인과의 경쟁은 비경쟁조건에 비해 내적동기를 감소시킨다는 결과를 얻었다. 이러한 연구결과는 개인들이 경쟁을 통제적으로 경험하는 경향이 있으며, 승리에 자아가 관여됨을 제시하고 있다. 스포츠에서의 승리의 경험은 개인으로 하여금 더욱 경쟁하도록 하며(Weinberger & Ragan, 1979), 동시에 내적동기를 저하시킨다. 아울러 경쟁에서의 승리는 금전이나 트로피로 보상되며, 보상은 내적동기를 더욱 감소시킨다.

　그러나 Deci 등(1981)과 Vallerand 등(1986)의 결과가 경쟁이 내적동기를 감소시키는 것으로 지적하고 있으나 이러한 결과가 항상 불변적이라고 하기는 어렵다. 수행−연계보상과 같은 사태와 마찬가지로 경쟁은 정보적일 수도 통제적일 수도 있다. 그리고 통제적 요소가 최소화 된다면 승리자는 패배자보다 더욱 내적동기화 된다고 가정할 수 있다. 다소 차이는 있지만 경쟁은 동기가 매우 왕성한 고도의 활성화 상태이다. 일차적으로 내적동기화된 상태에서 경쟁 결과는 정보적으로 경험되는 반면 그렇지 못하면 통제적으로 경험될 것이다.

여러 연구들이 이 가정을 검증하고자 하였다. 예를 들어 Reeve, Olson과 Cole(1985)은 퍼즐 경쟁 시 승자와 패자의 내적 동기를 규명하기 위하여 비록 경쟁이 통제적이더라도 경쟁결과는 정보적일 것이라는 가설을 검증하였다. 그 결과, 승자는 패자에 비하여 더욱 동기화 되었다. 이 결과는 주관적 경쟁결과(지각된 성공, 실패)에 대한 내적동기 효과를 다룬 McAuley와 Tammen(1989)의 연구에서 동일하게 나타났다.

Olson, Reeve와 Cole(1986)은 최종 동기수준에 따른 내적동기에 대한 경쟁의 결과를 검증한 결과, 비록 경쟁결과가 성취동기간에 더욱 강한 상호작용이 나타났다 할지라도 경쟁의 주효과가 재입증되었다. 즉, 성취동기수준이 낮은 승자는 성취동기가 낮은 패자보다 내적동기가 낮았으며, 반면 성취동기 수준이 낮은 승자는 성취동기가 낮은 패자보자 내적동기가 높았다. 또한, 경쟁결과와 이의 주관적인 해석이 내적동기에 미치는 영향에 있어서 실패경험이 있는 선수들은 내적동기와 유능성을 낮게 평가한다는 것이다. 그러나 McAuley와 Tammen(1989)의 연구에서는 객관적인 승패보다는 주관적인 해석이 내적동기에 더 큰 영향이 있다고 보고하였다.

3) 내적동기를 높이는 방법

(1) 성공경험을 갖게 한다.

성공을 경험하게 되면 자신의 능력에 대해 자신감을 가지게 된다. 따라서 자신의 수행에 대해 성공적인 경험을 많이 가질 수 있도록 하는 것이 중요하다. 예를 들어, 어린 학생들에게 높이뛰기를 지도한다면, 바의 높이를 적당히 낮추어 어린선수들이

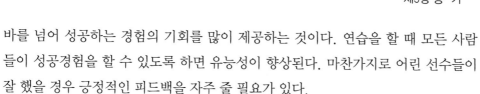

바를 넘어 성공하는 경험의 기회를 많이 제공하는 것이다. 연습을 할 때 모든 사람들이 성공경험을 할 수 있도록 하면 유능성이 향상된다. 마찬가지로 어린 선수들이 잘 했을 경우 긍정적인 피드백을 자주 줄 필요가 있다.

　(2) 칭찬을 위한 말과 행동을 자주하자.

　'칭찬은 고래를 춤추게 한다.'는 말도 있다. 그만큼 사소한 일에도 칭찬의 말과 격려의 행위는 인색하지 말아야 한다. 칭찬은 긍정적인 피드백을 제공해 주며 지속적인 노력을 하는데 촉매역할을 한다. 특히 소외되기 쉬운 후보선수나 운동재능이 없는 학생들에게 칭찬은 더 중요하다. "잘 했다"는 말과 함께 등을 한 번 두들겨 주는 것은 생각보다 큰 효과가 있다.

　(3) 연습내용과 절차에 변화를 준다.

　매일 반복되는 유사한 연습은 자칫하면 지루함을 느끼게 할 수 있다. 연습의 단조로움을 극복하고 동기를 저하시키지 않기 위해서는 연습의 내용과 절차에 변화를 줄 필요가 있다. 팀에서 선수 간 포지션을 바꾸어 보거나, 연습의 순서를 바꿀 수도 있으며, 놀이를 겸한 연습게임도 좋은 방법이 될 수 있다. 작은 변화는 연습의 지루함을 떨치고 재미를 느끼게 하는 좋은 수단이 된다.

　(4) 목표설정과 의사결정에 참여하게 한다.

　팀과 개인의 목표를 설정할 때, 선수가 적극적으로 의사결정 과정에 참여하도록 기회를 준다. 주간/월간 팀 훈련계획과 팀 내의 생활규칙을 정하는 것에 대해 의논하고 결정을 내릴 때에 선수가 함께 참여하도록 하는 것은 내적인 통제감과 성취감을 느낄 수 있게 한다.

　(5) 결과보다는 과제성취에 기초한 목표를 설정한다.

　누구나 결과에 대한 기대를 가지고 목표를 설정한다. 그러나 지나치게 결과지향적인 것은 올바르지 않다. 오히려 과정에 집중해 자신의 능력에 맞는 실현가능한 목표를 설정하면 유능성의 느낌이 증대된다. '우승'이나 '금메달'과 같은 결과지향적인 목표보다는 연습회수, 기술향상, 감정적 조절, 집중력 향상 등 자신이 훈련 중에 달성할 수 있는 목표가 더 유익하다. 이와 같은 과정지향적인 목표는 자신이 수행을 통제한다는 느낌을 갖게 해 주며, 차근차근 목표를 달성해 내는 것은 유능성을 향상시켜 내적동기를 향상시킨다.

4
성취동기 이론

1) 성취동기의 개념

성취동기 이론에서는 모든 인간 행동은 기본적으로 성취를 위한 것이라는 가정 하에 성취지향적 상황 하에서의 인간행동을 설명함으로써 동기의 본질을 이해하려고 한다. 즉, 인간의 행동은 어떤 특정한 상황이나 과제를 해결하고 성취하기 위해서 나타나는 것으로, 성취 상황 속에서 나타나는 인간 행동의 방향, 강도, 지속성은 성취동기에 의해 결정되며, 특히 스포츠 상황은 성취 지향적인 상황의 대표적 상황으로 설명할 수 있다.

스포츠 상황에서는 자기 자신의 100m 기록을 경신하는 것과 같은 개인적 기준을 성취하려는 것과, 체조나 피겨스케이팅에서 이미 정해져 있는 규범적 기준을 성취하려는 것, 그리고 유도, 탁구 등과 같이 상대 선수와 직접적인 경쟁을 하는 환경적 기준으로 대별된다(Carron, 1980). 스포츠 현장에서의 모든 성취지향적 행동은 이 세 가지 범주에 포함되며, 이들 기준과 비교되어 평가받는다. 성취지향적 노력으로 표현할 수 있는 모든 인간 행동의 특성은 그 기준이 무엇이든지간에 이를 성취하고자 하는 마음 즉, 성취동기에 달려 있다고 볼 수 있다.

McClelland-Atkinson에 따르면, 인간의 행동(f)을 개인적 요인과 환경적 요인의 함수관계(f=개인적 요인×환경적 요인)로 설명하고 있다. 즉, 인간의 성취행동을 개인적 요인과 환경적 요인의 상호작용의 산물로 간주하였다.

개인적 요인은 자신감과 내적 욕구와 같은 성공성취동기(motive to achieve success : MAS)와 실패 공포나 불안과 같은 실패회피동기(motive to avoid failure : MAF)의 두 가지 중요한 구성 개념으로 되어 있다. 만약 MAS가 MAF보다 크다고 하면 개인은 성취상황에 접근하며 반대의 경우 회피하게 된다.

환경적 변인은 성공의 유인가치(incentive value of success: Is)와 행동의 목적이 실제로 달성될 가능성(probability of success: Ps)의 두 가지 요소로 구성되어 있다. 예를 들어 중급 실력의 탁구 선수는 우수선수에게 승리할 때 부여되는 가치는 굉장히 클 것이지만 승리할 가능성은 상대적으로 낮을 것이다. 이와 반대로 중급 선수가 초급 선수에게 이길 확률은 높지만 이겼을 때의 유인가치는 낮은 것이다. 그러나 비슷한 선수와 시합을 할 때에는 유인가치(Is)와 성공할 가능성(Ps)이 비슷하게 될 것이다.

2) 성취동기와 운동수행과의 관계

성취동기 이론에서는 성취동기와 운동수행과의 관계를 직선적 관계 즉, 성취동기가 높을수록 운동수행 능력도 높은 수준으로 예측하고 있다. 실제로 성취동기가 높은 사람이 낮은 사람에 비해 수행의 효율성이 높은 것으로 증명되고 있다(Carron, 1980). 그러나 이러한 직선적 관계는 수행 초기에만 나타나는 것으로 보고되고 있다(Healey & Landers, 1973; Ostrow, 1976; Roberts, 1992). 이러한 이유는 연속적 운동수행으로 인한 성취동기 수준의 변화 때문으로 해석되고 있다. 성취동기가 높은 사람은 과제의 성공 후에 성취동기가 상대적으로 저하되며 성취동기가 낮은 사람은 과제의 성공 후에 상대적으로 상승한다는 것이다. 성취동기가 높거나 낮은 사람 간의 수행 후 성취동기 수준의 차이는 다음과 같다(Weiner, 1972).

1. 성취동기가 높은 사람은 실패 후 동기가 향상된다.
2. 성취동기가 높은 사람이 성공한 후에는 동기가 저하된다.
3. 성취동기가 낮은 사람이 실패한 후에는 동기가 저하된다.
4. 성취동기가 낮은 사함이 성공하면 동기는 상승한다.

성취동기 수준에 따른 수행결과의 차이는 경쟁조건에도 영향을 받는다. 비경쟁적 상황에서는 성취동기가 낮은 사람이 우월하며, 경쟁 상황에서는 성취동기가 높은 사람이 우월한 것으로 나타났다(Ryan & Lakie, 1965). 이러한 이유는 성취동기가 낮은 사람이 경쟁 상황에 들어가게 되면 보다 더 불안감을 느끼며, 실패공포로 인해 수행결과가 저하된다. 반면에, 성취동기가 높은 사람은 경쟁 상황에서 보다 더 높은 성공 의욕을 느끼고 더욱 활기를 얻어 수행결과가 향상된다는 것이다.

5
성취목표성향 이론

1) 성취목표성향의 개념

사회-인지적 측면의 많은 동기 연구가들은 성취상황에서는 목표들이 존재하고 개인이 어떠한 목표를 지각하느냐에 따라 성취행동에 대한 그 해석과 의미가 달라질 것이라는 관점을 제안하고 있으며, 동기의 사회인지적 접근을 바탕으로 발달된 성취목표성향 이론은 많은 스포츠심리학자들의 관심을 끌어왔다(Duda, 1993; Duda & Whitehead, 1998). 성취행동의 가변성은 높고 낮은 단일적 동기의 결과라기보다 오히려 적절한 목표지각의 차이에 의한 표명 결과로서 기인될 수 있다는 것이다(유진, 박성준, 1994).

스포츠나 운동성취상황에서 목표와 수행간의 관계가 보다 잘 이해되기 위해서는 이러한 관계에 영향을 미치는 성취목표성향(achievement goal orientation)이나 자기존중감(self-esteem) 및 자기효능감(self-efficacy)과 같은 개인의 성격적 특성이 효과적으로 고려되어야 한다고 볼 때, 스포츠와 운동상황에서 목표설정의 잠재적 효과를 조절하는 중요한 변인으로서 성취목표성향이 제안되고 있다. 이 이론은 스포츠상황에서 활동에 대한 목표를 어떻게 지각하는가에 따라 성취행동이 결정될 수 있다고 전제한다(Dweck, 1986 ; Nicholls, 1989). 이러한 영역의 연구들은 특정상황에서 개인이 지향하는 성취목표성향은 매우 다양하며, 성취목표성향의 개인차는 성공에 대한 평가나 성취행동에 영향을 미친다는 경험적 증거를 제시하고 있다.

스포츠심리학 분야에서 목표와 개인차에 대한 연구를 고찰해 보면, 대부분의 연구가 목표를 추구하면서 발생하는 개인차를 과제지향적 목표성향과 자아지향적 목표성향으로 구분해서 사용하였다(Duda & Nicholls, 1992). 과제지향적 목표성향을 가진 사람은 그들이 열심히 노력해서 수행을 향상시켰을 때 성공을 경험하는 반면, 자아지향적 목표성향을 가진 개인은 다른 사람과 비교해서 더 우월할 때 성공경험을 한다. 그리고 목표성향과 정서와의 관계를 보면, 과제지향적 목표성향은 즐거움과 재미와 같은 긍정적 정서와 밀접한 관련을 갖는 반면, 자아지향적 목표성향은 우울, 불안과 같은 부정적 정서와 관련된다.

2) 과제지향성과 자아지향성

지금까지 널리 알려진 성취목표성향 이론(Ames, 1992; Duda, 1993; Dweck, 1986; Nicholls, 1989; Roberts, 1993)은 사용하는 용어에서 약간의 차이가 있지만 유사점이 더 많다. 우선 사람들은 스포츠와 같은 성취상황에서 자신의 능력을 보여주기를 원한다. Nicholls(1989)에 따르면 사람들은 두 가지 방식으로 자신의 능력을 정의한다.

첫 번째 방식은 비교의 준거가 자신이 되는 것이다. 즉, 기술이 향상되었다거나 노력을 많이 했으면 유능성이 생기고 성공했다고 생각하는 것이다. 이와 같은 개인의 특성을 과제목표성향(task goal orientation) 또는 간단히 과제성향이라고 부른다. 예를 들어, 테니스를 좋아하는 한 대학생이 이기는 것도 물론 좋아하지만 테니스를 하는 더 중요한 이유는 서브와 발리 기술을 향상시키고 건강을 증진시키는 것이라면 이 학생은 과제목표성향을 갖고 있다. 따라서 이 학생은 남과의 비교보다는 자신의 기술향상에 더 많은 관심이 있다.

두 번째, 비교의 준거가 타인이 되는 경우이다. 즉 능력감이나 성공감을 느끼기 위해서는 남보다 더 잘 해야 하며, 동일하게 잘 했을 경우 남보다 노력을 덜해야 한다는 의미이다. 이와 같은 특성은 자아목표성향(ego goal orientation) 또는 자아성향이라 부른다. 위의 예에서 학생이 테니스를 할 때 상대 선수를 이기는 데만 지나치게 집착하면 그 학생은 자아목표성향을 갖고 있는 것이다. 이 선수는 대개 상대선수를 이겼을 때 자신이 잘 했다고 느낀다. 따라서 이 학생의 관심은 남과 비교하고 남을 이기는데 있다.

위에서 언급한 두 가지 목표성향은 개인이 가지는 성격특성이지만 환경의 영향을 받기도 한다. 즉, 어떤 상황에서 과제목표성향과 자아목표 성향이 모두 강하게 나타날 수도 있다. 예를 들어, 건강달리기 대회에 참가한 노인은 노년부에서 우승을 원하면서 동시에 자신의 기록을 갱신하기를 바랄 수도 있다. 하지만 성취목표성향 이론에 따르면 대부분의 사람들은 과제목표성향이거나 아니면 자아목표성향을 갖고 있다.

결론적으로 과제목표란 기술숙련, 학습의 증진과 연관된 자기-참고적(self-reference)인 목표로서 설명되며, 자아목표란 타인과의 비교와 연관된 타인-참고적(other-reference)인 목표로서 설명될 수 있다. 이 두 목표는 개인이 가지는 특성적 측면으로 유능감가 관련하여 독립적이고 직교적(orthogonal)인 개념이다(한국스포츠심리학회, 2005).

개인의 목표성향은 간단한 질문지로 측정할 수 있다. 스포츠심리학 분야에서는 Duda(1992)가 개발한 스포츠 목표성향 질문지 TEOSO(Task and Ego Orientation in Sport Questionnaire)가 자주 쓰인다. 이 질문지는 모두 13개 문

항으로 구성되어 있으며, 7문항은 과제지향성을 측정하고 나머지 6문항은 자아지
향성을 나타낸다.

표 5-2. 스포츠 성취목표성향 검사지(Duda & Nicholls, 1992)

		전혀 그렇지 않다		보통 이다		매우 그렇다
1	나는 운동시 나만이 어떤 플레이나 운동기술을 할 수 있는 사람이라고 느낄 때, 가장 잘했다는 느낌이 든다.	①	②	③	④	⑤
2	나는 새로운 기술을 배우고 그것을 더 많이 연습할 때, 가장 잘 했다는 느낌이 든다.	①	②	③	④	⑤
3	나는 다른 선수들에 비해서 더 잘할 때, 가장 잘 했다는 느낌이 든다.	①	②	③	④	⑤
4	나는 다른 선수들이 나보다 못할 때, 가장 잘 했다는 느낌이 든다.	①	②	③	④	⑤
5	나는 재미있는 무엇인가를 배웠을 때, 가장 잘 했다는 느낌이 든다.	①	②	③	④	⑤
6	다른 선수들은 실수를 하지만 나는 그렇지 않을 때, 가장 잘 했다는 느낌이 든다.	①	②	③	④	⑤
7	나는 열심히 노력하여 새로운 기술을 배울 때, 가장 잘 했다는 느낌이 든다.	①	②	③	④	⑤
8	나는 정말로 열심히 연습할 때, 가장 잘 했다는 느낌이 든다.	①	②	③	④	⑤
9	나는 혼자서 득점을 거의 다 했을 때, 가장 잘 했다는 느낌이 든다.	①	②	③	④	⑤
10	나는 무엇인가를 배우고 나서 더 많은 연습을 할 때, 가장 잘 했다는 느낌이 든다.	①	②	③	④	⑤
11	나는 내가 일등을 하거나 제일 잘 할 때, 가장 잘 했다는 느낌이 든다.	①	②	③	④	⑤
12	나는 배운 운동기술을 정확하게 했다고 생각될 때, 가장 잘 했다는 느낌이 든다.	①	②	③	④	⑤
13	나는 최선을 다할 때, 가장 잘 했다는 느낌이 든다.	①	②	③	④	⑤

※ 과제지향(7문항) : 2, 5, 7, 8, 10, 12, 13
　자아지향(6문항) : 1, 3, 4, 6, 9, 11

6
효과적인 동기유발 방법

동기유발에 관한 개념 및 여러 가지 이론을 기초로 하여 스포츠 장면에서의 효율적인 운동수행을 위해 선수들을 동기유발시키는 방법을 기술하면 다음과 같다.

1) 지도자는 스포츠 활동이나 연습 프로그램의 목적을 선수에게 제시한다.

이는 지도자와 선수 사이에 의사 전달과 의견 교환의 계기를 만들어주는 것은 물론 이를 통해 선수들은 스포츠 활동과 연습에 적극적으로 참여하게 될 것이다.

2) 구체적인 목표를 수립한다.

목표에는 궁극적으로 도달하고자 하는 이상적 목표와 이에 도달하기 위해 단계적으로 설정된 많은 중간 목표, 그리고 현재 성취하고자 하는 현실적인 목표가 있다. 이러한 목표들을 잘 계획함으로써 현재 주어진 목표의 단계를 인식하게 할 수 있고, 이상적 목표에 도달할 수 있다는 희망을 갖게 할 수 있다.

3) 계획에 따른 단계별 목표를 수립한다.

연습 프로그램을 계획함에 있어서 단기, 중기, 장기 목표에 따른 프로그램을 구성하고, 선수들에게 그 활동의 의미와 중요성을 이해하도록 하여 선수들이 흥미 있게 활동에 참여하도록 하는 것이 중요하다.

4) 기능 향상을 체계적으로 기록한다.

연습이나 훈련 프로그램이 결정되면, 선수 개개인의 기능 향상 정도를 선수 개개인 별로 기록해 두어야 하며, 이러한 진보속도를 목표계획에 근거하여 재평가하여야 한다. 이를 통해 이미 설정된 목표를 상, 하향으로 조정할 수 있고, 상황에 따라서는 훈련 프로그램도 수정할 수 있다.

5) 개인차를 고려한 목표를 설정한다.

선수 개개인에게 적합한 목표를 설정해 주어야 효과적이다. 선수에게 너무 높은 목표를 제시하는 것은 비효과적이다. 이는 많은 실패를 경험함으로써 자신감을 잃게 되고 의욕을 상실하게 되기 때문이다. 특히, 초보자나 어린 선수에게는 적정한 목표설정을 통해 성공 경험과 자신감을 갖게 하는 것이 무엇보다 중요하다.

6) 적절한 강화를 부여한다.

연습 시에는 연습 결과에 대해 적절한 강화를 부여하는 것이 좋다. 연습 시 설정된 목표를 달성하였을 경우에는 칭찬이나 상을 통해 선수의 노력에 대한 보상을 주는 것이 선수 스스로 하고자 하는 의욕을 높이는 데 효과적이다. 실패 시에도 선수의 노력 부족으로 인한 실패일 경우에는 벌을 주는 것이 좋으나, 충분한 노력을 기울였을 경우에는 무조건 벌을 주는 것보다 선수의 노력을 인정하면서 실패의 원인을 구체적으로 제시하는 것이 바람직하다.

7) 과제지향적 목표를 강조한다.

행동을 바람직한 방향으로 이끄는데 가장 효과적인 방법 중의 하나는 과제지향적 목표를 갖는 것이다. 과제지향적인 사람들은 성공을 판단하는 기준이 자기 자신이므로 막연하게 경쟁에서 이기기를 바라기보다는 꾸준한 노력으로 자신의 실력이 향상되는 것에 기준을 가지므로 훈련과정에서 유용하다. 특히, 최근에 스포츠심리학자들은 과제목표성향이 갖는 여러 긍정적인 측면을 밝혀낸 바 있다. 따라서 선수나 학생들에게 남과 비교하기보다는 자신과의 비교를 통해서 자신의 능력을 평가하도록 이끌어야 한다.

8) 피드백은 수행 후 바로 제공한다.

선수에게 동작이나 행동의 오류에 대한 지식을 가능한 빨리, 그리고 구체적으로 제공하여야 한다. 오류에 대한 내용은 가급적 동작 직후에 제공하는 것이 가장 효과적이며, 오류가 나타나는 이유와 이러한 오류를 수정할 수 있는 방법까지도 구체적으로 제시하는 것이 좋다.

결론적으로, 스포츠 현장에서 동기유발 방법은 대상과 상황에 따라 다양하게 고려될 수 있다. 따라서 지도자는 반드시 선수 개개인의 반응을 살펴 처치 방법이 실제로 효과가 있었는지를 평가하여야 하며, 개인에 따라 부정적 효과가 반복하여 나타날 경우 그 선수에게는 다른 방법을 시도해야 할 것이다.

참고문헌

구해모, 김병현, 한명우(2003). 스포츠 심리학. 서울 : 국민체육진흥공단 체육과학연구원.

성창훈, 김병준(1996). 청소년 운동선수의 스포츠 참가동기 심층분석. 한국스포츠심리학회지, 7(1), 153-172.

유진, 박성준(1994). Disciplinary Sport Psychology : 목표와 유능감이 테니스 수행, 불안 및 귀인에 미치는 효과. 94국제스포츠 학술대회, 750-757.

정청희 외 19명(2009). 스포츠심리학. 서울 : 레인보우북스.

정청희, 김병준(1999). 스포츠심리학의 이해. 서울 : 금광.

정청희, 문창운(1998). 성취목표성향과 동기적 분위기가 내적동기와 운동수행력에 미치는 영향. 한국스포츠심리학회, 98 하계 학술발표회논문집, 1-8.

Ames, C.(1992). Achievement Goals motivational climate & student motivation processes. In Roberts, G. C.(Eds.), *Motivation in Sport & Exercise*(pp. 161-176). Champaign, IL : Human Kinetics.

Carron, A. V.(1980). *Social Psychology of Sport*. Ithaca, NY : Movement Publications.

Deci, E. L., & Ryan, R. M.(1985). *Intrinsic Motivation and Self-Determination in Human Behavior.* New York, NY : Plenum.

Deci, E. L., Cascio, W. F., & Krusell, J.(1975). Cognitive evaluation theory and some comments on the Calder and Staw critique. *Journal of Personality and Social Psychology, 31,* 81-85.

Deci, E. L., Schwartz, A. J., Sheinman, L., & Ryan, R. M.(1981). An instrument to assess adults' orientation towards control versus autonomy with children : Reflections on intrinsic motivation and perceived competence. *Journal of Educational Psychology, 73,* 642-650.

Duda, J. L. (1989). Goal perspectives and behavior in sport and exercise setting. In C. Ames & M. Maehr(Eds.), *Advances in Motivation and Achievement*(Vol. 6, pp, 81-115). Greenwich, CT : JAI Press.

Duda, J. L.(1992). Sport & exercise motivation : A goal perspective analysis. In G. C. Roberts(Eds.), *Motivation in Sport & Exercise*(pp. 57-91). Champaign, IL : Human Kinetics.

Duda, J. L.(1993). A Goal Perspective Theory of Meaning & Motivation in Sport. Paper

Presented at the 8th World Congress in Sport Psychology, Lisbon, Portugal.

Duda, J. L., & White, S. A (1992), The relationship of goal perspectives to beliefs about success among elite skiers. *The Sport Psychologist, 6,* 334-343.

Duda, J. L., & Chi, L.(1993). The effect of task-&ego-involving conditions on perceived competence & causal attributions in basketball. Paper presented at the meeting of the Association for Advancement Applied Sport Psychology, University of Washington, Seattle.

Duda, J. L., & Nicholls, J. G.(1992). Dimensions of achievement motivation in schoolwork and sport. *Journal of Educational Psychology, 84,* 290-299.

Duda, J. L., & Whitehead, J.(1998). Measurement of goal perspectives in 108 STANDAGE, DUDA, AND NTOUMANIS the physical domain. In J. L. Duda(Eds.), *Advances in Sport and Exercise Psychology Measurement* (pp. 21-48). Morgantown, WV : Fitness Information Technology, Inc

Duda, J. L., Chi, L., & Newton, M.(1990). Psychometric characteristics of the TEOSQ. Paper presented at the annual meeting of the North American Society for the Psychology of Sport & Physical Activity, University of Houston, TX.

Duda, J. L., Fox, K. R., Biddle, S. J. H., & Armstrong, N.(1992). Children's achievement goals and beliefs about success in sport. *British Journal of Educational Psychology, 62,* 313-323.

Dweck, C. S.(1986). Motivational processes affecting learning. *American Psychologist, 41,* 1040-1048.

Frijda, N. H.(1993). Moods, emotion episodes, and emotions. In M. Lewis, & J. M. Haviland(Eds.), *Handbook of Emotions.* New York, NY : Guilford Press.

Gill, D. L.(1999). Gender and competitive motivation : From the recreation center to the Olympic arena. In D. Bernstein(Eds.), *Gender and Motivation, Nebraska Symposium on Motivation*(vol. 45, pp. 173-207). Lincoln, NE : University of Nebraska Press.

Gill, D. L., Gross, J. B., & Huddleston, S.(1983). Participation motivation in youth sports. *International Journal of Sport Psychology, 14,* 1-14.

Healey, T. R., & Landers, D. M.(1973). The effect of need achievement and task difficulty on competitive and non-competitive motor performance. *Journal of Motor Behavior, 5,* 121-128.

Horn, H. L., Duda, J. L., & Miller, A.(1993). Correlates of goal orientations among young athletes. *Pediatric Exercise Science, 5(2),* 168-176

McAuley, E., Duncan, T., & Tammen, V. V.(1989). Psychometric properties of the intrinsic motivation inventory in a competitive sport setting : A confirmatory factor analysis. *Research Quarterly for Exercise & Sport, 60,* 48-58.

Newton, M. L., & Duda, J. L.(1993). The relationship of goal orientation to midactivity cognition & post-performance attribution among bowling class student. *Journal of Sport Behavior, 16(4),* 209-220.

Nicholls, J. G.(1989). *The Competitive Ethos and Democratic Education.* Cambridge, MA : Harvard University Press.

Olson, B. C., Reeve, J., & Cole, S. G.(1986). Competitive outcome and achievement motivation : Their effects on intrinsic motivation in controlling and informational contexts. Unpublished manuscript, University of Rochester.

Orlick, T., & Partington, J.(1988). Mental links to excellence. *The Sport Psychologist, 2,* 105-130.

Ostrow, A. C.(1976). Goal-setting behavior and need achievement in relation to competitive motor activity. *The Research Quarterly, 47,* 174-183

Reeve, J., Olson, B. C. & Cole, S, G (1985). Motivation and performance : Two consequences of winning and losing in competition. *Motivation Emotion, 9,* 291-298.

Roberts, G. C.(1992). *Motivation in Sport & Exercise : Conceptual Constraints & Convergence.* Champaign, IL : Human Kinetics.

Roberts, G. C.(1993). Motivation in sport : Understanding and enhancing the motivation and achievement of children. In R. N. Singer, M. Murphey, & L.K. Tennant(Eds.), *Handbook of Research in Sport Psychology*(pp. 405-420). New York, NY : Macmillan Publishing Company.

Roberts, G. C., & Duda, J.(1984). Motivation in sport the mediating role of perceived ability. *Journal of Sport Psychology, 6,* 312-324.

Ryan, E. D., & Lakie, W. L.(1965). Competitive and noncompetitive performance in relation to achievement motive and manifest anxiety. *Journal of Personality and Social Psychology, 1,* 342-345.

Ryan, R. M., Vallerand, R. J. & Deci, E. L.(1984). Intrinsic motivation in sport : A cognitive evaluation theory interpretation. In W. Straub, & J. Williams(Eds.), *Cognitive Sport Psychology*(pp. 231-242). Lansing, NY : Sport Science Associates.

Sage, G. H.(1977). *Introduction to Motor Behavior : A Neuro-Psychological Approach*(2nd ed.). Reading, MA : Addison-Wesley.

Thompson, C. E., & Wankel, L. M.(1980). The effect of perceived activity choice upon frequency of exercise behavior. *Journal of Applied Social Psychology, 10,* 436-443.

Treasure, D. C., Roberts, G. C., & Hall, H. K.(1992). The relationship between children's achievement goal orientation & their belief about competitive sport. *Journal of Sport Science, 10,* 629-638.

Vallerand, R. J., Gauvin, L. I., & Halliwell, W. R.(1986). Effects of zero-sum competition on children's intrinsic motivation and perceived competence. *Journal of Psychology, 126,* 465-472.

Vealey, R. S.(2005). Coaching for the inner edge. Sheridan Books.

Walling, M. D., Duda, J. L., & Crawford, T.(1992). Goal orientations, outcome and responses to youth sport competition among high/low perceived ability athletes. *International Journal of Sport Psychology,*

Weinberg, R. S., & Gould, D.(1995). *Foundation of Sport and Exercise Psychology.* Champaign, IL : Human Kinetics.

Weinberg, R. S., & Ragan, J.(1979). Effects of competition, success failure, and sexion intrinsic motivation. *Research Quarterly, 50,* 503-510.

Weiner, B.(1972). *Theories of Motivation : From Mechanism to Cognition.* Chicago, IL : Rand McNally.

Weiss, M. R., & Chaumeton, N.(1992). Motivational orientation in sport. In T. Horn(Eds.), *Advances in Sport Psychology*(pp. 61-99). Champaign, IL : Human Kinetics.

Williams, J. M., & Krane, V.(2001). Psychological characteristics of peak performance. In J. Williams(Eds.), *Applied Sport Psychology : Personal Growth to Peak Performance*(pp.162-178). Mountain View, CA : Mayfield Publishing Company.

제 **6** 장

주의집중

주의는 '어떤 한 곳이나 일에 관심을 집중하여 기울이는 노력'이다. 스포츠 경기나 시합상황에서 주의집중의 중요성은 지도자나 선수들 또는 팀 측면에서 중요한 요인이 아닐 수 없다. 결국 일상생활 곳곳에서도 비춰지고 있지만 특히 스포츠라는 특수한 상황 속에서 집중력이 흐트러진다면 그 경기에서 승리하기란 어려운 일이라 할 수 있다.

본 장에서는 주의집중의 4가지 유형 즉, 광의-내적, 광의-외적, 협의-외적, 협의-내적 주의유형에 관해 설명하고자 한다. 또한 주의집중의 측정 및 이론적 근거와 주의집중과 운동수행과의 관계, 마지막으로 주의집중을 향상시키는 전략에 관해서 알아보고자 한다.

1
주의의 이해

훈련이나 시합상황에서의 주의는 선수나 팀에게 있어 경기력을 결정짓는 중요한 심리요인 중 하나라고 할 수 있다. 이와 같은 주의(attention)는 그 속에 내포하고 있는 의미가 다양하며, 사전적 측면에서의 주의는 '어떤 한 곳이나 일에 관심을 집중하여 기울이는 노력'을 의미한다.

Morgan(1996)은 주의가 크게 선택성, 배분성, 경계성의 의미를 내포하고 있다고 하였다. 먼저 주의의 선택성은 특정대상에 정신의 초점을 맞추고 또 다른 대상에 그 초점을 옮길 수 있는 능력(Kahneman, 1973), 즉 집중과 집중전환을 의미한다. 예를 들어 양궁선수들이 시합상황에서 관중들의 소음 때문에 경기에 집중할 수 없으나 소음을 차단하고 과녁에 정신적 초점을 맞추는 경우를 말한다. 즉, 필요한 곳에 정신력을 모으는 것을 주의의 선택성이라고 할 수 있다.

주의의 배분성은 어떤 상황조건에서 개개인의 정신적 능력을 동시 다발적인 대상들에게 효과적으로 배분하는 능력을 의미한다. 우리가 흔히 알고 있는 돈을 세면서 퀴즈를 맞추거나 유도선수가 도복을 팔로 잡아당기면서 지속적으로 상대방의 발목을 차는 상황들이 바로 주의의 배분성이다. 하지만 이처럼 동시에 여러 곳에 주의를 효과적으로 배분하기 위해서는 수 없이 많은 반복 연습과 노력을 기울이는 것이 중요하다.

끝으로 주의가 내포하고 있는 의미 중 가장 중요 기능이라고 할 수 있는 주의의 경계성이란 자기도 모르는 순간에 순간적으로 발생하는 상황에 적절히 효과적으로 반응하는 것을 의미한다. 예를 들어 축구 골키퍼가 상대의 기습 슛을 방어하기 위해 준비 또는 경계를 늦추지 않고 집중하는 것을 의미한다. 즉, 선수들은 상대의 기습적 공격이나 역습에 순간적으로 적절히 방어하기 위해 준비나 경계의 자세를 취할 수 있도록 노력해야 할 것이다.

지금까지 알아본 주의가 내포한 의미를 종합해보면 주의의 의미는 정신 기능을 높이기 위한 준비 자세, 유기체가 어떤 순간에 환경 내의 다른 것들을 배제하고 특정한 측면에만 집중할 수 있도록 하는 지각의 선택적 측면을 일반적으로 이르는 말이라고 할 수 있다.

이처럼 선수들이 연습 상황이나 시합 상황에서 주의의 선택, 배분, 경계성에 노력을 기울인다면 경기력 측면에서 보다 효과적이고 긍정적인 결과가 나타날 수 있다. 그러나 이러한 주의는 타고난 특성일 수도 있으나 단시간에 갖출 수 있는 능력은 분명 아니다. 따라서 꾸준한 노력과 연습에 의해서 함양할 수 있는 기능이기 때문에 선수나 지도자는 주의가 내포하고 있는 의미의 기능 향상을 위한 노력과 반복된 연습을 계획적으로 진행해야 할 것이다.

2 주의집중의 유형

미국의 심리학자 William James는 주의를 의식의 초점화, 집중화라 하였다. 인간이 어떤 자극에 주의를 기울인다는 것은 의식을 그 대상에 모으는 것을 의미하는데 여기에는 의식이 모이게끔 하는 대상이 있음을 전제로 한다. 또한 주의는 사람이 어떤 자극에 대하여 취하려는 준비태세라고도 할 수 있다. 그렇기 때문에 주의의 집중이 잘 이루어지고 있다는 것은 자극에 대하여 보다 신속하고 정확하게 대처할 수 있는 준비가 되어 있다는 것을 말한다(김기웅, 장국진, 2002).

주의란 정보의 획득 및 파지와 밀접히 관련된 일련의 과정을 의미하며 스포츠에서 주의집중을 행동적, 조작적으로 정의하기 위해서는 주의의 형태(attentional style)와 주의의 변화(attentional changes)를 규명해야 한다.

이와 관련하여 Nideffer(1976)는 운동경기에서 주의의 유형을 폭(width)과 방향(direction)의 두 영역으로 구분하였다. 주의의 폭은 한 개인이 주어진 시간 내에 얼마나 많은 정보에 대해 집중해야 하는가에 따라 광의(broad)와 협의(narrow)

로 개념화하여 구분하였으며, 주의의 방향은 선수가 자신의 감정과 생각 등 내적 (internal) 단서에 주의를 집중하느냐 아니면 주위에 관중, 스코어 등 환경적 외적 (external) 단서에 주의를 기울이느냐로 구분하였다.

주의의 폭이 매우 좁게 나타나는 것은 카메라의 줌렌즈를 통해 보는 것과 유사하다. 예를 들면, 태권도 선수는 다음 발차기 동작의 대상인 상대방에게 모든 주의를 기울여야 한다는 것이다. 반대로 주의의 폭이 넓게 나타나는 경우에는 카메라의 앵글을 넓게 잡은 렌즈를 통해 보는 것과 유사하다. 경기장에 들어선 선수는 전체 코트를 보려고 할 것이다. 선수는 주의의 방향 즉, 내적(자신의 사고와 감정) 또는 외적(주변의 모든 환경)인 것에 주의를 둘 수 있다. 주의집중의 두 가지 척도는 네 가지 주의집중 형태(광의-외적, 광의-내적, 협의-내적, 협의-외적)로 구별할 수 있으며, 이들 간에는 서로 상호작용을 한다.

이러한 주의의 폭과 방향은 운동 종목과 역할에 따라 서로 다른 주의유형이 요구되며 상황의 변화에 따라 주의유형 역시 변화되어야 한다. 즉, 경기 상황에 따라 각각 서로 다른 주의유형으로 이동되어야 한다. 아래는 스포츠 상황에서 주의집중의 4가지 유형에 대하여 간략히 설명하였다.

1) 넓고 외적인 유형(광의-외적)

이 유형의 선수들은 그들의 머릿속에서 게임에 대한 전략을 보다 효과적으로 계획할 수 있으며 환경에 보다 빠르게 적응할 수 있다. 또한 상대방의 움직임을 분석하는 데 능력을 가지고 있으며 예측을 잘 할 수 있다.

2) 넓고 내적인 유형(광의-내적)

이 유형의 선수들은 변화하는 상황에 보다 신속하게 주의를 잘 기울일 수 있으며 또한 그 상황에서 많은 정보를 얻을 수 있다. 그러나 광범위한 외적 유형의 선수들은 과중한 정보에 대하여 지나치게 예민하여 그것이 곧 그들이 인식하는 사건들을 재빠르게 변화시켜 어떻게 반응하는지 결정할 수 없는 결과를 초래할 수도 있다.

3) 좁고 외적인 유형(협의-외적)

골프와 볼링 또는 초점이 어느 한 지점이나 목표물에 맞추어져야만 하는 과제는 이러한 주의 유형의 형태 속에서 보다 수행이 잘 된다. 주의 집중의 이러한 유형은 환경이 변화할 때에 그 변화에 어떻게 반응을 해야 하는지에 대한 필요성을 제시해 준다.

4) 좁고 내적인 유형(협의-내적)

이 유형의 특징은 운동수행 또는 전략적인 실수들에 대하여 결정적인 역할을 한다. 그러나 이와 같은 특성의 경향은 매우 비판적인 자아 분석을 하도록 한다. 좁은 내적 유형의 선수들은 뚜렷한 방법으로 변화가 느리게 발생하는 스포츠에서 보다 수행을 잘 한다. 의식의 분리로부터 유익함을 얻을 수 있는 선수들은 좁고 내적인 유형에 의해 도움을 받게 된다.

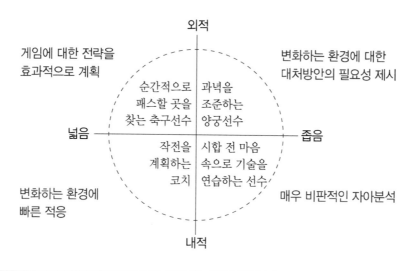

그림 6-1. 스포츠상황에서의 주의 유형

3

주의유형의 측정

Nideffer(1976)는 개인의 주의집중 유형이나 성향을 측정하기 위하여 TAIS(Test of Attentional and Interpersonal Style)를 개발하였다. TAIS는 17개 척도를 가지고 있는데 17개 중 6개는 집중유형을 측정한다(나머지는 개인 간의 유형과 인식 통제를 잰다). 이 척도의 3개는 효과적인 집중(넓고 외적, 넓고 내적, 좁은 집중)에 관한 측면과 비효율적 집중(지나친 외적, 지나친 내적, 줄어진 집중)에 관한 측면이다.

넓고 외적인 유형에서의 높은 점수는 동시에 많은 외적 자극들을 통합할 수 있는 능력을 나타내고 지나친 외적 유형에서의 높은 점수는 외적 자극에 대해 지나치게 반응하여 혼란스러워지는 경향이 있다는 것을 나타내며, 넓고 내적인 유형에서의 높은 점수는 동시에 몇 가지 생각을 통합할 수 있는 능력을 나타낸다. 그리고 좁은 집중 유형에서의 높은 점수는 적당한 때에 주의를 좁힐 수 있는 능력을 나타내고 줄어진 집중 유형에서의 높은 점수는 습관적으로 주의를 좁히는 것을 나타내며 지나친 내적 유형에서의 높은 점수는 내적 자극에 대해 지나치게 반응하게 되는 경향이 있다는 것을 나타낸다.

이러한 검사를 통해서 개인의 집중 유형을 파악할 수 있으며 집중을 잘 하는 사람과 못하는 사람을 구분할 수도 있다. 일반적으로 집중을 잘하는 사람들은 외적 그리고 내적 요소로부터의 동시 자극을 잘 다룰 수 있다. 이들은 넓고 외적 집중과 넓고 내적 집중에서 높은 점수를 나타내며 필요할 때 넓은 집중에서 좁은 집중으로 그들의 관심을 효과적으로 뒤바꿀 수 있다. 또한, 비효과적인 집중의 3가지 측정에서는 낮은 점수를 받는다. 이는 이들이 많은 자극들(내적, 외적)에 관여할 수 있다는 것을 뜻하며 정보에 지나치게 반응하지 않는다는 것을 뜻한다. 또한 어떤 중대한 정보를 놓치거나 없애지 않고서 필요할 때에 주의집중을 좁힐 수 있다는 뜻이다. 반대로 잘 집중하지 못하는 사람들은 내적, 외적, 양쪽에서 복합자극에 지나치게 반응하거나 혼동을 가져올 수 있다. 이들이 넓고 내적 집중이나 넓고 외적 집중의 하나를 취할 때 집중의 폭을 좁히는데 문제를 일으킨다. 예를 들면, 군중들의 소음이나 관중석에서의 움직임 등을 차단하지 못하는 경우다. 더군다나 집중 점수가 너무 낮으면 집중력이 너무 좁아져서 중요한 정보를 놓쳐 버리기도 한다.

표 6-1. TAIS의 측정내용 및 해석

하위척도	약칭	해석
광의-외적(Broad External attentional focus)	BET	이 척도에서 점수가 높은 선수일수록 외부 자극들을 효과적으로 다룰 수 있다. 이러한 선수들은 항상 자신의 주변에서 일어나는 일을 잘 안다.
외적-과부하(Overloaded by External stimulus)	OET	이 척도에서 점수가 높은 선수일수록 지나치게 외적 자극에 치중하여 혼란을 일으켜 실수를 많이 일으키게 된다. 이러한 선수는 필요할 때, 주의를 집중하기 어렵다.
광의-내적(Broad Internal attentional focus)	BIT	이 척도에서 점수가 높은 선수일수록 필요할 때 한 번에 여러 가지 일들을 생각할 수 있다. 이러한 선수들은 결과를 예측하거나 앞일을 계획함에 있어 분석적이며 사려가 깊은 사람들이다.
내적-과부하(Overloaded by Internal stimulus)	OIT	이 척도에서 점수가 높은 선수일수록 한 번에 너무 많은 일들을 계획함에 있어 분석적이며 사려가 깊은 사람들이다.
효과적 주의집중(Narrow attentional focus)	NAR	이 척도에서 점수가 높은 선수일수록 주의집중이 필요한 상황에서 효과적으로 주의를 좁힐 수 있다. 이러한 선수들은 한 사람, 한 가지 일 또는 한 가지 생각에 집중할 수 있으며, 다른 일을 하기 전에 현재의 일을 마무리하는 데 뛰어나다.
주의 확산 실패(Reduced attentional focus)	RED	이 척도에서 점수가 높은 선수일수록 만성적으로 주의가 좁아져 있다. 이러한 선수들은 폭넓은 주의를 지녀야 할 때, 그렇게 하지 못함으로써 실수를 한다.

〈간편형 TAIS〉

		그렇지 않다	거의 그렇지 않다	때때로 그렇다	자주 그렇다	항상 그렇다
1	나는 축구경기 또는 4-5명의 선수가 동시에 시합을 갖는 복잡한 경기상황에서 게임이 어떻게 전개되어 가고 있는가를 정확하고 빠르게 분석할 수 있다.	1	2	3	4	5
2	나는 어린이들로 꽉 찬 교실이나 체육관에서 어린이들 각자가 무엇을 하고 있는가를 쉽게 파악할 수 있다.	1	2	3	4	5
3	다른 사람이 나에게 이야기를 할 때 나는 내 주위에서 들리는 소리나 눈앞에 나타나는 것 때문에 주의가 산만해짐을 느낀다.	1	2	3	4	5
4	나는 동시에 여러 상황이 전개되는 서커스나 축구경기와 같은 장면을 볼 때 정신이 혼란함을 느낀다.	1	2	3	4	5
5	나는 적은 정보를 가지고 많은 아이디어를 생각해 낼 수 있다.	1	2	3	4	5
6	나는 각기 다른 여러 분야에서 아이디어를 쉽게 끌어낼 수 있다.	1	2	3	4	5
7	다른 사람이 나에게 이야기를 할 때 나는 내 자신의 아이디어나 생각에 골몰하여 주의가 산만해짐을 느낀다.	1	2	3	4	5
8	너무 많은 일을 마음속에 두고 있기 때문에 하려는 일에 혼동이 생기고 또 쉽게 잊어버리게 된다.	1	2	3	4	5
9	나는 TV를 보거나 라디오를 들으면서도 별로 어렵지 않게 내가 생각하고 있는 것을 계속할 수 있다.	1	2	3	4	5
10	나는 TV를 보거나 혹은 라디오를 들어야겠다고 생각하면 머릿속에 어떤 잡념이 떠오른다 할지라도 쉽게 TV나 라디오를 보고 듣는 것에 집중할 수 있다.	1	2	3	4	5
11	나는 단 한 가지 생각이나 아이디어에 마음을 집중시키기가 어렵다.	1	2	3	4	5
12	나는 경기상황에서 한사람의 플레이는 주시할 수 있으나 나머지 사람들의 플레이를 주시하지 못해서 실수를 범한다.	1	2	3	4	5

4

주의집중의 이론적 근거

1) 인간의 정보처리 모형

정보처리 모형은 지각, 기억, 의사결정, 주의집중의 특성을 연구하기 위한 틀을 제공해준다. 이때 주의집중은 하나의 정보 자원에서 다른 정보 자원으로 전환할수 있는 능력과 특정 시기에 주의를 집중할 수 있는 양으로 개념화 된다. 따라서 주의집중은 정보처리 접근에서 중심적 개념이다. 정보처리 측면에서 주의집중에 관한 연구는 주의집중의 선별적 주의(selective attention), 역량(capacity), 기민성(alertness)의 상호작용에 주로 초점이 맞추어졌다(Posner & Bois, 1971; 한국스포츠심리학회, 2005)

선별적 주의집중은 스포츠 기술을 학습하는 데 상당히 중요한 역할을 한다. 예를 들어 농구의 드리블을 배우는 초보자는 처음에는 볼을 쳐다보는 데만 자신의 주의를 최대한으로 집중시킬 수밖에 없다. 그러나 연습을 통하여 드리블 기술이 숙달되면 볼을 쳐다볼 필요가 없을 정도로 자동화되어 동료 선수의 움직임이나 상대 선수의 움직임 등에 주의를 전환시킬 수 있게 된다.

농구 드리블의 예에서도 알 수 있듯이 연습을 통해 부자연스러운 제어과정을 거쳐 자연스럽고 무의식적인 자동화 과정으로 전환될 수 있다. 제어과정은 새로운 정보를 처리하는데 주로 동원되며 속도가 느리고 의식적인 노력이 필요하며 역량이 제한적이다. 이와 반대로 자동화 과정은 고도로 숙달된 기술을 구사하는데 동원되어지며, 속도가 빠르고 의식적인 노력이 필요하지 않다. 스포츠에서의 자동화 과정은 선수가 오랜 기간 동안의 연습을 통하여 숙달된 경우에 가능하다. 따라서 자동화 과정에서는 별다른 노력 없이 그 기술에 대한 주의집중이 되는 반면에 제어 과정에서는 많은 주의집중이 요구되고 높은 수준의 자각을 필요로 한다. 스포츠 종목

중에서는 사격, 양궁, 골프 등과 같은 폐쇄기술의 종목은 자동화 과정에서 고정화 되어야 하는 반면, 테니스의 서브 리턴, 야구의 타격 등의 개방기술에서는 자동화 과정에서 다양화 되어야 한다.

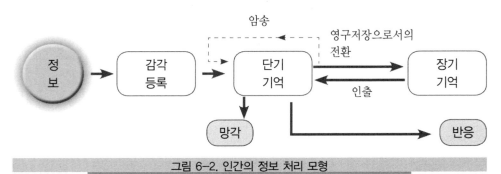

그림 6-2. 인간의 정보 처리 모형

2) 주의집중 역량

주의집중 역량은 한 개인이 동시에 처리할 수 있는 정보의 양으로 정의 할 수 있다. 즉, 제어 과정에 있어서 한 번에 여러 개의 내적 또는 외적 환경에 주의를 집중 시키는 것은 어렵다. 또한 제어 과정은 내적 또는 외적 환경에서 얻어지는 정보를 처리하는 역량이 제한되어 있는 과정으로 볼 수 있다. 따라서 여러 개의 과제를 동시에 부여하거나 지도자가 여러 가지 지시를 동시에 주는 것은 효율적인 운동수행을 감소시키는 결과를 초래할 수 있다.

정보처리 이론은 크게 고정 역량 이론(fixed-capacity theory), 가변 역량 이론 (undifferentiated capacity theory), 다중 자원 이론(multiple resource theory) 의 세 가지 이론으로 설명되고 있다. 고정 역량 이론은 정보처리 기제가 고정된 역량을 가졌다고 보기 때문에 쉬운 과제일 경우에는 두 가지 이상의 과제를 처리 할 수 있지만 그렇지 않을 경우에는 두 과제를 동시에 수행할 수 없다고 보고 있다. 가변 역량 이론은 개인의 상황과 관련된 여러 가지 조건에 따라서 커지기도 하고 작아지기도 하는 정보처리 역량의 가변성을 강조하고 있다. 다중 자원 이론은 인간이 한정된 역량을 가진 단 하나의 정보처리체제를 가진 것이 아니라 몇 개의 체제를

가지고 있으며 각각의 체제는 제각기의 역량 한계를 지닌다는 주의체제의 다중화를 의미한다.

한편, 자동화 과정의 역량 한계는 제어 과정의 역량 한계보다 덜 제한적이다. 예를 들어, 야구의 타격 동작은 수많은 신경과 근육이 동원되기 때문에 이들 모든 정보를 의식적으로 점검한다면 효율적인 타격 동작이 나올 수 없다. 따라서 제어 과정은 운동학습의 초기 단계에서 주로 사용될 수 있으며, 궁극적으로는 자동화 과정으로 전환이 되어야 효율적인 방법으로 운동 기술을 구사할 수 있다.

3) 주의집중의 기민성

주의집중의 기민성은 반응을 하기 직전에 일어난 사건이나 분위기 및 느낌에 주안점을 둔다. 각성 수준이 높아짐에 따라 단서 활용의 범위가 감소되어 주의집중의 폭이 좁아진다. 즉, 고각성 상태에서는 주의집중 능력이 저하되어 결국 운동수행을 저하시키게 된다는 것이다. 그림 6-3은 각성수준과 단서이용과의 관계가 수행에 미치는 영향을 주의집중 범위의 폭과 연계시킨 것이다. 즉, 저각성 상태에서는 주의집중의 폭이 넓어져서 과제를 수행하는데 꼭 필요한 적절한 단서뿐만 아니라 부적절한 단서도 함께 사용되기 때문에 수행이 저하된다. 반대로 고각성 상태에서는 주의집중의 폭이 좁아져서 과제의 수행에 꼭 필요한 적절한 단서의 사용이 배제되기 때문에 역시 수행이 저하된다. 그러나 적정 각성수준에서는 주의집중의 폭이 과제의 수행에 부적절한 단서는 배제시키고 적절한 단서만을 이용할 수 있는 범위로 설정되기 때문에 수행이 향상된다. 이것은 적정 각성수준 이론을 설명하는데 자주 이용된다. 많은 운동 기술이 정도의 차이는 있지만 각성된 상태에서 구사되기 때문에, 주의집중의 폭이 좁아지는 현상은 운동수행의 중요한 결정요인이다(한국스포츠심리학회, 2005).

이러한 예는 농구의 포인트가드가 팀 동료에게 패스를 하려는 경우, 고각성 상태에서는 주의집중의 폭이 좁아져서 동료들의 움직임을 잘 파악하지 못하게 된다는 것이다. 또한 저각성 상태에서는 주의집중의 폭이 넓어져서 필요한 단서 즉, 동료

들의 움직임을 잘 파악할 수 있으나 스코어, 관중의 응원이나 야유 등 부적절한 단
서에도 주의를 기울이기 때문에 운동수행이 저하된다. 그러나 적정한 각성수준에
서는 주의집중의 폭이 과제의 수행에 부적절한 단서는 배제시키고 적절한 단서만
을 이용할 수 있는 범위로 설정되어 있기 때문에 운동수행이 향상된다. 이것은 적
정각성수준 이론을 설명하는 데도 자주 이용된다.

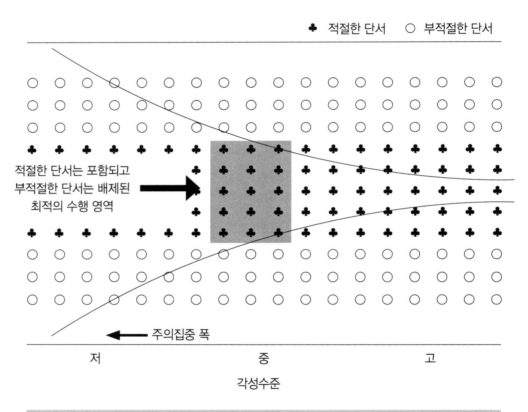

그림 6-3. 단서의 이용과 각성수준 및 수행과의 관계

5
주의집중과 운동수행

선수들은 운동수행 중 주의집중 과정에서 특별한 변화가 일어난다. 그들은 목표 과제에 전적으로 집중하기 위해 자신의 주의의 폭을 좁히려 한다. 이러한 과정을 주의집중이라 하며, 이러한 집중은 자신의 수행을 최대화 시키고 자신의 능력을 최고로 적용시키기 위한 선행조건이며 스포츠에서 수행을 향상시키는 데 필수적인 요인이다.

주의와 운동수행과의 상호작용에 대한 심리학자들의 관심은 1900년대 초부터 시작되었는바, 그 중 하나가 1908년에 발표된 Yerkes와 Dodson의 주의-각성 모델이다. 즉, 적정각성수준 상태에서는 수행과제에 대한 주의력이 높다는 가정 하에 각성수준이 지나쳐 주의력이 감소하면 수행력 역시 저하된다는 것이다.

그 후 Easterbrook(1959)의 연구에서는 각성수준이 증가함에 따라 수행관련 단서에 대한 주의력이 감소, 결국 수행의 효율성이 떨어진다는 과제수행 관련 단서의 질과 이들 간의 조화에 의하여 각성과 수행 간의 상호작용을 설명한 연구 이래 비교적 활발하게 진행되고 있다.

6
주의집중 향상 전략

1) 모의훈련

경쟁상황에서는 예견할 수 없는 수많은 일들이 일어난다. 경기장에는 상대방 선수, 경기임원, 관중이 존재하고 그들이 내는 소음은 연습장면과는 전혀 다른 환경을 만든다. 비록 익숙한 홈구장에서 경기를 한다고 할지라도 실제 경기장에서 느끼는 긴장, 불안, 스트레스, 동기, 자신감은 연습할 때와는 전혀 다르다. 이들 모두가 주의를 분산시키고 수행을 떨어뜨릴 수 있는 요인이다. 경쟁상황에서 주의력을 향상시키는 방안으로 많이 사용하고 있는 방법이 모의훈련이다. 모의훈련은 경기를 위해 유니폼을 갖추어 입는 것에서부터 경기 중 행하는 의례적인 절차와 경기의 진행에 이르기까지 실제 경기와 똑같은 상황을 만들어 연습하는 것이다. 모의훈련 방법에는 경기장에서와 같이 스트레스가 일어날 수 있는 모의 경기장에서 실제적으로 연습하는 형태와 실제 경쟁상황에서 수행하는 것을 마음속으로 연습하는 정신연습이 있다(김성옥, 2003).

2) 격자판 연습

격자판은 가로, 세로 각각 10줄의 총 100개 칸에 0부터 99까지의 숫자가 임의로 적혀져 있는 정사각형의 숫자판이다(그림 6-4). 실시 방법은 코치가 지시한 특정 숫자부터 시작하여 다음 숫자를 순서대로 1분 동안에 얼마나 찾아내는가를 측정하는 방법이다. Harris와 Harris(1984)는 동유럽 선수들이 보통 1분에 20~30

22	71	77	91	10	27	69	78	92	00
24	21	62	13	31	84	53	30	34	36
33	01	14	46	85	35	74	06	05	95
57	98	18	81	61	07	51	72	73	56
83	67	41	26	32	17	58	90	16	96
89	60	75	99	64	59	28	49	94	12
29	42	54	11	86	08	40	04	87	80
48	45	63	23	44	25	38	47	97	20
68	79	43	15	03	09	70	82	88	19
93	55	65	52	66	50	76	02	37	39

그림 6-4. 격자판

개의 숫자를 찾을 수 있고, 또한 이 격자판을 주의집중 훈련에 사용할 뿐만 아니라 선수의 선발에도 사용된다고 하였다. 김병현 등(1991)이 격자판을 이용하여 우리나라 양궁선수들의 주의집중을 측정하였을 뿐만 아니라 훈련에도 이용한 결과, 우리 선수들은 보통 1분에 10~20개 정도 찾으며, 엘리트 선수와 준엘리트 선수 간에 유의한 차이를 발견하지 못하였다. 이유는 선수들이 가지는 상태불안의 수준에 따라 격자판의 숫자를 찾는 능력이 달라지기 때문이다.

3) 과제지향 목표설정

우수한 선수들은 자신이 설정한 목표를 달성하기 위하여 경기 진행 중에 명확한 행동 계획을 세운다. 이러한 계획의 핵심은 과제지향 목표의 설정이다. 상대방이나 경쟁의 결과는 자신이 스스로 통제할 수 없다. 그러나 마라톤에서 각 구간을 어떻게 달리고 농구에서 야투는 몇 퍼센트 성공시킬 수 있느냐와 같은 과제지향 목표는 스스로 통제가 가능하다. 그러므로 과제지향 목표는 결과보다는 당면하고 있는 과제를 해결 하는데 주의를 집중하도록 돕는다. 과제지향 목표는 반드시 문제 중심이 아니라 정서 중심일 수도 있다. 예컨대 골프에서 퍼팅할 때 이완하는 것과 같은 목표가 정서 중심 목표이다. 과제지향 목표는 하나의 과정을 의도된 대로 수행했을 때 스스로에게 보상을 제공하기 때문에 선수의 긴장을 완화시킨다. 과제지향 목표는 습관적으로 자신의 수행 과정에 활용할 수 있도록 가능한 한 선수의 무의식 속 깊이 들어 있어야 한다(김성옥, 2003).

4) 초점 맞추기

- 조용하고 편안한 자세를 취한다.
- 두 눈을 감고 천천히 호흡을 깊게, 그리고 온몸의 힘을 뺀다.
- 평상시처럼 편하게 호흡한다.
- 마음속으로 직경 1~2cm의 검은 점을 그린다(가능한 선명하고 명확하게).

- 그 검은 점이 천천히 움직여 깔때기 안으로 들어가는 것을 그린다.
- 검은 점이 깔때기 끝으로 들어갈 때 검은 점은 점차 작아지고 나선형으로 빠르게 돌면서 들어가는 것을 상상한다.
- 검은 초점이 흔들리게 될 때마다 다시 깔때기 속으로 빠르게 회전하여 들어가는 것을 반복한다.
- 최종적으로 검은 점에 집중을 한다(가능한 오래 검은 점만 보아야 한다).
- 어느 정도 숙달이 되면 20초간 집중한다.
- 이와 같은 연습을 반복하면 점차 주의집중 시간이 길어질 수 있다.

5) 신뢰훈련

신뢰훈련은 동작을 의식적으로 수행하려는 생각을 없애버리면 동작이 자동적으로 이루어진다는 것에 대한 신뢰를 기르기 위한 것으로 최근 Moore와 Stevenson (1994)에 의하여 제안된 것이다. 신뢰는 하나의 과정 목표이다. 신뢰의 효율성은 주의를 얼마나 집중하고 자신감이 있으며 침착하느냐에 달려있다.

Moore와 Stevenson이 제시하는 신뢰훈련 프로그램은 교육, 기술훈련, 모의훈련의 3단계로 구성되어 있다. 첫 번째 단계인 교육단계는 선수로 하여금 신뢰훈련 프로그램을 믿고 훈련에 전념하도록 하는 단계이다. 두 번째 단계인 기술 훈련 단계는 선수로 하여금 신뢰가 언제, 어떻게 기능 수행과 연결되고 그 연결이 파괴되는지에 대한 기준을 의식할 수 있도록 하는 단계이다. 이 단계에서 선수들은 첫째로 실제 연습이나 심상을 통하여 동작 감각에 주의를 기울인다. 둘째로 주의가 산만해질 때를 의식하고 주의를 재조절하는 연습을 한다. 셋째로 동작 감각을 향상시키기 위하여 수행 순간에 주의를 기울인다. 세 번째 단계인 모의훈련 단계는 기술 훈련 단계에서 얻어진 기술을 평가하는 단계이다. 선수들이 수행 전 상황을 파악하고, 동작 계획을 세우기 위한 분석을 하며 마음을 비우고 동작을 의식적인 노력 없이 습관적으로 수행할 수 있는지가 평가된다.

6) 시계 바늘 움직이기

– 편안한 자세를 취한다.

– 두 눈을 감고 2회 깊게 숨을 쉰다.

– 호흡을 고르게 하고 마음속으로 시계바늘 1개(초침)인 시계를 그린다.

– 초침이 상단 중앙에 멈춰있는 상태에서 마음속으로 "하나", "둘" 셈과 동시에
 초침도 1초 간격으로 선명하게 움직이는 것을 그린다.

– 1분 동안 계속 실시한다.

– 1분 동안 휴식하고 다시 반복한다.

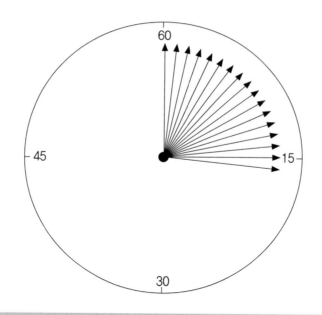

그림 6-5. 시계 바늘 움직이기

참 고 문 헌

김기웅, 장국진(2002). 운동학습의 기초. 서울 : 보경문화사.

김병현, 박경래, 윤종찬, 이왕우, 장윤진, 백주현(1991). 양궁선수들의 경기력 관리 전산화 프로그램 개발에 관한 연구. 연구보고서. 한국체육과학연구원,

김성옥(2003). 스포츠 행동의 심리학적 기초. 서울 : 태근.

한국스포츠심리학회(2005). 스포츠심리학 핸드북. 서울 : 무지개사.

Easterbrook, J. A. (1959). The effect of emotion on cue utilization and the organization of behavior. *Psychological Review, 66,* 183-201.

Harris, D., & Harris, L.(1984). *The Athlete's Guide to Sport Psychology : Mental Skills for Physical People.* Champaign, IL : Leisure Press.

Kahneman, D.(1973). *Attention and Effort.* Englewood Cliffs, NJ : Prentice-Hall.

Moore, W. E., & Stevenson, J. R.(1994). Understanding Trust in the performance of complex automatic skills. *The Sport Psychologist, 5,* 281-289.

Morgan, A. P.(1996). *The Psychology of Concentration in Sport Performers : A Cognitive Analysis.* Psychology Press, Publishers. UK

Nideffer, R. M.(1976). Test of attentional and interpersonal style. *Journal of Personality and Social Psychology, 34,* 394-404.

Posner, M. I., & Bois, S. J.(1971). Components of attention. *Psychological Review, 78,* 391-408.

제 7 장

귀 인

　　스포츠 상황에서는 반드시 그 경기의 승패가 결정 되어 진다. 우리는 한번 쯤 경기에서 승리하고 패하는 원인이 무엇인지 더 나아가 그 결과를 일으킨 원인이 무엇이냐를 알려고 한다. 그것은 바로 사건의 원인을 알면 미래에 대한 대책을 세울 수 있어 환경을 보다 잘 관리할 수 있기 때문이다. 이처럼 우리가 스포츠 상황에서 승패에 대한 결과에 대해 그 원인을 찾아 설명이나 추론을 하는 것을 귀인이라고 한다.

　　본 장에서는 귀인 개념과 귀인 모형 그리고 그 측정방법 및 귀인형태에 영향을 미치는 여러 변인들에 대해서 알아보고자 한다.

1
귀인의 개념

 사소한 일상생활에서부터 인생을 결정하는 중요한 일에 이르기까지 자기 혹은 타인의 행동을 지각했을 때 그 행동의 원인을 추리하게 되는데 그 추리 과정을 귀인(attribution)이라고 한다. 조금 더 구체적으로 귀인을 한자로 풀자면 歸因이라고 쓰인다. '돌아갈 귀'와 '인할 인'으로 이뤄진 귀인이란 이유를 돌린다는 것, 즉 행동의 원인(이유)을 추론한다고 해석할 수 있다. 귀인은 개인이 외형적인 행동을 근거로 행동이나 또는 자신의 내적 상태에 관하여 내리는 추론이며(Brawley & Roberts, 1984), 귀인 이론은 행동의 지각된 원인과 의미에 대한 연구를 중요시하고, 자신의 행동이나 타인의 행동에 관하여 인과적이고도 논리적인 해석을 내리는 방법을 강조하는(Duda & Roberts, 1980) 성취동기에 대한 인지적 접근 개념이다. 결과적으로 행동이나 사건을 일으킨 원인에 대한 설명이나 추론을 귀인이라 한다.

 개인이 자기의 행동에 수반된 보상이 자신의 능력이나 노력에 기인된 것으로 보든지 아니면 우연이나 타인의 힘에 연유된 것으로 지각하는 일시적 기대 또는 신념이 귀인성향이다. 행동의 원인을 어디에 돌리느냐 하는 것은 다음 행동의 동기 형성에 큰 영향을 미치게 된다는 점에서 중요한 변인이라고 볼 수 있다. 즉 자신의 행위결과에 대한 원인을 자신 또는 외부의 탓으로 귀인 시키느냐에 따라 다음 행동에 영향을 미치고 있음을 의미한다.

 스포츠 상황에서 역시 귀인형태는 이와 유사하다. 스포츠는 그 특성상 경기력을 결정짓는 요인들이 심리적, 생리적인 부분 등 여러 가지가 요소들이 있다. 심리적인 요인들 중에서도 우리가 주의 깊게 생각하고 고려해야 될 요인들이 많지만 그 중 경기의 승패에 대한 원인을 찾는 일 또한 중요한 요인이라고 할 수 있으며, 이러한 형태를 우리는 스포츠 귀인이라고 한다.

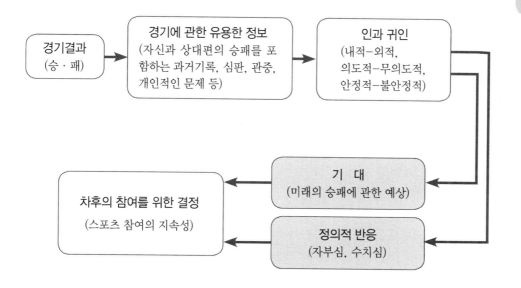

그림 7-1. 귀인과정 모형

2
귀인 모형

귀인 이론은 1958년대 Heider에 의해 대체적인 기본가정이 성립되었다. 그 후 1970~80년대에 Weiner에 의해 성취 귀인이론으로 발전하였다. Heider(1958)에 따르면, 사람이 상황에 대한 귀인을 할 때 크게 두 가지 방향으로 귀인을 시킨다고 한다. 이것은 내부귀인과 외부귀인으로 나뉜다. 내부귀인은 성격, 능력, 동기, 기분 등 당사자의 내적 특성에 원인을 귀속시키는 것이며, 외부귀인은 외부적인 특성, 곧 상황적인 특성, 타인의 영향, 날씨, 돌발적인 사고 등으로 귀인 시키는 것을 뜻한다. 이것은 관찰자(귀인을 하는 사람)가 관찰하는 행동이나 사건에 대해 당사자가 가지는 독특한 특성으로 인한 일인지, 외부 상황적인 요소에 따른 사건으로 판단하는지 여부를 결정하게 된다.

　내부/외부적 귀인에 대한 원리는 첫째, 절감원리와 둘째, Kelly의 공변원리가 있다. 절감원리(discounting principle)는 어떤 행동에 대해 내부귀인과 외부귀인의 양쪽에 귀인을 시킬 수 있을 때, 내부귀인을 하는 경향은 대체로 줄어들며 외부귀인을 하는 경향이 늘어나는 것을 뜻한다. 이 절감 원리는 다른 사람의 행동을 한 번만 관찰했을 때 작용하게 된다.

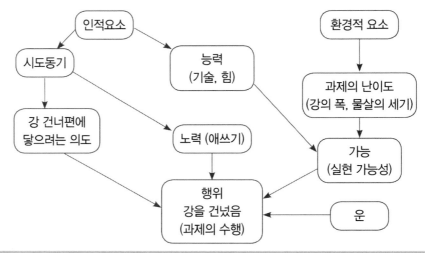

그림 7-2. 행위에 영향을 미치는 인적, 환경적 요소(Heider, 1958)

　또한 상황적 요인이 명료하게 부각되는 경우일수록 이러한 절감효과의 크기가 더 커진다. 외부 압력이 심한 상황이나 강요된 행동을 할 경우, 또 기대에 상반된 행동을 했을 경우 등에 대해서는 외부귀인을 하는 경향이 높은데, 이런 외부 압력이나 강요 등을 절감효과를 더 강하게 불러오게 된다.

　Kelly의 공변원리(covariation principle)는 타인의 행동에 대한 귀인을 할 경우, 일관성, 동의성, 특이성의 세 가지의 법칙이 따르게 된다는 원리이다. 이것은 한 사람의 행동을 여러 차례에 걸쳐서 관찰했을 때 나타난다고 한다. 첫째, 동의성(consensus)은 행위 당사자만 그런 행동을 했는가, 아니면 다른 사람들도 그런 행동을 했는지 여부에 따른 것이며 다른 사람들도 그 행동을 했다면 동의성이다. 둘째, 특이성(distinctiveness)은 행위 당사자의 행동이 그 대상에만 국한된 것인지, 다른 대상에도 항상 나타나는 것인지에 따라 달라진다. 행위 대상자가 그 대상에게만 그 행동을 했다면 높은 특이성을 나타냈다고 한다. 마지막으로 일관성(consistency)은 행위 당사자가 특정한 상황에서만 그러는지, 다른 상황에서도 그런 행동을 하는지를 뜻한다. 다른 상황에서도 행위 당사자가 그 행동을 하게 되면 높은 일관성을 띤다고 한다. 사람들은 한 사람의 행동을 수차례에 걸쳐 관찰했을 때, 이 세 가지 법칙을 고려하여 귀인을 시키게 된다고 한다.

귀인 이론은 Weiner(1972)에 의해 동기 이론으로 체계화 되었다. 그에 의하면 개인은 성취상황에서 성공과 실패의 경험에 대한 원인을 분석하는 바, 이때 분석한 원인은 그 사람의 미래 행동을 결정짓는다는 것이다. 따라서 개인이 분석한 성공과 실패에 대한 원인 분석은 귀인 이론의 연구에서 매우 중요하다. 그러나 성취 상황에서 원인으로 인식할 수 있는 요인은 무한함에도 불구하고 전형적으로 자신의 능력, 노력, 과제 난이도 및 운의 네 가지 요인으로 요약되고 있다. 그는 또한 이 네 가지 요인을 원인의 소재 차원(locus of causality dimension)과 안정성 차원(stability dimension)으로 분류하고, 원인의 소재 차원은 능력, 노력과 같은 내적 요인과, 과제난이도, 운과 같은 외적 요인으로, 안정성 차원은 능력, 과제의 난이도와 같은 안정적 요인과 운, 노력과 같은 불안정적 요인으로 각각 구분하였다.

표 7-1에서 볼 수 있듯이, 안정성 차원은 불안정의 속성으로 나뉘어진다. 안정은 속성이 시간과 상황에 따라 변함이 없는 것을 나타내고, 불안정은 속성이 시간과 상황에 따라 변하는 것을 나타낸다. 통제의 소재 차원은 사건을 일으킨 원인을 통제하는 주체에 대한 개인의 판단을 나타내는 것이다. 이 차원은 내적 통제와 외적 통제로 나뉘어진다. 내적 통제는 사건의 원인을 행위자 스스로 통제 할 수 있다는 믿음, 즉 행위자 자신의 행위에 의하여 결과가 나타났다는 믿음을 나타내고, 외적 통제는 사건의 원인이 행위자가 아닌 외적인 힘에 의해 통제된다는 믿음, 즉 결과가 행위자의 행동이 아니라 외부의 힘에 의해서 이루어졌다는 믿음을 나타낸다(김성옥, 2003).

표 7-1. Weiner(1972)의 2차원 귀인모형

		통제의 소재	
		내적 요인	외적 요인
안정성	안정적 요인	능력	과제 난이도
	불안정적 요인	노력	운

　이와 같은 모형은 스포츠 현장 연구(Bukowski & Moore, 1980 ; Spink & Roberts, 1980) 및 단체와 개인 경기의 귀인 연구(Scanlan & Passer, 1980)에서 적용되었는데, 원인이 내적인 소재인 자신과 외적 소재인 환경, 그리고 안정적인 또는 불안정적인 요인이냐의 여부에 따라 경기결과에 대한 정보를 능동적으로 처리한다(Brawley & Roberts, 1984).

　그 후에 Weiner(1979)는 통제가능성을 추가하여 세 가지 요인으로 구분하였다. 통제가능성 요인은 최근에 스포츠 심리학자들이 많은 관심을 가지고 있는 분야이다 (McAuley, 1985; McAuley & Gross, 1993). '노력'은 일반적으로 내적이고 통제 가능 하지만 '능력'은 내적이고 대부분의 경우 통제 불가능한 것이다. 그러나 전통적 귀인 요인인 능력, 노력, 과제난이도, 운의 네 가지 요인은 스포츠 상황에서의 귀인을 45%밖에 설명하지 못하며, 선수들은 심판, 날씨, 부상 등의 요인에 정기결과를 귀인하기도 한다는 비판이 있어 왔다.

　스포츠 상황에서 승리와 패배 후의 인과 귀인 차원과 감정은 밀접하게 관련되어 있다(McAuley, Russell, & Gross, 1983). 즉, 청소년 여자 농구선수들은 안정성과 통제 가능성의 인과 차원이 만족감에 영향을 미치고 안정성 차원의 자부심, 자신감, 놀라움 및 감사의 마음과 같은 감정의 수준을 의미 있게 예측해 준다. 수행 결과에 대한 내적 또는 외적 귀인은 특수한 감정이 생성되는데 이러한 감정의 결과에 대한 지각된 원인에 상관없이 성공과 실패 후에 강력하게 경험하는 일반적으로 긍정적인 또는 부정적인 반응인 결과 의존적(outcome-dependent)인 것과 결과에 대하여 이루어지는 특수한 인과 귀인의 산물인 귀인 의존적(attribution-dependent)인 것의 두 가지로 구분할 수 있다(McAuley, Russell, & Gross, 1983).

표 7-2. Weiner의 3차원 귀인 모형

안정성		인과의 소재			
		내적		외적	
		안정	불안정	안정	불안정
통제성	통제가능	일관된 노력	불안정한 노력	다른이의 일관된 도움	다른이의 변덕스러운 도움
	통제불가능	능 력	기 분	과제의 난이도	행 운

성공에 대한 내적 귀인은 자신감과 자아 가치감을 고양시켜 주는 반면에 실패에 대한 내적 귀인은 죄의식을 갖게 하는 경향이 있으며, 수행자가 성공할 수 있도록 도와주는 사람들에 대해 감사하는 마음을 갖고 있는 경우에도 이러한 귀인이 수행자로 하여금 좀 더 외적으로 정위되는 계기가 되어 수행 결과에 대한 개인적인 통제감을 약화시켜 동기수준이 저하된다.

③ 귀인의 측정

초기의 스포츠 관련 귀인 연구의 대부분은 Weiner(1972)의 기본 모델 즉, 학업 성취와 관련된 모델이 주를 이루었다. 또한 Robert와 Pascuzzi(1979)는 능력, 노력, 과제 난이도, 운의 4요소가 경기 결과에 중요한 영향을 미친다고 제안하였다. 이들 네 가지 귀인 요인은 여러 연구에서 그 타당성이 입증되어 이를 귀인 연구의 틀로 사용하였다. 그러나 다양한 스포츠 성취 상황을 이들 네 가지 요인으로 분류한다는 것은 무리이며 피험자가 실제로 지각하고 있는 원인을 왜곡시킬 수도 있다는 비판이 있다.

이와 같은 귀인 요소를 측정하는 것 못지않게 이들 요인의 구분 역시 어려웠는데, Weiner(1972)는 최초로 원인의 소재(내적/외적)와 안정성(안정/불안정)의 두 요인을 구분하여 측정하였다. Weiner(1979)는 그 후에 통제 가능성(통제 가능/통제 불가능)을 추가하여 귀인을 세 가지 차원으로 구분했다. 지금까지 이러한 세 차원의 분류 체계는 많은 스포츠 심리학자들(McAuley & Gross, 1983; McAuley 등, 1983; McAuley 등, 1992)에 의해 그 타당성이 입증되어 최근에는 개별 요인 즉, 능력, 노력, 과제 난이도, 운 등의 네 가지 요인보다는 원인의 소재, 안정성, 통제 가능성의 세 요인을 활용하는 경향이 많다.

이와 같은 전제 하에 Russell(1982)은 CDS(Causal Dimension Scale)를 개발하였다. CDS는 9항목 자기-보고식 질문지로서 원인의 소재, 안정성, 통제 가능성과 같은 세가지 하위 척도가 포함되어 있다.

McAuley 등(1992)은 CDS를 발전시켜 CDSⅡ를 개발하였다. CDSⅡ는 통제성을 내적 통제와 외적 통제로 나누어 각 차원 3문항, 도합 12개 문항의 리커트 척도로 되어 있다. McAuley와 그의 동료들은 CDSⅡ를 학습 상황이나 스포츠 상황에서 그 신뢰도를 검증한 결과, 내적 합치도에 있어서 인과의 소재 .60-.71, 안정성 .65-.68, 내적 통제성 .79-.88, 그리고 외적 통제성 .77-.89로 보고하고 있다.

인과 귀인 차원 측정척도 CDSⅡ

[지시문]
아래의 빈 칸에 당신이 얻은 결과의 가장 중요한 원인이라고 생각되는 요인을 기록하시오
( )

[지시문]
위에 지적한 원인에 대하여 생각하여 봅시다. 아래의 진술문은 당신이 방금 지적한 요인에 대한 당신의 인상이나 의견을 묻고 있습니다. 각 항목이 그 요인을 설명하고 있는 정도를 나타내는 숫자에 ○표 하시오

| 1 | 그 원인은 당신의 한 측면 | 9 | 8 | 7 | 6 | 5 | 4 | 3 | 2 | 1 | 환경의 한 측면을 반영한 것이다. |
| 2 | 그 원인은 당신이 관리할 수 있는 | 9 | 8 | 7 | 6 | 5 | 4 | 3 | 2 | 1 | 관리할 수 없는 그 무엇이다. |

3	그 원인은 당신이 항구적인	9	8	7	6	5	4	3	2	1	일시적인 그 무엇이다.
4	그 원인은 당신이 조절할 수 있는	9	8	7	6	5	4	3	2	1	조절할 수 없는 그 무엇이다.
5	그 원인은 다른 사람이 통제할 수 있는	9	8	7	6	5	4	3	2	1	통제할 수 없는 그 무엇이다.
6	그 원인은 당신의 외부에 있는	9	8	7	6	5	4	3	2	1	내부에 있는 그 무엇이다.
7	그 원인은 시간에 따라 변하는	9	8	7	6	5	4	3	2	1	변하지 않는 그 무엇이다.
8	그 원인은 다른 사람이 마음대로 할 수 있는	9	8	7	6	5	4	3	2	1	할 수 없는 그 무엇이다.
9	그 원인은 자신에 관한	9	8	7	6	5	4	3	2	1	타인에 관한 그 무엇이다.
10	그 원인은 당신이 마음대로 할 수 있는	9	8	7	6	5	4	3	2	1	할 수 없는 그 무엇이다.
11	그 원인은 변화 가능한	9	8	7	6	5	4	3	2	1	변화 불가능한 그 무엇이다.
12	그 원인은 다른 사람이 조절할 수 있는	9	8	7	6	5	4	3	2	1	할 수 없는 그 무엇이다.

4

귀인 형태에 영향을 미치는 변인

1) 귀인 추론의 선행 요인

행동을 유발한 귀인의 주요 요인을 그 행동을 낳게 한 선행요인이라고 한다. 선행요인의 세 유형은 특정한 정보 단서(개인의 성공 경험 등), 원인도식으로 불리는 개인의 내적 인지구조, 개인의 성격 등이다.

(1) 특정한 정보 단서

개인의 과거 성공 경력은 능력 유무를 결정하는 일차 결정자의 역할을 한다. 계속되는 성공은 능력, 어쩌다 일어나는 성공은 운, 가끔 일어나는 경우는 노력으로 보기도 한다. 능력에 의한 귀인 단서는 수행 형태와 최고 수행 수준이다. 다양하게 이용되고 있는 단서 정보는 다음과 같이 요약된다.

첫째, 주어진 모든 정보가 귀인에 이용되었다.

둘째, 사회적 규준을 단서로 사용하기도 한다.

(2) 원인 도식

원인 도식은 사건과 관련된 원인들에 관한 개인의 일반 신념을 나타내는 비교적 영구적인 인지구조이다. 즉 관찰된 사건과 그 사건이 지각된 원인 간의 관계가 유지된다고 믿는다. 보통의 사건(쉬운 테스트는 성공하고 어려운 부분은 실패하기 쉬운 사건)을 설명할 때에는 중다 충분도식을, 보통이 아니거나 극단적인 사건은 중다 필요도식을 유발한다.

(3) 개인적 성격

성취욕구가 높은 사람은 성공과 실패를 노력과 기술의 영향으로 두고, 낮은 사람은 외적 요인에서 찾으려는 경향이 있다. 그리고 문화에 기초한 구체적인 학습 경험은 개인 상호간의 평가에서 증명되는 가치에서 차이를 나타낸다.

2) 인구통계학적 변인

(1) 성

성이 귀인에 미치는 효과에 관한 연구는 스포츠 분야와 비스포츠 분야 간에 일치된 견해를 보이지 못하고 있다. 비스포츠 분야의 연구에서는 남성이 여성보다 성공은 보다 내적으로, 실패는 보다 외적으로 귀인한다고 보고하였다. 그러나 과제가 남성과 여성 모두에게 적합한 것이라면 귀인 형태, 자신감, 결과 기대가 유사하게 나타날 것이다(Biddle, 1993).

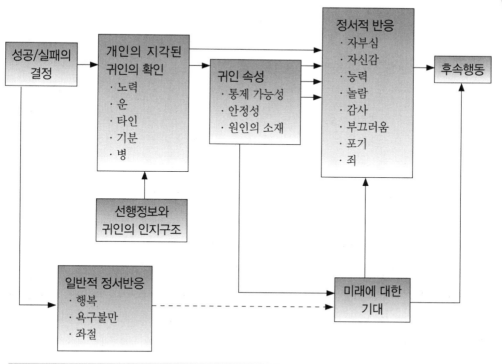

그림 7-3. 귀인 모델의 주요 원인

스포츠 귀인 연구에서는 성차가 없다는 연구(Biddle, 1993; McAuley 등, 1983)가 지배적임에도 불구하고 Whitehead(1986)는 남성이 여성보다 성공에 대한 원인을 보다 내적으로 귀인하며 여성이 남성보다 성공을 통제 가능한 요인에 귀인하는 것으로 보고하였다. 또한 최영옥, 이병기, 구봉진(2002)은 남, 여 모두 성공을 내적으로 귀인하는 경향이 있으나 여성은 실패에 대한 원인을 보다 외적으로 귀인하며 남성은 보다 내적이며 불안정한 요인에 귀인하는 경향이 있다고 보고한 바 있다.

이와 같은 연구의 불일치성에 대해 Duda와 Allison(1981)은 성공과 실패에 대한 개념을 정의할 때 남성이 여성보다 능력과 경기 결과에 보다 주안점을 두고 있는 데 기인한다고 보고한 바 있다. 따라서 남성과 여성의 귀인 척도 및 의미가 조금씩 다르며 서로 상이한 연구 결과가 계속 나오고 있으므로 성이 귀인에 미치는 효과에 관한 연구는 이러한 문제점을 보완하여 계속 추진되어야 할 것이다.

(2) 연령

연령이 귀인에 미치는 효과 역시 서로 상이한 연구 결과가 나오고 있다. Marks(1984)는 연령이 귀인에 영향을 미치지 못한다고 보고한 반면에 Whitehead(1986)는 어린 선수들이 성인 선수보다 성공의 원인을 보다 안정적인 요인에 귀인한다고 보고하였다. Bird와 Williams(1980)는 선수들이 13세 때까지는 귀인의 형태가 유사한 경향을 보이나 13세 이후에는 남성들은 수행 결과를 내적으로, 여성들은 수행 결과를 외적인 요인에 귀인하는 경향이 있다고 보고하였다. 스포츠 귀인 연구에 있어서 어린 아동의 발달기 연구는 많이 행해지지 않았기 때문에 피험자 연령 집단의 다양화는 반드시 필요한 선결 과제이다(Rejeski & Brawley, 1983).

매사에 감수성이 예민하고 자기 과시 욕구가 풍부한 시기인 청소년기에는 특히 스포츠에서의 성취감에 청소년들은 많은 의미를 부여한다. Etizen(1975)은 고등학교 남학생들의 경우 그들의 지위를 결정하는 가장 중요한 요인이 스포츠 성취감이라고 보고한 바 있다. 따라서 고교 선수들의 귀인 형태를 충분히 파악하는 것은 청소년 분야의 사회 심리적 연구에서 아주 중요한 가치가 있을 것이다.

(3) 인종

최근 스포츠심리학에서는 인종과 관련된 연구가 필요하다는 주장(Allison, 1988; Duda & Allison, 1990)이 제기되고 있으며 특히, 인종 각각의 독특한 문화적 가치에 따라 성공과 실패에 대한 귀인 형태가 다를 것이라고 많은 학자들이 주장하고 있다(Allison, 1982, 1988; Duda, 1985; Duda & Allison, 1990). Frieze 등(1982)은 Anglo족과 African-American족은 성공을 내적인 요인에 귀인하는 경향이 있다고 보고하였다.

특히 스포츠 선수들은 인종에 관계없이 성공과 실패에 대한 원인을 내적인 요인으로 돌리는 경향이 있다. 그러나 성공에 대한 원인의 경우 Anglo족 남성과 African-American족(Allison, 1982; Duda, 1985; Duda & Allison, 1981)은 능력 요인으로 귀인하는 경향이 있는 반면, Anglo족 여성(Allison, 1982; Duda, 1985), Hispanic족(Duda, 1985)과 Navajo족(Duda & Allison, 1981) 선수들은 노력 요인으로 귀인하는 경향이 강했다. 한편, 실패에 대한 원인의 경우 Anglo족 남성은 능력 요인에 귀인하는 정도가 아주 낮았으며, Anglo족 여성(Duda, 1985, 1986), Hispanic족(Duda, 1985)과 Navajo족(Duda, 1986; Duda & Allison, 1990) 선수들은 능력 요인에 귀인시키는 정도가 낮았다고 보고하고 있다.

인종과 귀인에 관한 연구는 위에서 보듯이 많은 연구가 진행된 것처럼 보이지만 이들 연구는 Duda와 Allison에 의해서 이루어진 연구이고 다른 학자들의 연구는 거의 없는 실정이다. 뿐만 아니라 아시아 계통의 인종을 대상으로 한 연구는 거의 없다.

3) 매개변인

(1) 경쟁불안(competitive anxiety)

Bandura(1977)는 불안을 "자신이 어떠한 상황에 대처할 수 있는 능력이 있다고 믿는 사고 과정의 산물"이라 하였다. 즉, 낮은 자기효능감을 가지고 있는 사람이 다른 사람의 결과기대는 높은 과정에서 생기는 것이라 할 수 있다. 따라서 경쟁 불안은 스포츠 성취 상황에서 한 개인이 그 때까지 성취한 결과에 대한 원인 분석을 통하여 자신의 후속 결과를 장담할 수 없을 때 야기된다. 그러므로 귀인과 자기효능감은 직접적으로 혹은 간접적으로 불안에 영향을 미치는 관계라고 할 수 있다(김성옥, 1994).

Metalsky와 Abramson(1981)은 사회적 대인 접속을 과제로 한 연구에서 불안 수준이 높은 사람은 낮은 사람에 비해서 성공을 외적이고 불안정한 요건에, 실패를 내적이고 안정된 요인에 귀인하는 경향이 있음을 보고하고 있다. 그러나 줄씨름 과제를 연구한 김성옥(1994)과 비엘리트 선수를 대상으로 한 Biddle(1988)의 연구에서는 경쟁불안이 귀인 형태에 별다른 영향을 미치지 못하는 것으로 나타났다.

이상과 같이 경쟁불안이 귀인 형태에 미치는 영향에 관한 연구 결과는 일치하고 있지 않으며, 이들의 연구가 실험실 상황에서 이루어졌고 실험 대상 역시 비선수들을 대상으로 하여 스포츠 상황의 다양한 가변성을 설명할 수 없는 문제점을 안고 있다.

(2) 결과 중요성(outcome importance)

참가자의 결과에 대한 애착도를 설명하는 결과 중요성은 귀인 형태에 잠재적으로 영향을 미칠 수 있는 중요한 중개 변인이다(Biddle, 1988). 스포츠 귀인 이론가들은 인간의 인지 과정을 정확히 이해하기 위해서는 참가자의 경기 결과에 대한 애착 내지는 중요성을 파악하는 것이 중요하다고 제안하였다(Abramson 등, 1978). 또한 Weiner(1985)는 자발적인 귀인 활동은 예기치 못한 시합에서 혹은 목표 달성에 실패하였을 경우 보다 잘 일어난다고 주장하였다. 이처럼 결과 중요성을 귀인 형태에 영향을 미치게 하는 잠재적 변인임을 귀인 연구가들이 인정을 하면서도 이에 관한 연구는 Biddle의 연구가 유일하다.

Biddle은 스포츠 센터의 탁구 수강생들을 대상으로 결과 중요성이 귀인 형태에 어떠한 영향을 미치는가를 검증하였다. 그 결과, 결과 중요성이 높은 패자는 불안정한 요인과 통제 가능한 요인에 귀인하는 경향이 있었으며, 결과 중요성이 낮은 패자는 불안정한 요인에 귀인하는 경향이 있지만 승자에게는 유의한 결과가 나오지 않았다고 보고하였다. 그러나 Biddle의 연구는 선수가 아닌 일반인을 대상으로 하여 축적된 경기 경험에 관한 설명을 할 수가 없었을 뿐만 아니라 조작적 과제를 이용하여 실제 스포츠 상황의 특수성을 설명하는 데 한계가 있다.

(3) 경쟁 지향성(competitive orientation)

주관적인 결과는 경쟁 지향성에 의해 영향을 받는다. 주관적인 결과는 외현적인 행동과 경쟁 지향성의 상호작용에서 비롯된다. 다시 말하면 긍정적인 또는 부정적인 결과를 낳는 개인차에 따라서 행동은 다르게 지각된다. 결과 지향적인 사람들은 경기 내용이 좋은 경우라고 하더라도 시합에서 이기지 않으면 자신을 성공적인 존재로 지각하지 않는 경향이 있다. 따라서 Spink와 Roberts(1980)는 선수를 만족스러운 승자, 불만족스러운 승자, 만족스러운 패자 및 불만족스러운 패자의 네 가지 범주로 분류하였다.

이처럼 경쟁 지향성에 따라 주관적인 결과를 각각 다르게 해석할 수 있다는 주장이 있음에도 불구하고 경쟁 정위가 귀인 형태에 미치는 영향에 관한 연구는 거의 전

무한 실정이다. 따라서 이에 관한 연구가 절실히 요구되고 있다.

(4) 자기효능감(self-efficacy)

귀인 연구에서 자기효능감을 결과 기대(outcome expectation) 대신에 연구하기 시작한 것은 자기효능감이 수많은 성취 상황에서 동기 요인으로 그 중요성이 입증되면서 부터이다(Bukowski & Moore, 1980). 귀인과 자기효능감과의 관계에 관한 연구는 자기효능감을 귀인이 독립 변인으로 투입하여 행한 연구와 종속 변인으로 투입하여 행한 연구로 대별된다.

Duncan과 McAuley(1987)는 자전거 에르고메타 과제에서 피험자의 조작된 자기효능감이 승패의 귀인에 어떠한 영향을 미치는가를 알아보기 위한 연구에서 자기효능감은 귀인에 유의한 영향을 미치지 못하는 것을 밝혀냈다. 그러나 승자 집단이 패자 집단보다 안정적이며 통제 가능한 요인에 귀인하고 있음을 보고하였다.

그러나 이들의 연구는 조작적이고 부분적인 실험실 상황에서 이루어졌기 때문에 자기효능감이 실제적인 귀인에 미치는 영향을 예언하는 데 한계성을 보이고 있는 데 반해 최영옥(1988)은 실제 스포츠 상황에서, 유도 선수와 펜싱 선수를 대상으로 자기효능감과 귀인과의 관계를 연구하였다. 이 연구 결과에 의하면 자기효능감이 높은 펜싱 선수는 경기에서의 승리를 안정적이고 외적인 요인인 과제 난이도 요인에, 유도 선수는 불안정적이고도 내적인 요인인 노력에 각각 귀인시켰다. 한편, Kim(1990)은 실제 테니스 시합에서의 자기효능감과 귀인의 관계에 관한 연구에서 승자는 안정되고 통제 가능한 요인에 귀인하는 경향을 보여주고 있으나 패자는 아무런 귀인 경향도 보여주지 못하고 있다.

이러한 연구의 불일치성은 사용한 질문지의 실험 대상 및 과제가 동일한 것이 아니기 때문으로 사료된다. 또한 자기효능감과 귀인을 측정하는 검사 방법이 자기 보고식(self report) 측정 방법이 대부분으로서 이러한 방법에 대한 비판의 소리와 함께 최근에는 자기 보고식 측정 방법이 피험자에 따라 왜곡될 가능성을 보완하는 방편으로 인터뷰와 같은 질적 연구 방법이 제기되고 있다.

참 고 문 헌

김성옥(1994). 자기효능감과 불안감의 중계변인으로서 귀인. 한국스포츠심리학회지, 5(1). 3-18.

김성옥(2003). 스포츠 행동의 심리학적 기초. 서울 : 태근.

최영옥(1988). 결과 정위, 특성 스포츠 자신감, 상태 스포츠 자신감이 경기결과와 귀인 형태에 미치는 영향. 서울대학교 대학원 박사학위논문.

최영옥, 이병기, 구봉진(2002). 스포츠 행동의 심리학적 이해. 서울 : 대한미디어.

Abramson, L. Y., Seligman, M. E. P., & Teasdale, J. D.(1978). Learned helplessness in humans : Critique and reformulation. *Journal of Abnormal Psychology, 87*, 49-74.

Allison, M. T.(1982). Sport, ethnicity, and assimilation. *Quest, 34(2),* 165-175.

Allison, M. T.(1988). Breaking boundaries and barriers : Future directions in cross-cultural research. *Leisure Sciences, 10,* 247-259.

Bandura, A.(1977). Self-efficacy : Toward a unifying theory of behavioral change. *Psychological Review, 84,* 191-215.

Biddle, S. J. H.(1988). Methodological issues in the researching of attribution-emotion links in sport. *International Journal of Sport Psychology, 19,* 264-280.

Biddle, S. J. H.(1993). Attribution research and sport psychology. In R. M. Singer(Eds.), *Handbook of Research On Sport Psychology*(pp. 437-464). New York, NY : Macmillan Publishing Company.

Bird, A. M., & Williams, J. M.(1980). A developmental attributional analysis of sex role stereotypes for sport performance. *Developmental Psychology, 16,* 319-322.

Brawley, L. R., & Roberts, G. C.(1984). Attribution in sport : research foundations, characteristics, and imitations. In, Silva, J. M. and Weinberg, R. S.(Eds.), *Psychological Foundations of Sport*(pp. 197-213). Champaign, IL : Human Kinetics.

Bukowski, W., & Moore, D.(1980). Winners' and losers' attributions for success and failure in a series of athletic events, *Journal of Sport Psychology, 2,* 195-210.

Duda, J. L.(1985). Goals and achievement orientations of Anglo and Mexican American adolescents in sport and classroom. *International Journal of Intercultural Relations, 9,* 131-150.

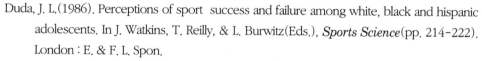

Duda, J. L.(1986). Perceptions of sport success and failure among white, black and hispanic adolescents. In J. Watkins, T. Reilly, & L. Burwitz(Eds.), *Sports Science*(pp. 214-222). London : E. & F. L. Spon.

Duda, J. L., & Allison, M. T.(1981). The nature of sociolocultural influences of achievement motivation : The case of the Navajo Indian. In J. W. Loy(Eds.), *The Paradoxes of Play*(pp. 188-197). West Point, NY : Leisure Press.

Duda, J. L., & Allison, M. T.(1990). Cross-cultural analysis in exercise and sport psychology : A void in the field. *Journal of Sport and Exercise Psychology, 12,* 114-131.

Duda, J. L., & Roberts, G. C.(1980). Sex biases in general and causal attributions of outcome in co-ed sport competition. In C. H. Nadeau. W. R. Halliwell, K. M. Newell, & G. C. Roberts(Eds.), *Psychology of Motor Behavior and Sport*, 1979(pp. 27-36). Champaign, IL : Human Kinetics.

Duncan, T. E., & McAuley, E.(1987). Efficacy expectations and perceptions of causality in motor performance. *Journal of Sport Psychology, 9,* 385-393.

Etizen, D. S.(1975). Athletics in the status system of male adolescents : A of Coleman's "The adolescent society." *Adolescence, 10,* 267-276.

Frieze, I. H., Whitley, B. I., Hanusa, B. H., & McHugh, M. C.(1982). Assessing the theoretical models for sex differences in causal attributions for success and failure. *Sex Roles, 8,* 333-343.

Heider, F.(1958). *The Psychology of Interpersonal Relation.* New York, NY : John Wiley & Sons, Inc.

Kim, S. O.(1990). Self-efficacy and causal attribution of college students in a tennis competition. Unpublished doctoral dissertation, University of Oregon, Eugene.

Marks, G.(1984). Thinking one''s abilities are unique and one''s opinions are common. *Personality and Social Psychology Bulletin, 10,* 203-208.

Metalsky, G. I., & Abramson, L. Y.(1981). Attributional styles : Toward a framework for conceptualization and assessment. In P. C. Kendall & S. D. Hollon(Eds.), *Cognitive-Behavioral Interventions : Assessment Methods*(pp. 13-58). New York, NY : Academic Press.

McAuley, E.(1985). Success and causality in sport : The influence of perception. Journal of *Sport Psychology, 7,* 13-22.

McAuley, E., Duncan, T. E., & Russell, D. W.(1992). Measuring causal attributions : The revised causal dimension scale(CDS Ⅱ). *Personality and Social Psychology Bulletin,*

18(5), 566-573.

McAuley, E., & Gross, J. B.(1983). Perceptions of causality in sport : AN application of the Causal Dimension Scale. *Journal of Sport Psychology, 5,* 278-287.

McAuley, E., Russell, D., & Gross, J. B.(1983). Affective consequences of winning and losing : An attributional analysis. *Journal of Sport Psychology, 5,* 278-287.

McAuley, E., Pong, K., Gleason, A., & Wraith, S.(1990). Attribution from exercise programs : Attributional and affective perspectives. *Journal of Social Behavior and Personality, 5,* 591-602.

Rejeski, W. J., & Brawley, L. R.(1983). Attribution theory in sport : Current status and new perspectives. *Journal of Sport Psychology, 5,* 77-79.

Roberts, G. C., & Pascuzzi, D.(1979). Causal attribution in sport : Some theoretical implications. *Journal of Sport Psychology, 1,* 203-211.

Russell, D.(1982). The causal dimension scale : A measure of how individuals perceive causes. *Journal of Personality and Social Psychology, 42(6),* 1137-1145.

Scanlan, T. K., & Passer, M. W.(1980). Attributional responses of young female athletes after winning, tying, and losing. *Research Quarterly for Exercise and Sport, 51(4),* 675-684.

Spink, K. S., & Roberts, G. C.(1980). Ambiguity of outcome and causal attributions. *Journal of Sport Psychology, 2(3),* 237-244.

Weiner, B.(1972). *Theories of Motivation : From Mechanism to Vognition.* Chicago, IL : Rand McNally.

Weiner, B.(1979). A theory of motivation for some classroom experiences. *Journal of Educational Psychology, 71,* 3-25.

Weiner, B.(1985). An attributional theory of achievement motivation and emotion. *Psychological Review, 92,* 548-573.

Whitehead, J.(1986). A cross-national comparison of attributions underlying achievement orientations in adolescent sport. In J. Watkins, T. Reilly, & L. Burwitz(Eds.), *Sports Science*(pp. 297-302). London : E. & F. N. Spon.

자 신 감

어떤 과제를 수행하기 전에 대개 사람들은 결과에 대한 예측을 하기 마련이다. 마치 무언가에 대한 믿음, 기대, 예측이 실제적으로 일어나는 피그말리온 효과(pygmalion effect)처럼 말이다. 이렇게 결과에 대한 예측은 스포츠 상황에서도 존재한다. 이러한 예측은 스포츠 상황에서 결과에 대해 긍정적으로 생각하는 것과 부정적으로 생각하는 것으로서 승패와 직결된다 할 수 있다. 즉, 긍정적인 생각으로 경기에 임하면 성공할 것이고, 부정적인 생각으로 경기에 임한다면 실패할 것이다. 성공적인 결과를 위해 성공에 대한 자신의 신념을 가지는 것은 자신감(confidence)이 있다는 것이다. 자신감은 자신이 원하는 행동을 성공적으로 수행할 수 있다는 신념으로서 자신감이 높은 선수들은 그들 자신을 강력하게 믿기 때문에 성공적인 결과를 이끌어낼 수 있다.

본 장에서는 자신감이 수행에 주는 긍정적 효과에 관해 알아보고 자신감과 유사한 이론들과 자신감 개념 모형에 관한 이론에 관해 언급하고, 자신감을 측정하는 방법과 최고수행을 위한 자신감 향상 전략에 관해 기술하고자 한다.

1

자신감의 정의와 유사개념

1) 자신감이란

자신감(confidence)은 자신이 원하는 행동을 성공적으로 수행할 수 있다는 신념으로 정의되어지며, 스포츠 상황에서는 물론 일상생활에서도 많이 사용되는 단어이다. 또한, 자신감은 자신의 수행에 대해 막연한 낙관적인 생각과 구별되며, 자기 자신의 능력으로 지금 현재 해결해야 할 과제를 해결할 수 있다는 생각이다. 즉, 자신감은 수행해야 할 과제에 대한 자기 자신의 능력에 대한 상대적인 판단에서 오며, 원하는 결과를 얻는데 필요한 행동을 성공적으로 수행해 낼 수 있다는 확신인 것이다(Feltz, 1988).

자신감은 개인의 감정과 행동에도 직·간접적으로 영향을 미친다. 예를 들어, 자신감이 낮은 선수는 과제를 수행할 때 자신의 약점이나 과제의 어려운 측면과 같은 부정적인 생각에 사로잡혀 불안과 초조함을 느낄 것이다. 이러한 부정적인 생각은 실패를 기대하게 되고 과제에 대해 소극적으로 임하게 된다. 반면에 자신감이 높은 선수는 자신이 원하는 결과를 얻을 수 있다는 긍정적인 마음으로 성공을 기대하게 되고 과제에 집중하여 문제를 적극적으로 임하여 과제를 해결한다.

한 예로 1954년 이전까지 인간은 1.6킬로미터에 해당하는 1마일을 4분 안에 달린다는 것은 불가능한 일로 여겼다. 당시의 통념으론 1마일을 4분 안에 달리려 고집하면 인간의 폐와 심장이 파열된다는 것이었다. 하지만 이와 같이 불가능할 것 같은 일을 가능으로 바꾼 사람이 있었다. 영국의 아마추어 육상선수로서, 옥스퍼드 대학교 엑서터 칼리지의 의대생이었던 Roger Bannister(1929~)가 그 주인공이다. 그는 의대생답게 인간이 견뎌낼 수 있는 최대의 고통과 최고의 라스트 스퍼트 방법을 연구하며 마침내 1954년 5월 6일 1마일을 4분 안에 달렸다. Bannister가 기록을 깬 것은 더

할 나위 없이 대단한 것이지만 더욱 흥미로운 것은 Bannister가 기록을 깬 뒤, 다음 해에 12명 이상의 선수들이 4분의 벽을 깨뜨렸고 50년 사이에 1마일을 4분 안에 주파한 사람이 336명이나 된다고 한다. 이 같은 결과는 그 선수들이 4분대의 벽은 인간의 한계가 아니며, 자신도 4분 이내의 기록으로 달릴 수 있다는 자신감을 가졌기 때문일 것이다.

2) 자신감의 유사개념

자신감은 폭넓은 의미로서 동기와 유사하다. 그러나 지금까지도 자신감이라는 단어가 가지는 불분명한 개념으로 인하여 여러 심리학자는 서로 다르게 표현하고 정의 내리고 있다. 자신감의 유사개념으로 Bandura(1977)는 '자기효능감'(self-efficacy), Vealey(1986)는 '스포츠 자신감'(sport confidence), Harter(1982)는 '유능성'(competency)으로 사용하고 있다.

(1) 자기효능감

Bandura의 자기효능감은 어떤 상황에 놓인 개인이 특정한 결과물을 산출해 내는 데 요구되는 일련의 과정을 조직하고 해낼 수 있다는 자기 확신이다. 즉, 개인 자신이 소유하고 있는 지식과 기능으로 구체적인 과제를 수행할 수 있다는 것에 초점이 맞추어져 있는 것이다. 자기효능감은 인간의 행동과 인지·생리적 요인, 환경적 영향들이 서로 상호작용하며 행위자의 인지적인 기능에 의해 발달된다는 사회인지적 틀에서 시작되었다.

자기효능감은 인간의 행동을 설명하는 심리학 분야에서 많이 인용되었으며, 스포츠 상황에서 나타나는 인간의 행동을 설명하는 스포츠심리학 분야에서도 선수들의 구체적 과제에 대해 해낼 수 있다는 믿음으로 설명되고 있다. 스포츠 상황에서의 자기효능감은 협의의 자신감이라고 할 수 있는데 그것은 어떤 스포츠 종목을 잘 할 수 있다는 개념보다 그 스포츠 종목 안에서의 구체적인 과제, 예를 들면, 농구를 잘 할 수 있다는 개념보다 농구라는 종목 안에서 자유투나 드리블 등 구체적인 과제를 잘 할 수 있다는 개념이다. 이러한 자기효능감은 특정한 운동과제를 달성하는데 있어 수행자가 성공 능력을 갖고 있다는 자기 확신을 의미하며, 수행자들의 과제 선택과 노력의 정도, 인내력 등에 결정적인 영향을 미친다(Bandura, 1986, 1997). 또한 Bandura(1977)는 자기효능감을 크기, 강도, 일반성의 세 차원에서 개념화하였다. 크기는 개인이 성취할 수 있는 운동수행 수준으로서 과제의 난이도와 같은 개념이다. 강도는 개인이 각 수준의 과제나 기술을 성공적으로 해낼 수 있다는 확신의 정도를 말한다. 일반성은 특정한 상황에서 일정한 과제에 대한 자기효능감이 다른 상황이나 다른 과제에 영향을 미칠 수 있는 정도를 말한다. 즉, 자기효능감이 높은 사람들은 낮은 사람들보다 새로운 과제에 적극적으로 도전하고, 더 많은 노력을 투입하고, 그리고 더 오랫동안 참고 견디는 인내력을 갖고 있다.

(2) 스포츠 자신감

스포츠 자신감은 스포츠 상황에서 운동을 성공적으로 수행해 낼 수 있다는 자신의 능력에 대한 믿음이나 확신으로 정의할 수 있다(Feltz & Chase, 1998; Vealey, 1986). Vealey는 스포츠 자신감을 광범위한 스포츠 상황에서 행동예측이 가능하도록 하기 위해 스포츠 자신감을 특성 스포츠 자신감과 상태 스포츠 자신감으로 구분하였다. 여기에서 특성 스포츠 자신감은 특정한 상황에서 개인이 생득적으로 가지는 자신감을 말하며, 상태 스포츠 자신감은 개인이 객관적인 상황적인 면에서 자신감을 가지고 임하는 성향을 나타내는 것이다. 더불어 여기에 목표를 성취하려는 경쟁지향 (competitive orientation)이라는 개념을 포함시켰는데 이것은 성공의 의미가 각 개인마다 다르다는 내용으로 과정을 지향하느냐 결과를 지향하느냐를 나타낸다.

(3) 지각된 유능감

지각된 유능감이란 어떤 과제나 스포츠의 성취상황에서 스스로 느끼는 자신의 능력에 대한 개인적인 평가이다(Kent, 1994). 즉, 자신의 능력으로 주어진 환경이나 자신을 바람직하게 변화시킬 수 있다는 것으로서 자신감과 매우 유사한 개념이다. 이러한 유능성은 특정 과제 영역에 관련된 자신의 능력에 대한 높고 낮은 정도로서 자신이 과제를 얼마나 수행할 수 있느냐에 관한 판단이다. 때문에 자신이 높은 능력을 갖고 있다고 지각하는 사람들은 낮은 능력을 갖고 있다고 지각하는 사람보다 더욱더 동기화 되어있는 경향을 가지고 있다. 이러한 동기화 성향은 결국 스포츠 과제 수행에서 지속성과 과제선택, 집중력, 연습의 양 등에 영향을 주어 운동능력의 차이를 형성시킨다(Harter, 1978).

2 자신감 이론

자신감은 포괄적인 개념으로 내적 동기 혹은 성공하고자 하는 동기의 성취동기와의 개념과 유사하다. 즉, 스포츠 상황에서 자신감이 높은 선수들은 성공하고자 하는 동기가 높으며 성공에 대한 기대감도 높다. 앞서 제시한 바와 같이 자신감의 유사개념들에 대해서 알아보았는데 좀 더 자신감의 개념을 이해하기 위하여 Bandura의 자기효능감, Vealey의 스포츠 자신감, Harter의 유능성 동기에 대해 구체적으로 각각의 이론적 모형을 알아보겠다.

1) 자기효능감 이론

Bandura의 자기효능감 이론은 인지적 신념(cognitive beliefs)과 행동변화(behavioral changes) 간의 설명으로서 사회적 인지이론(social cognitive theory)에 바탕을 두고 있다(George, Feltz, & Chase, 1992). 즉, 사회 환경의 영향으로부터 영향을 받아 개인의 행동이 변하는 것을 의미하는 것으로 사회적 인지이론(Bandura, 1977)은 과거 수행경험, 자기효능감, 개인적 수행간의 관계를 설명하는 단일 모형을 이루고, 인간이 소유하고 있는 지식이나 기술의 실제 행동으로서의 전

이는 자기 규준적 사고에 의해 중재된다는 것을 제안하고 있다. 여기에서 자기 규준적 사고는 설정한 기준과 자신의 수행과의 비교를 통하여 이루어지는 사고를 말한다(Bandura, 1986). Bandura(1986)에 의하면 이러한 사고 과정에서 자기효능감은 하나의 비교기준으로서 내재된 기술을 실제 수행으로 전이시키는 중개변인으로 인간의 행동에 가장 강력하게 영향을 미치는 요인이라 하였다.

이러한 자기효능감은 자신감의 개념과 완전히 일치하지는 않지만 두 개념은 상당히 유사하다. 자기효능감은 개인이 일정한 상황에서 특정한 결과를 산출해 내는 데 요구되는 일련의 조치를 조직하고 실행해 낼 수 있다는 자신의 능력에 대한 믿음이며(Bandura, 1997), 자신감(self-confidence)은 수행을 성공적으로 이끌어 낼 수 있는 개인의 능력에 대한 확실성의 정도 또는 믿음(Vealey, 1986)이라 할 수 있다. 이 말은 자신감은 인지된 능력의 구체화된 수준이 아닌 확신의 강도를 의미하는 반면, 자기효능감은 확신의 강도와 함께 인지된 능력의 구체적인 수준을 의미한다(Feltz, 1988).

스포츠 상황에서 자기효능감이 무엇인지는 예를 들어보면 보다 쉽게 접근할 수 있다. 예컨대 축구 경기에서 원하는 결과는 승리일 수도 있고 다음 경기를 위해 전략적 무승부로 경기를 해야만 하는 것일 수도 있다. 이러한 결과를 얻기 위해서는 선수 개개인이 트래핑, 드리블, 패스, 슛과 같은 기본기를 잘 갖추고 있어야 하고 체력 또한 우수해야 한다. 그러나 기본기와 체력이 상대팀보다 우수하다고 해서 바라는 목표를 달성할 수 있는 것은 아니다. 경기 상황은 항상 변하고 그 변화는 예측하기 어렵기 때문이다. 경기에서 자기가 원하는 바를 달성하기 위해서는 변화하는 상황에 맞게 선수 자신이 소유하고 있는 지식이나 기술을 순간적으로 조직하여 실행할 수 있어야 한다. 이것은 축구 경기에만 제한된 것은 아니다. 이렇듯 성취상황은 그 어떤 경우에도 변화를 정확하게 예측하는 것이 불가능하다. 자기효능감은 이러한 변화에 대응할 수 있는 능력에 대한 믿음까지도 포함하는 개념이므로 자기효능감은 단순히 사건을 어떻게 처리해야 할지를 아는 것이나 사건을 해결하는 데 필요한 지식이나 기능을 지니고 있다는 것을 나타내는 것이 아니다. 당면한 과제를 해결하는 데 필요한 다양한 지식과 기술을 회상해 내고, 이를 변화하는 상황에 맞게 임

기응변적으로 조직하여 행동으로 옮길 수 있는 능력에 대한 믿음인 것이다.

Bandura(1977)는 자기효능감을 우리가 소유하고 있는 지식, 기능, 행동을 연결해 주는 가장 주요한 변인으로 개념화하고 있다. 자신의 능력에 대한 믿음을 나타내는 자기효능감은 수행과정에서 핵심적 역할을 하는 기준으로 인지적 요인인 성과기대, 목표설정, 자아개념, 귀인 등 심리적 요인에 공통적으로 작용하며, 이들 요인들보다 수행에 대한 예측력이 높다고 주장하였다. 이렇듯 개인의 수행적인 측면에서 예측력이 높은 자기효능감은 성공적인 수행성취(performance accomplishment) 경험, 대리경험(vicarious experience), 언어적 설득(verbal persuasion), 정서적 각성(emotional arousal)의 영향을 받는다(Bandura, 1977, 1986). 자기효능감에 영향을 미치는 이러한 정보들을 보다 구체적으로 살펴보면 다음과 같다.

첫째, 실제적인 수행성취 경험은 네 가지 주요 효능 정보원 중에서 가장 영향력 있는 중요한 자원이다. 사람들은 최적의 수행을 성취한 후에는 성공의 감정과 자기 가치(self-worth)를 느끼게 된다(Gould & Weiss, 1981). 특히 스포츠 행동에 있어서의 실제적 성취경험은 자기효능감에 직접적인 영향을 미치며, 자기효능감의 일반적 중개 과정을 통하여 이와 유사한 다른 스포츠 행동의 수행에도 긍정적인 영향을 미친다.

둘째, 대리경험은 확신이 서지 않는 기술을 다른 사람의 수행으로부터 얻는 정보를 말하며 관찰자의 감정이 부분적으로 자기효능감에 영향을 미친다(Bandura, 1977, 1986). 대리경험으로서의 모델링(modeling)은 기본적으로 주의(attention), 파지(retention), 생성(production), 동기(motivation) 등 네 가지 정보화 과정을 통하여 관찰자의 기술 습득과 수행에 영향을 미치게 되며 실제 자신이 성취하는 것보다는 약하지만 자기와 유사한 특성을 지닌 모델의 성공은 자기효능감에 영향을 미치는 요인으로 작용한다(Feltz & Riessinger, 1990).

셋째, 언어적 설득은 수행자로 하여금 수행하여야 할 과제를 성취할 수 있는 능력이 있다는 믿음을 주는 방법으로서, 수행성취의 경험이나 대리경험보다는 자기효능감 형성에 미치는 영향이 미약하나 중단하려는 과제를 수행자로 하여금 계속 시도할 수 있도록 하는 데 설득의 효과가 있다(Fitzsimmons, Landers, Thomas, &

Van der Mars, 1991). 이 정보원은 어떤 행동을 이끌어내기 위해 자신 또는 타인이 사용하는 설득적 기술을 일컫는데 언어적 격려와 피드백이 포함되며 설득하는 사람의 사회적 지위와 설득자의 피설득자에 대한 영향력, 신뢰성에 따라 다르게 나타난다. 반면에 실현 불가능한 설득일 경우에는 설득자의 신뢰도가 떨어지고 수행자의 자기효능감을 감소시키게 된다(Bandura, 1997).

마지막으로 자기효능감에 가장 약하게 영향을 미치는 개인의 정서적 각성은 실제 생리적 각성에 반하는 수행자의 정서적 각성에 대한 자기평가이다. 인간은 특정 과제를 수행할 때 생리적, 정서적 각성에 의해 변화된 자기효능감에 따라 행동하게된다(Bandura, 1997). 즉, 자신의 능력에 대해 의심하거나 과제수행 자체에 대한불안 반응을 보일 때에는 과제 자체를 포기 또는 회피하게 되지만 자기효능감이 높을 때에는 보다 높은 목표를 설정하여 도전적인 과제를 선택하고 노력의 양과 지속성을 배가시키게 된다(Feltz & Riessinger, 1990).

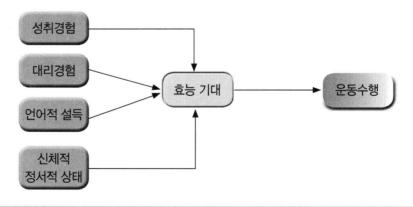

그림 8-1. 자기효능감 정보원(Bandura, 1977)

2) 스포츠 자신감(sport-confidence) 이론

Vealey(1986, 1988)의 스포츠 자신감 이론은 성취동기와 스포츠에서의 자신감을 개념화한 독특한 접근방법으로 성격 연구에 그 토대를 두고 있다. Vealey의 제안은 도출되어야 할 구성 개념이 일반적인 자신감이 아니라 스포츠 상황에서의 특수한 자신감이기 때문에 이것을 스포츠 자신감이라고 부르고, 이를 개인이 스포츠에서 갖는 그의 능력이 성공적일 것이라는 확실성에 대한 신념 또는 정도라고 정의하였다. 즉, 스포츠 자신감은 스포츠 경쟁에서 성공할 수 있는 능력이 있다는 개인의 확신이다.

Vealey는 자신감의 개념에 스포츠 경쟁에서 목표를 성취하려는 경향을 나타내는 경쟁지향성(competitive orientation)을 포함시켜 스포츠 자신감을 개념화하고 있다. 경쟁지향성은 자신의 목표 달성이 자신의 수행능력과 성공을 불러일으킨다는 믿음의 정도를 나타낸다. 이와 같이 스포츠 자신감은 경쟁지향성을 포함하고 있다는 점에서 자기효능감, 유능성 동기와는 다르다. 스포츠 경쟁 상황에서 개인은 각자 여러 형태의 목표를 설정할 수 있다. 스포츠 자신감은 능력에 대한 지각을 그 토대로 하기 때문에 경쟁지향은 어떤 형태의 목표달성이 능력과 성공을 나타내는 선수의 신념을 반영해야만 한다.

이러한 이유 때문에 Vealey는 경쟁지향의 토대가 되는 목표로 좋은 경기 내용과 승리를 선정하였다. 스포츠 경쟁 상황에서 선수들이 가지는 목표는 대부분 자신의 훌륭한 수행과 성공이다. 선수들은 수행과 성공이라는 목표를 동시에 추구하겠지만 어떤 선수에게는 수행 목표가 결과 목표보다 중요한 것일 수도 있고 반대로 결과 목표보다 수행 목표가 중요할 수 있다. 결과적으로 어떤 선수에게는 자신이 어떻게 했느냐 하는 과정이 중요한 데 비하여 어떤 선수에게는 어떤 결과를 얻었느냐, 즉 졌느냐 이겼느냐가 더 중요하다는 것이다.

Robert(1992)는 후자의 경우를 스포츠 숙달이라고 불렀는데 이는 과제 관여적인 능력과 유사한 것이다. 선수들은 물론 이러한 두 가지 목표를 동시에 추구할 수 있다. 다시 말해서 그들은 흔히 좋은 경기내용과 승리를 동시에 추구할 수 있지만 한 가지 목표가 다른 목표보다 더 중요하게 된다. 이러한 목표의 달성은 그들이 유능하고 성공적이라는 것을 의미한다. 성공적인 스포츠 경험을 통해서 선수들은 수행목표를 지향하거나 결과목표를 지향하게 된다.

Vealey가 제시한 스포츠 자신감의 모형은 그림 8-2와 같으며 이 모형에서 볼 수 있는 바와 같이 그의 모델은 개인의 특성인 특성 스포츠 자신감과 경쟁 지향성이 상황적 특성인 객관적인 스포츠 경쟁 상황과 상호작용하여 상황적 스포츠 자신감을 산출한다는 입장을 취한다.

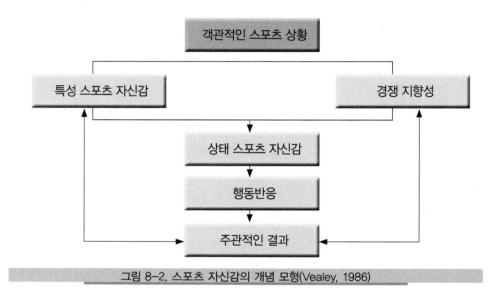

그림 8-2. 스포츠 자신감의 개념 모형(Vealey, 1986)

모형에서 볼 수 있듯이 스포츠 자신감은 소질적인 성질의 특성 스포츠 자신감과 상황적인 성질의 상태스포츠 자신감의 두 가지 구성개념으로 분류된다. Vealey는 스포츠 자신감의 정의를 토대로 하여 특성 스포츠 자신감은 개인이 스포츠에서 흔히 갖는 그의 능력이 성공적일 것이라는 확실성에 대한 신념 또는 정도이며 상태 스포츠 자신감은 개인이 스포츠에서 어떤 특정한 순간에 갖는 그의 능력이 성공적일 것이라는 확실성에 대한 신념 또는 정의라고 정의하고 있다.

모형에서 보는 바와 같이, 객관적인 스포츠 경쟁 상황에서 선수는 특성적 스포츠 자신감과 경쟁 지향성을 갖고 임한다. 이들 두 요소는 선수가 경쟁 중에 나타내는 상태 스포츠 자신감을 결정한다. 또한 상태 스포츠 자신감은 개인이 어떠한 행동적 반응으로 어떠한 운동수행을 나타낼 것인가를 결정한다. 행동적 반응이 어떠했느냐는 만족감, 성공감, 그리고 원인의 분석과 같은 결과에 대한 개인의 주관적인 인식을 결정한다.

　　주관적인 결과라는 구성 개념은 스포츠 자신감, 경쟁지향 및 행동 간의 상호 관계를 설명하는데 있어서 매우 중요하며, 이것의 예로는 인과 귀인, 성공의 지각 정도 및 운동 수행의 만족도 등을 들 수 있다. 심리학자들은 인지 변화는 행동 그 자체에 의해서가 아니라 어떻게 사람들이 그들의 행동을 지각하느냐에 의해 결정된다고 주장하였다. 성공의 지각 정도와 능력, 자부심 및 만족감과 같은 긍정적인 주관적 결과는 특성 스포츠 자신감을 고양시키는 것으로 보인다. 이러한 결과들을 스포츠에서 성공적일 수 있다는 개인적인 확신감을 주지 못하기 때문에 특성 스포츠 자신감을 약화시킬 것이다. 또한 행동이 어떻게 지각되느냐에 따라서 사람들은 더 또는 덜 수행을 지향하거나 결과를 지향하게 된다.

　　주관적 결과는 또한 특성 스포츠 자신감과 경쟁지향에 의해 영향을 받는다. 주관적인 결과는 외현적인 행동과 특성 스포츠 자신감 및 경쟁지향의 상호 작용에서 비롯된다. 다시 말하면 긍정적인 또는 부정적인 결과를 낳는 개인차에 따라서 행동은 다르게 자각된다. 예를 들면, 특성 스포츠 자신감이 낮은 사람들은 다른 요인들이 부정적인 결과를 초래하는데 개재되어 있다고 하더라도, 그들의 실패를 능력 부족의 탓으로 돌린다. 결과를 지향하는 사람들은 경기 내용이 좋은 경우라고 하더라도 시합에서 이기지 않으면 자신을 성공적인 존재로 지각하지 않는 경향이 있다 (Vealey, 1986). Spink(1990)와 Robert(1992)는 선수를 만족스러운 승자, 불만족스러운 승자, 만족스러운 패자, 불만족스러운 패자의 네 가지 범주로 분류하였다.

3) 유능성 동기 이론

　　유능성 동기는 White(1959)의 효과 동기로부터 아동들의 동기를 설명하려는 것에서 제기되었다. 유능성(competency)은 자신의 능력에 대한 판단으로서 자신감과 매우 유사한 개념이다(Harter, 1978).

　　Harter는 White의 효과 동기의 기본 가정인 인간의 숙달시도, 호기심 충족 행동, 도전, 놀이와 같은 행위는 유능성 욕구를 충족시킨다는 것을 수용하여 유능성 동기 이론을 확장시켰다. Harter는 그림 8-3에서와 같이, 인간은 선천적이든 후천적이

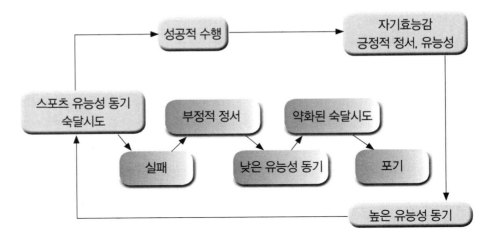

그림 8-3. 유능성 동기이론 모형(Harter, 1978)

든 학습에 의한 것이든 유능성 동기를 지니고 있으며, 이러한 동기는 숙달행동을 시도함으로써 충족된다. 숙달행동의 시도에서 성공하면 기쁨과 같은 긍정적 정서를 경험하고, 이로 인하여 능력 동기가 유지되고 향상되어 유능성 동기는 강화되고 과제에 더 많은 노력을 기울인다. 반면에 실패하면 부정적인 정서를 경험하고 자신에 대해 실망하고 유능성 동기가 약화되어 과제를 포기하는 것이다. 이처럼 유능성은 후속되는 행동을 결정하는 가장 중요한 요인이다.

유능성 동기는 세 가지 요인으로 구성된다. 이들 세 가지 요인으로는 동기 지향성(motivational orientation), 지각된 유능성(perceived competence), 그리고 통제감(perceived control)이 있다. 첫째, 동기 지향성은 특정한 과제에 대한 개인의 심리적 태도로서 과제에 얼마나 흥미를 느끼고 과제 수행을 얼마나 즐기느냐에 관한 문제이다. 이것은 해결해야할 과제에 대해 가치 있는 것으로 인식하는 정도를 나타낸다. 즉, 특정한 과제를 성취하려는 의지와 강도라고 말할 수 있다. 둘째, 지각된 유능성은 특정 과제에 관련된 자신의 능력에 대한 자기존중감(self-esteem)의 정도이다. 자신이 과제에 얼마나 정통하고 있으며 이에 대하여 얼마나 자기존중감을 느끼느냐에 관한 것이다. 셋째, 통제감은 개인이 특정한 성취 영역에서 자신의 성공과 실패에 대하여 인식하고 있는 책임감의 정도이다. 이것은 과제를 수행하고

난 후 그 과제의 성취에 대한 자신의 책임(공헌도)이 크다고 판단하면 유능감이 강화된다는 것이다.

이와 같은 Harter의 이론적 모형은 몇 가지 특징을 가지고 있다. 첫째, Harter는 White의 능력 동기 이론에서 성공경험의 선행조건과 그에 따른 결과에만 치우친데 비하여 성공경험이 아닌 실패경험이 자아의 인식에 어떠한 역할을 수행하는 가에도 관심을 가졌다. 둘째, 성공적인 수행과 경험을 명확히 하고 있으며 개인은 도전할만한 과제 즉, 적절한 도전감이 있는 과제에서 성공했을 때 가장 큰 내적 만족을 경험하고 있음을 밝히고 있다. 셋째, 주요타자들(significant others)이 강화나 모범을 보여줌으로써 개인의 내적 동기나 자아에 대한 인식을 유지하거나 훼손시키는 데 중요한 역할을 한다는 것을 강조하고 있다.

3
스포츠 상황에서의 자신감

1) 자신감과 운동수행의 관계

자신감과 운동수행과의 관계는 1970년대 후반부터 스포츠 현장 지도자와 스포츠 심리학자들에게 주목받기 시작했다. 자신감은 스포츠 현장이나 일상생활 중의 신체활동에서 수행 결과에 긍정적 영향을 주는 심리적 요인으로 언급된다. 성공을 경험한 엘리트 선수들은 성공을 경험하지 못한 엘리트 선수들보다 더욱더 강한 자신감을 갖고 있다(Gould, Weiss, & Weinberg, 1981; Highlen & Bennett, 1979; Mahoney & Avener, 1977).

자신감과 관련된 연구들은 북미스포츠심리학자인 Mahoney와 Avener(1977)의 연구를 자주 인용하고 있는데, 그러한 이유는 성공적인 선수와 성공적이지 못한 선수 간에 어떤 차이가 있는가를 연구하였기 때문이다. 그들은 자국 올림픽 체조선수들 중에서 예선을 통과한 선수들과 통과하지 못한 선수들을 대상으로 한 연구에서 예선을 통과한 선수들은 성공적으로 체조 기술을 발휘하는 장면을 많이 떠올린다고 하였다. 또한 Mahoney 등(1987)은 심리적 기술 질문지를 사용하여 엘리트 선수와 비엘리트 선수간의 자신감 수준을 알아보는 연구에서 엘리트 선수들이 비엘리트 선수들보다 높은 자신감과 안정된 자신감 수준을 가지고 있다고 제시하면서 자신감은 성공적인 운동수행을 예측하는 중요한 요인으로 강조하였다.

2) 자신감 측정

(1) 자기효능감

자기효능감의 측정은 수준(level), 강도(strength), 일반성(generality)의 세 차원을 포함하는 미시적 분석 방법(microanalytical approach)에 의해 측정되어야 한다(Bandura, 1977, 1986). 첫째, 자기효능감의 수준은 일반적으로 과제의 난이도에 의해 구분된 과제의 위계(hierarchy of task)와 관련이 있다. 즉, 과제 수행에 대한 개인의 자기효능감은 과제의 단계적 기술 난이도에 따라 각각의 기대치가 다르게 나타난다. 둘째, 자기효능감의 강도는 개인이 각 수준의 과제 또는 기술을 성공적으로 실행해 낼 수 있는 확신 또는 믿음의 정도를 의미한다. 셋째, 일반성은 특정한 상황 또는 과제에서 자기효능감이 다른 상황이나 과제에도 영향을 줄 수 있는 정도로서 다양한 범위로의 응용력을 의미한다. 단거리 100m달리기에서 높은 자기효능감을 지닌 사람이 중거리 달리기에서도 높은 자기효능감을 지닐 수 있는가? 하는 일반성에 관한 내용이다. 하지만 대개 자기효능감 측정에서 일반성 차원은 생략하고 있다. Feltz, Landers와 Raeder(1979)가 개발한 다이빙 자기효능감 척도는 Bandura(1977)의 자기효능감 개념을 잘 반영하고 있다. 이 측정은 다이빙 종목에서의 과제의 수준과 해낼 수 있는 확신의 정도인 강도를 측정하고 일반성은 생략하고 있다. 수준은 다이빙 기술을 쉬운 것에서 어려운 것 까지 난이도에 따라 8가지로 나누고, 강도는 각 수준에서 성공적으로 수행할 수 있는 정도를 불확실함에서 완전히 확신함에 이르기까지 10단위 간격으로 된 100점 확률 척도에 나타내도록 하고 있다.

표 8-1. 다이빙 자기효능감 검사 도구

다이빙 자기효능감 측정 항목
1. 풀의 난간에서 발부터 뛰어들기
2. 1m 보드에서 발부터 뛰어들기
3. 풀의 난간에서 발부터 뒤로 뛰어들기
4. 1m 보드에서 발부터 뒤로 뛰어들기
5. 풀의 난간에서 다이브하기
6. 1m 보드에서 스프링을 이용하지 않고 수정된 전방 다이빙하기
7. 1m 보드에서 달려와서 스프링을 이용하여 전방 다이빙하기
8. 1m 보드에서 스프링을 이용하지 않고 후방 다이빙하기

(2) 스포츠 자신감

Vealey(1986)는 스포츠 경쟁상황에서 성공할 수 있다는 개인의 믿음인 스포츠 자신감 측정을 위해 특성 스포츠 자신감 검사지(TSCI : Trait Sport-Confidence Inventory), 상태 스포츠 자신감 검사지(SSCI : State Sport-Confidence Inventory), 그리고 경쟁지향성 검사지(COI : Competitive Orientation Inventory)를 개발하여 스포츠 자신감 모형의 타당성을 검증하였다. 이 중에서 특성 스포츠 자신감 설문지는 스포츠 경쟁에서 얼마나 자신감을 가지느냐에 대한 13 개의 문항으로서 피험자는 그들이 알고 있는 가장 자신감 있는 선수와 자신의 자신 감과 비교하는 것으로 되어 있다. 예를 들면 "당신은 승리하는데 필요한 기술을 수 행하는 자신의 능력을 당신이 알고 있는 가장 우수한 선수와 비교할 때 어느 정도라 고 생각하는가?"와 같은 질문 내용이다.

스포츠 자신감을 측정하기 위해서는 관련 구성 개념들이 측정될 수 있도록 이들을 조작적으로 정의하는 것이 필요하다. Vealey는 스포츠 자신감에 대한 개념적 차원의 구성 개념들과 이들을 측정하기 위한 조작적 차원의 정의와 그 관계를 그림 8-4와 같 은 모형을 제시하고 있다. 스포츠 자신감 모형은 일반적 스포츠 자신감과 상황에 특유 한 스포츠 자신감의 관계를 설명하는 데 매우 유용하다. 하나의 스포츠 종목에 성공

적인 사람이 여기서 얻어진 자신감을 다른 스포츠 장면에서도 가질 수 있는 지는 매우 중요한 문제이다.

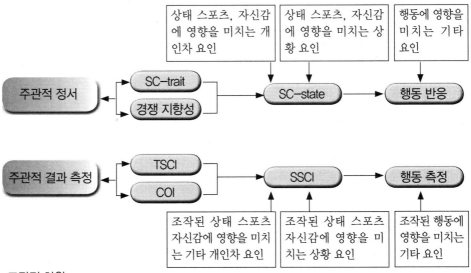

조작적 차원
*SC-trait 특성 스포츠 자신감
 SC-state 상태 스포츠 자신감
 TSCI(Trait Sport-Confidence Inventory) 특성 스포츠 자신감 검사
 SSCI(State Sport-Confidence Inventory) 상태 스포츠 자신감 검사
 COI(Competition Orientation Inventory) 경쟁 지향성 검사

그림 8-4. 유능성 동기이론 모형(Harter, 1978)

4 최고수행을 위한 자신감 향상 전략

　자신감은 인간의 성격 특성으로도 간주될 수 있으나, 구체적으로는 인지적 특성의 경향이 강하다. 인지적 특성이란 사고의 전형적 패턴을 의미하며 이러한 인지적 사고는 환경에 따라 변화할 가능성이 있기 때문에 자신감은 향상시킬 수 있다. 시

합에 대한 적절한 준비가 선수들에 있어 자신감의 중요한 예언 요인이기 때문에 자신감 향상을 위한 많은 노력과 연습 계획이 필요하다. Weinberg와 Gould(1995)는 자신감을 향상시키는 몇 가지 방법들을 다음과 같이 제시하였다.

1) 수행 경험

이전의 성공적인 수행 경험이 자기효능감을 향상시킨다는 것은 앞에서 언급한 바 있다. 성공적인 수행 경험은 자신감을 증대시키며, 미래의 과제도 성공적 행동으로 이끈다. 이전의 성공적인 수행경험은 상대방을 이기고, 상해를 극복하고, 지속적이고 꾸준한 운동을 하는 것을 돕게 된다.

지도자는 반드시 실제 수행 상황과 유사한 환경의 연습 환경을 만들어주어야 한다. 예를 들면, 체력이 급격히 떨어진 후반전에 농구 자유투 성공률이 떨어진다면 과도한 체력훈련을 실시한 후 자유투를 반복해서 연습하게 해야 한다. 반복된 연습으로 체력이 소진된 후에도 자유투 성공률이 높아진다면, 실제 시합 상황에서의 자유투에 자신감을 갖게 될 것이다.

2) 자신 있는 행동

사고와 감정 및 행동은 상호간에 밀접한 관련이 있다. 선수가 자신 있게 행동할수록 더욱 자신감을 갖게 된다. 만약 시합 상황에서 자신감 없는 행동이나 표정을 지으면 상대선수의 자신감을 올려주는 결과만 초래할 뿐이다. 지도자 역시 선수들을 지도할 때 자신 있게 행동함으로써 선수들의 자신감을 향상시킬 수 있다. 자신감 있는 행동은 위기 상황에서의 기분을 전환시킬 수 있다. 자신 있는 말과, 신체적 제스추어 등을 함으로써 표현할 수 있다.

3) 자신 있는 생각

자신감은 목표를 성취할 수 있으며 성취할 수 있을 것이라는 생각으로 이루어진

다. 긍정적인 생각과 태도는 자신감을 향상시켜 준다. 선수들은 부정적인 사고를 버리고 긍정적인 생각으로 바꾸어야 한다. 성공적인 기술 수행을 위한 단서, 기법, 격려, 자기 진술 등이 긍정적인 사고를 위해 사용되어 질 수 있다.

4) 심상

심상을 활용하는 것 역시 자신감 향상에 도움이 된다. 선수 자신이 수행하기 힘들었던 기술이나 수행 장면을 머릿속으로 그려보는 것은 자신감 향상에 긍정적 작용을 한다. 예를 들면, 마라톤 선수가 마지막 1km를 남겨두고 선두를 제치고 나가는 장면, 부상 선수가 자신의 성공적인 경기장면을 마음속으로 상상하는 것은 자신감 향상에 도움이 될 것이다.

5) 신체적 상태

신체적 컨디션의 정도는 자신감에 영향을 미친다. 장기간의 강도 있는 훈련과 좋은 영양 섭취를 통하여 신체적 컨디션을 끌어올리면 자신감이 향상될 수 있다.

6) 준비

시합에 대한 철저한 준비는 성공할 수 있다는 자신감을 준다. 준비과정에서 선수 자신이 무엇을 해야 할 것인지를 알려줄 수 있다. 올림픽 선수들을 대상으로 한 연구(Gould, Eklund, & Jackson, 1992; Orlick, 1986)에서는 그들 대부분이 시합에 대한 전략과 아주 세부적인 계획이 있었다는 것을 밝혀냈다. 예를 들면, 마라톤 선수의 경우, 각 구간마다의 목표 기록과 상대선수의 다양한 전략을 염두에 두고 달려야 한다. 좋은 계획은 자신의 능력뿐만 아니라 상대 선수의 능력도 고려하는 것이다. 결론적으로 시합에 대한 지속적이고 일관성 있는 준비는 선수들에게 자신감을 향상시키고 정신적 여유를 갖게 한다.

참고문헌

최영옥, 이병기, 구봉진(2002). 스포츠 행동의 심리학적 이해. 서울 : 대한미디어

Bandura, A.(1977). Self-efficacy : Toward a unifying theory of behavioral change. *Psychological Review, 84,* 191-215.

Bandura, A.(1986). *Social Foundations of Thought and Actions : A Social Cognitive Therapy.* Englewood Cliffs, NJ : Prentice Hall.

Bandura, A.(1997). *Self-Efficacy. The Exercise of Control.* New York, NY : Freeman.

Feltz, D. L.(1988). Gender differences in the casual elements of self-efficacy on a high avoidance motor task. *Journal of Sport & Exercise Psychology, 10,* 151-166.

Feltz, D. L., & Chase, M. A.(1998). The measurement of self-efficacy and confidence in sport. In J. L. Duda(Eds.), *Advances in Sport and Exercise Psychology Measurement*(pp.65-80). Morgantown, WV : Fitness Information Technology, Inc.

Feltz, D. L., & Riessinger, C. A.(1990). Effects of in vivo emotive imagery and performance of feedback on self-efficacy and muscular endurance. *Journal of Sport & Exercise Psychology, 12,* 132-143.

Feltz, D. L., Landers, D. M., & Reader, U.(1979). Enhancing self-efficacy in high-avoidance motor task : A comparison of modeling techniques. *Journal of Sport Psychology, 1,* 112-122.

Fitzsimmons, P. A., Landers, D. M., Thomas, J. R., & van der Mars, H. (1991). Does self-efficacy predict performance in experienced weight lifters? *Research Quarterly for Exercise and Sport, 62,* 424-431.

George, T. R., Feltz, D. L., & Chase, M. A.(1992). Effects of model similarity on self-efficacy and muscular endurance. *Journal of Sport & Exercise Psychology, 14,* 237-248.

Gould, D., & Weiss, M.(1981). The effects of model similarity and model talk on self-efficacy and muscular endurance. *Journal of Sport Psychology, 3,* 17-29.

Gould, D., Eklund, R. C., & Jackson, S. A.(1992). 1988 U.S. Olympic wrestling excellence : I. Mental preparation, precompetitive cognition, and affect. *The Sport Psychologist, 6,* 358-382.

Gould, D., Weiss, M., & Weinberg, R.(1981). Psychological characteristics of successful and nonsuccessful Big Ten wrestlers. *Journal of Sport Psychology, 3,* 69-81.

Harter, S.(1978). Effectance motivation reconsidered : Toward a developmental model. *Human Development, 21,* 34-64.

Harter, S.(1982). The Perceived Competence Scale for children. *Child Development, 53,* 87-97.

Highlen, P. S., & Bennet, B. B.(1979). Psychological characteristics of successful and unsuccessful elite wrestlers : An exploratory study. *Journal of Sport Psychology, 1,* 123-137.

Kent, T.(1994). The Oxford Dictionary of Sports Science and Medicine. Oxford.

Mahoney, H. W., Gabriel, T. J., & Perkins, T. S.(1987). Psychological skills and exceptional athletic performance. *The Sport Psychologist, 1,* 181-199.

Mahoney, M. J., & Avener, M.(1977) Psychology of the elite athlete : An exploratory study. *Cognitive Therapy and Research, 1,* 135-141.

Orlick, T.(1986). *Psyching for Sport : Mental Training for Athletes.* Champaign, IL : Human Kinetics.

Robert, G. C.(1992). *Motivation in Sport and Exercise.* Champaign, IL : Human Kinetics.

Spink, K. S.(1990). Group cohesion and collective efficacy of volleyball teams. *Journal of Sport & Exercise Psychology, 12,* 301-311.

Vealey, R. S.(1986). Conceptualization of sport-confidence and competitive orientation : Preliminary investigation and instrument development. *Journal of Sport Psychology, 1,* 320-331.

Vealey, R. S.(1988). Sport-confidence and competitive orientation : An addendum on scoring procedure and gender differences. *Journal of Sport Psychology, 10,* 471-478.

Weinberg, R. S., & Gould, D.(1995). *Foundations of Sport and Exercise Psychology.* Champaign, IL : Human Kinetics.

White, R. W.(1959). Motivation reconsidered : The concept of competence. *Psychological Review, 66,* 297-333.

목표설정

　최근 사회적으로 아름다운 몸매와 건강의 중요성이 이슈화 되면서 운동을 시작하는 사람들이 늘고 있다. 각자 건강을 위해, 아름다운 몸매를 위해 목표를 설정하지만 계획했던 목표에 도달하는 사람들이 그리 많지 않을 것이다. 대부분 시작이 반이라 생각한 후 작심삼일에 그칠 가능성이 많다. 이와 같이 첫술에 배부를 수 없듯이 목표에 이르기 위해서는 충분한 준비와 실천이 필요하다.

　스포츠 상황에서도 선수들은 체중 감량, 올림픽에서의 메달, 부상 회복 등의 목표를 달성하기 위해 끊임없이 노력하고 있다.

　본 장에서는 목표의 유형 즉, 결과목표와 수행목표에 관한 개념을 설명하고, 목표설정과 운동수행과의 관계에 관한 선행연구를 고찰하고자 한다. 또한 효과적인 목표설정을 위한 지침과 지도자를 위한 목표설정 방법에 관해 기술하고자 한다.

목표의 정의와 유형

목표란 개인이 달성하고자 하는 내용을 특정한 행동을 통해 달성하려는 대상이라고 할 수 있다. 특히 목표설정에서 '목표(goal)'라는 용어는 구체적인 시간적 제한 내에서 어떤 과제에 대한 구체적인 수행능력의 수준을 의미한다(Locke 등, 1981). 또한 목표는 내용(content)과 강도(intensity)의 속성을 모두 갖고 있다. 예를 들어 타율을 3할대로 올린다거나, 자유투 성공률을 80%에서 85%로 향상시킨다거나, 육상 800m 기록을 3초 단축시킨다는 것은 목표의 내용에 해당하며 이러한 목표를 달성하기 위해 투자하는 노력과 시간의 양은 목표의 강도를 의미한다. 같은 맥락에서 목표는 이루고자 하는 대상이나 기준에 도달하기 위한 내용과 강도가 내재된 행동으로 정의할 수 있으며, 목표설정은 현재의 상태를 기반으로 구체적 시간 계획을 두고 미래의 표적을 선택하고 결정하는 것을 의미한다.

개인은 목표 달성을 위해 설정한 목표의 유형에 따라 시간과 에너지의 쏟는 정도가 달라질 수 있다. 목표의 유형으로는 결과에 상관없이 에어로빅이나 댄스스포츠에 흥미를 가진다거나, 최선을 다하는 것, 페어플레이 하겠다고 하는 주관적 목표(subjective goal)가 있고, 농구 경기에서의 골 수, 리바운드 수, 어시스트 수 늘리기나 파울 수 줄이기와 같은 구체적인 객관적 목표(objective goal)가 있다. 앞에 예를 보면 알 수 있듯이 스포츠 상황에서는 주관적 목표보다는 객관적 목표에 많은 관심을 가져왔으며, 객관적 목표를 달성하기 위해 많은 노력을 하고 있다. 객관적 목표란 정해진 시간 안에 특정의 과제에 대해 구체적인 숙달 기준을 달성하는 것으로 정의할 수 있다. 이러한 객관적 목표는 결과목표(outcome goal)와 수행목표(performance goal)로 구별할 수 있다.

결과목표는 상대팀보다 많은 점수를 얻어야 하고, 마라톤 경기에서 1위를 하는 것과 같은 경쟁적 결과에 초점을 둔다. 따라서 결과목표의 달성 여부는 상대방의 경기능력과도 밀접한 관련이 있다. 자신이 생각하는 최고의 스포츠 수행을 하였지만 경기에는 패한 경우에 결과목표 달성에는 실패했다고 할 수 있다. 이와 반대로, 수행목표는 수행 과정 즉, 자신의 과거 수행과 비교한 규준을 설정하여 성취하는데 초점을 둔다. 예를 들면 마라톤 경기에서 메달 획득에 목표를 두기보다는 자신의 최고 기록을 경신한다는 목표를 설정하는 것이다. 수행목표는 결과목표에 비해서 낮은 수준의 불안을 불러일으켜 수행력 향상에 효과적인 목표설정 방법이다.

한편, 목표는 본인 스스로 객관적 목표를 설정하는 개인적 목표(personal goal)와 할당된 목표(assigned goal)로 분류할 수 있다. 개인적 목표는 선수 자신이 목표를 설정하는 것이고, 할당된 목표는 지도자가 일방적으로 특정한 시합에서의 목표를 설정해주는 것을 의미한다. 일반적으로 개인적 목표보다는 할당된 목표가 수행결과에 긍정적 영향을 미쳤다고 보고되고 있다.

2 목표설정 이론

목표설정이 수행에 미치는 영향은 Locke(1968)의 기계론적 관점과 Garland(1985)와 Burton(1989b)의 인지론적 관점으로 설명될 수 있다. 기계론적 관점은 목표를 정한 수행자가 과제에 대한 주의집중과 노력을 기울여 중간에 포기하지 않고 과제를 해결하기 위해 새로운 전략을 개발하여 수행을 향상시킨다는 것이다. 한편 인지론적 관점에서의 목표는 수행자의 불안, 자신감, 만족감과 같은 심리 상태에 영향을 미치고 이러한 심리적 요인들은 다시 수행에 영향을 미친다는 것이다. 즉, 목표의 난이도에 따라 수행이 영향을 받을 수 있다. 만약에 목표를 너무 높게 설정하면 불안을 일으키고 자신감을 떨어뜨려 저조한 수행을 초래하나, 달성 가능성이 있는 목표는 자신감을 높이고 노력을 끌어내어 수행을 높인다는 것이다.

1) Locke의 목표설정 이론

Locke(1968)는 목표를 설정하고 행동하는 것이 동기에 영향을 미친다고 가정하며 이러한 행동들은 의도적이고, 의식적인 활동이라고 설명하며 의식적 개념을 강조하였다. 즉, 목표는 동기의 기초가 되고 행동의 지표로서 인간 활동을 직접적으로 조절하는 기능을 한다고 가정하고, 목표가 실제행위나 성과를 결정하는 요인으로서 작용하며, 네 가지 방법으로 목표가 수행에 영향을 준다고 하였다.

첫째, 목표는 수행자의 주의집중에 영향을 미친다. 예를 들면 선수 자신이 목표를 설정할 경우 선수들은 목표를 달성하기 위하여 보다 주의를 기울여 과제를 해결한다는 것이다. 둘째, 목표는 수행자에게 노력을 증가시킨다. 목표를 설정한 선수는 평상시 연습이나 시합상황에서도 목표를 달성하기 위하여 더욱 노력하게 된다는 것이다. 셋째, 목표는 수행자의 노력을 지속시켜 중간에 포기하지 않게 동기화 시킨다. 예를 들면 단기, 장기목표를 설정하여 장기목표를 이루기 위해 노력과 주의를 계속적으로 기울인다는 것이다. 넷째, 목표를 달성하기 위하여 수행자는 새로운 과제해결 책략을 개발하여 수행을 향상시킨다는 것이다.

목표설정 이론은 어려운 목표는 쉬운 목표에 비하여, 구체적인 목표는 일반적 목표나 목표가 없을 때보다 과제에 대한 주의와 높은 노력수준을 유도하여 수행을 증가시킨다고 목표설정과 수행간의 관계를 설명하고 있다. 그러나 이 이론은 일정한 목표가 형성되기까지 목표 자체가 발전되는 과정, 목표수용이 일어나는 과정 그리고 목표에 개입하게 되는 과정에 관해서는 이론화되어 있지 않았으며 목표설정 효과를 결정짓는 목표의 상대적 중요성을 제대로 개념화하거나 측정하지 못했다. 이러한 이론상 미비점 때문에 목표의 성질과 목표의 중요성에 따라 수행이나 동기에 미치는 영향을 예언하기 어려워 이론적으로 보완해야 할 요소가 많은 것으로 지적되었다.

2) Garland의 인지매개 이론

Locke의 초기 목표설정 이론은 수행자가 목표를 설정함으로써 수행이 향상된다는 것만 설명할 뿐, 목표가 어떻게 노력의 강도나 지속성과 같은 동기적 결과 혹은 행동에 영향을 미치는지를 설명하지 못하고 있다. 이에 인지론자인 Garland(1985)는 목표가 개인의 인지와 사고과정을 통해 수행에 영향을 미친다고 주장하였다. 인지론적 입장에서 인간의 행동은 어떤 사건을 행위자가 어떻게 생각하느냐 하는 사고방식에 의하여 영향을 받는다는 것을 강조한다.

Garland는 자신의 인지매개 이론(cognitive mediation theory)을 도입하여 새롭게 목표설정을 제안하였다. 그는 과제목표를 '개인이 성취하고자 하는 미래 수행수준에 대한 이미지'라고 정의하고, 목표는 두 가지의 인지적 구성요소에 의해 수행에 영향을 미친다고 하였다.

여기에서 두 가지의 인지적 구성요소는 수행기대(performance expectancy)와 수행유인가(performance valence)이다. 먼저, 수행기대는 내부적인 동기와 관련을 가지며 자신이 고려할 수 있는 수행 범위를 초과하여 다양한 수행 수준에 도달할 수 있는지에 대한 주관적 확률을 의미한다. 이 때 수행 수준 범위에 닿는 것과 관련된 자기효능감이나 자신감이 내재화 되면서 과제목표를 성취하려고 하여 더욱 잘할 수 있다는 것이다. 즉, 개인은 특정과제의 목표로 제시된 한 가지 수준만이 아니라 다양한 수행수준에 도달할 수 있을 것이라는 기대를 가질 수 있다는 것이다. 수행유인가는 자신이 기대하는 만족의 정도에 관한 외부적인 자극으로 수행을 일어나게 하기도 하고 일어나지 않게도 한다. 즉 유인가는 강화와 같은 개념으로 정적 유인가는 수행을 일으키고 부적 유인가는 수행을 피하고자 한다.

Garland는 목표설정이 수행기대에는 긍정적 영향을 주는 반면 수행유인가에는 부정적 영향을 줄 것이라고 예언하고, 동일한 맥락에서 수행기대는 수행에 긍정적 영향을 미치는 반면, 수행유인가는 수행에 부정적 영향을 미치는 것으로 설명하고 있다. 실제로 수행기대와 수행간의 긍정적 관계는 Garland, Weinberg, Bruya와 Jackson(1988)의 연구에서 목표와 수행기대 및 수행 간에 유의한 정적 상관이 보고되었다.

3) Burton의 경쟁적 목표설정 모형 이론

Burton(1992)은 총체적이고 포괄적인 경쟁적 목표설정(competitive goal setting) 모형을 제시하였다. 이 모형은 목표수준과 수행 사이에 긍정적 비례관계를 주장하는 Locke와 Latham(1990)의 목표설정 이론을 기초로 기계론적 목표설정 이론과 목표를 개인이 성취하고자 하는 근원적 동기에 기초를 둔 인지적 특성으로 간주하는 성취목표성향 이론가들의 목표개념을 통합한 것이다.

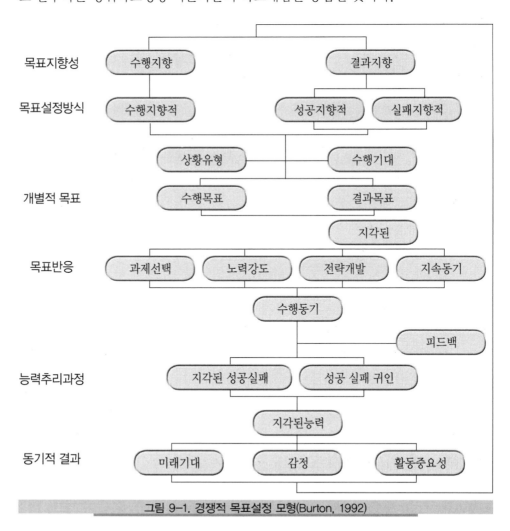

그림 9-1. 경쟁적 목표설정 모형(Burton, 1992)

그림 9-1의 경쟁적 목표설정 모형에 의하면, 목표지향은 지각된 능력수준과 서로 상호작용하여 3가지의 목표설정 유형, 즉 수행 지향적, 성공 지향적, 그리고 실패 지향적 유형을 형성한다. 이렇게 형성된 목표설정 유형은 상황(연습 또는 시합)과 수행기대에 따라서 구체적 목표를 설정한다. 이러한 개별적 목표는 수행자의 지각된 목표와 상호 작용하여 구체적 목표반응 즉, 과제 선택, 노력의 강도, 전략개발 그리고 과제수행 및 동기의 지속을 촉진시킨다. 이렇게 획득된 수행결과에 대해 수행자는 자신의 내외적 비교기준을 통해 성공과 실패를 지각하고, 이러한 결과에 대한 원인을 추론한다. 여기서 형성된 지각된 능력은 수행자의 미래기대를 예상하며, 정서반응에 영향을 미치고, 활동의 중요성을 판단한다. 이러한 동기적 결과변인은 피드백 회로를 통해 계속해서 목표지향, 구체적 목표 및 목표반응에 영향을 미친다.

(1) 수행 지향적 목표설정 유형

수행 지향적 선수들은 학습과 수행 향상을 목표로 한다. 성공했을 경우는 주로 노력에 귀인하며, 실패했을 경우에는 실패로 지각하지 않는다. 왜냐하면, 이들의 학습의 초점은 승리가 아닌 학습과 개인의 향상이기 때문이며, 실패의 원인을 노력의 정도와 새로운 전략개발의 부족에 귀인한다. 수행 지향적 선수들은 유능감 증가를 위해 실수할 가능성이 있는 모험에도 불구하고 도전적인 어려운 과제를 택한다. 이들은 자신들의 목표달성을 위해 최상의 상황에서 최선의 노력을 하며, 실패할 경우에도 좌절하지 않고 문제 해결의 질을 높인다. 또한 어려움에 직면해서도 계속적인 인내와 높은 동기를 지속한다.

(2) 성공 지향적 목표설정 유형

성공 지향적 선수들의 주목표는 높은 지각된 능력을 표명하기 위해 승리하는 것이다. 이들은 어떠한 상황을 자신의 능력의 표명을 위한 기회로 볼 것임에도 불구하고 오직 자신의 능력과 비슷한 상대와 경쟁할 때만 높은 자신감과 적절한 동기화로 최선의 경기를 한 반면, 상대의 수준이 높거나 낮은 경우에는 자신감이 없거나 과신하는 경우가 있는데 이들 경우에는 낮은 동기와 수행이 예상된다. 이들은 성공을 자신의 높은 능력에 귀인하는 반면, 실패는 노력부족이나 정신적 준비의 부족에 귀인한다. 또한 성공할 경우에는 성공적인 사회적 비교를 확인케 하며, 실패할 경우에는 노력 확대와 새로운 전략개발을 위한 신호로 간주한다. 성공 지향적 유형의 선수들은 실수할 위험성이 있는 목표는 회피하며 낮은 능력을 나타내지 않기 위해 이미 숙달된 보통 수준의 난이도를 선호한다.

이들은 일반적으로 수행을 잘 할 것이나 수행 지향적 유형만큼 자신의 수행 잠재력에 접근하지 못한다. 왜냐하면 정적인 사회적 비교의 중요성은 목표설정의 도전 수준을 낮추며, 실패에 직면했을 때 지속적인 노력지출의 정도를 제한하기 때문이다. 성공 지향적 유형은 우월한 능력감으로 사회적 비교를 만족스럽게 하며 승리에 대한 높은 자신감 때문에 미래의 기대를 정적이고 낙관적으로 생각하며 성공으로부터 높은 자신감, 즐거움 그리고 만족을 경험한다.

(3) 실패 지향적 목표설정 유형

실패 지향적 유형의 선수들은 부정적인 사회적 비교로 인해 낮은 능력의 표출을 두려워하기 때문에 경쟁을 회피한다. 이들은 결국 자신감 부족과 불안한 상태로 경쟁에 임하며, 가끔 자신의 능력 이하로 수행을 나타내며, 성공을 운이나 쉬운 상대와 같은 외적이고 비통제적인 요인에 귀인하는 반면, 실패를 능력 부족에 귀인한다. 또한 낮은 능력을 다른 사람에게 감추는데 관심이 있기 때문에 이미 숙달된 쉬운 과제를 선택하여 많은 노력을 함으로써 실패에 대한 변명거리를 만든다.

전체적으로 이러한 경쟁적 목표설정 모형은 지금까지의 이론을 통합하여 합리적으로 체계화한 모델로서 개인의 목표지향의 성향에 따라 연습과 시합시 대응방식이 달라져 개인의 수행에 유의한 영향을 미칠 것으로 예상된다.

3 스포츠 상황에서의 목표설정

목표는 두 개의 주요 속성, 즉 내용과 강도를 지니는데 먼저 목표의 내용이란 추구하는 대상 또는 결과를 말하는 것으로 행복이나 자존심과 같은 심리적 목표를 지닐 수도 있지만 주로 외적인 세계의 것을 지칭하게 된다. 두 번째 차원의 목표의 강도란 목표설정 과정의 범위와 통합, 목표형성에 요구되는 노력, 개인의 중요성과 같은 요인들을 말한다. 따라서 목표의 주요기능은 동기에 영향을 미치는 행동의 방향성을 결정지어주는 것으로 목표가 수행에 정적으로 영향을 미치기 위해서는 수행에 참여한 개인들이 목표를 인식하고 있어야 함은 물론 자신들이 달성해야할 목표를 수용해야한다. 즉 목표를 수용함으로써 목표달성에 필요한 행동을 취하게 된다는 것이다.

이러한 목표설정은 행동의 동기와 방향을 결정하는 중요한 매개체로 인식되고 있으며 일반적으로 일정한 기간 내에 특정한 과제의 숙련도를 높이기 위해 특정한 기준을 정하는 것을 말한다(Locke & Latham, 1990). 또한 목표설정은 선수의 운동수행을 결정하는 요인이며, 많은 과제에서 선수들의 기술, 체력, 태도 등을 증진시킨다. 이는 목표설정이 근본적으로 수행력 향상을 위해 최대한의 노력을 할 수 있도록 동기적 매개체 역할을 하기 때문이다.

지금까지의 목표설정과 관련된 연구는 산업 및 조직 심리학 분야에서 많은 연구가 이루어져 왔다. 운동심리학 분야에서는 1985년 Locke와 Latham이 산업 및 조직심리학 분야의 목표설정 관련 연구를 스포츠에 어떻게 적용할 것인지를 논의한 것이 계기가 되었다. 그러나 운동심리학 분야에서 이루어진 목표설정에 관한 연구는 일관성을 보이지 못하고 있다.

Locke와 Latham(1990)은 목표설정이 자기효능감 및 근지구력 과제에 미치는 영향의 연구에서 개인적 목표수준은 할당된 목표수준에 비해 운동수행에 대한 예측력이 높았으며, 구체적이고 높은 수준의 목표는 막연하고 쉬운 목표보다 운동수행 결과가 좋은 것으로 보고하였다. 예를 들어 미국 NBA 농구팀이나 NHL 아이스하키 팀은 장기간 시즌의 게임에서 선수들이 최고 기량을 발휘할 수 있도록 동기를 유지시키기 위해 목표를 설정하고 그에 맞춰 연습을 실시하고 있다.

최근의 연구는 목표설정에 부과된 결과의 지식(KR)과 피드백의 효과에 관심을 갖고 있다. 왜냐하면 대부분의 학자들이 목표설정에 관한 중요하고 현실적인 문제 중 하나는 결과의 지식이나 피드백의 역할에 있다고 하기 때문이다. Locke(1967)는 피드백과 결과지식이 목표설정 효과를 더욱 높였다고 보고하였으며, Schmidt(1991)는 목표설정과 함께 결과를 피드백 했을 경우 상호간에 상당한 상관관계를 보였다고 보고하였다. 또한 Locke 등(1981)은 결과지식이 없는 목표는 운동수행력을 향상시키기에 충분하지 않으며 효과적인 목표설정을 위해서는 결과지식이 필요함을 주장하였다.

이러한 사실들을 종합하여 보면 목표설정의 효과는 크게 목표 구체성(goal specificity), 목표 난이도(goal difficulty), 목표 근접성(goal proximity)으로 구분하여 설명할 수 있다.

첫째, 목표 구체성에 관한 연구결과를 종합하면, "최선을 다하라"와 같은 막연한 목표나 전혀 목표가 없는 경우보다 구체적인 목표를 설정하는 것이 월등한 수행능력을 발휘한다고 보고되고 있으나, 이들 집단 간 특별한 수행의 차이가 없다는 실험결과도 있다. 둘째, 목표 난이도에 관한 연구결과를 종합하면, 어려우면서 실현가능한 목표를 설정하는 것이 수행 향상에 도움이 된다는 산업 및 조직 심리학에서의 가설은 스포츠 상황에서 100% 지지를 받지는 못하고 있다. 이는 운동발달 분야와도 관련이 있는 것으로, 쉬운 목표를 주는 것은 기술의 초기단계에서 자신감을 강화시켜 수행을 향상시키는 반면, 발달 단계에서는 어려운 목표가 자신의 능력과 관련된 많은 정보를 동원하기 때문에 보다 효과적일 수 있다는 것이다. 셋째, 목표 근접성에 관한 연구결과를 종합하면, 장기목표만을 설정하는 것보다는 단기목표와 장기목표를 병행하는 것이 효과적이라는 사실이 스포츠 상황에서 상당부분 입증되었다. 하지만 단기목표와 장기목표 사이에 별다른 수행 능력 차이가 없다는 연구도 있다.

Locke는 스포츠 분야에서의 목표설정에 관한 연구 결과가 일치하지 못하는 것을 방법론적인 문제점 때문이라고 지적한 바 있다. 즉, 목표를 주지 않거나, "최선을 다하라"

와 같은 막연한 목표를 준 피험자일지라도 내재된 개인의 목표를 설정할 수 있다는 점이다. 또한 처치집단 구성원은 개인적 목표에 비중을 두어 할당된 목표를 잠재적으로 거부하는 경향이 있다는 것이다. 뿐만 아니라 스포츠와 운동에서의 목표설정이 명확하지 못하고 방법론적 문제점에서 통계적인 검증력(statistical power)을 지적하였다. 즉, 작은 표집의 규모가 그 효과를 경감시키는 작용을 한 것이라는 지적을 하였다.

목표설정에 관한 연구의 결과가 일관성이 없다는 점만으로 목표설정의 효과를 간과할 수는 없다. 우리나라의 지도자는 14개 심리기술훈련 중에서 목표설정을 4위로, 선수들은 2위라고 그 중요도를 평가한 바 있다(유진, 장덕선, 1998). 스포츠심리학자들 역시 자신이 개발하는 심리기술훈련 프로그램에서 목표설정훈련을 아주 많이 사용하고 있다. 따라서 이들 여러 가지 점을 고려하면, 목표설정은 수행을 향상시키는 효과적인 방법임을 알 수 있다.

목표설정에 관한 10가지 가설
(Locke와 Latham, 1985)

1. 구체적 목표는 일반적 목표에 비해 행동을 더욱 정확하게 하도록 조절할 것이다.
2. 구체적 목표일 경우, 충분한 능력이 있다고 가정할 때 목표가 높으면 높을수록 수행은 향상될 것이다.
3. 구체적이고 어려운 목표는 "최선을 다하라"와 같은 목표나 목표가 없을 때보다 수행을 향상시킬 것이다.
4. 장기목표만을 사용하는 것보다 장기목표와 단기목표를 병행하는 것이 수행 향상에 효과적일 것이다.
5. 목표는 행동의 방향을 결정하고, 노력을 하게하며, 지속성을 유지시키며, 적절한 과제 해결의 책략을 강구하도록 하는 동기유발 기능에 의해 수행에 긍정적 영향을 미칠 것이다.
6. 목표설정은 목표와 관련된 진보정도를 보여주는 피드백이 부여될 때 가장 효과적일 것이다.
7. 어려운 목표를 설정할 경우, 목표에 대한 개입의 수준이 높으면 높을수록 수행은 증가할 것이다.

8. 개입수준은 목표수행에 대한 지지를 보여주거나, 목표설정에 참여 혹은 선택을 허용함은 물론, 유인이나 보상이 따를 때 영향을 받을 수 있다.

9. 목표의 달성은 특히 과제가 복잡하거나 장기간의 시간을 요할 경우, 적절한 행동 계획이나 책략에 의해 촉진될 것이다.

10. 경쟁은 높은 목표를 설정하게 하거나 목표에로의 개입을 증가시켜 수행을 향상시킬 것이다.

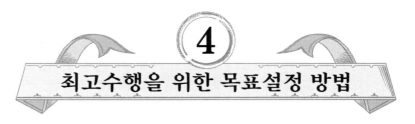

4

최고수행을 위한 목표설정 방법

목표설정을 하게 되면 동기화가 이루어져 수행능력을 촉진시킨다는 것을 확인하였지만, 모든 형태의 목표설정이 운동수행을 향상시키지는 않는다(Weinberg, 1992). Locke과 Latham(1985)은 스포츠 현장에서 활용할 수 있는 가장 효과적인 형태의 목표설정과 관계된 특수한 지침들을 만들었다. 운동선수의 목표설정기법을 폭넓게 연구해온 스포츠 심리학자들은 이 기법을 사용하는데 관심을 가져야할 수많은 사용지침을 유추해 냈다. 그 중 스포츠심리학에서 지지를 받고 있는 가장 중요한 것들을 아래에 요약해 보았다.

1) 구체적 목표를 수량적으로 설정하라.

명료하고, 특수하고, 수량화할 수 있는 목표를 설정해야 한다. 구체적인 목표는 단순히 "최선을 다하라"라는 목표나 "더 잘하라"라는 식의 일반적인 목표 보다 효과적으로 촉진할 수 있다. 그렇기 때문에 가장 중요한 것은 스포츠 상황에서의 목표는 특정한 수량적 행위로 표현되어야 한다는 사실이다. 예를 들어 구체적이고 효과적인 목표는 시즌 내에 2m20cm의 높이뛰기 기록을 뛰어 넘는다던가 최대 벤치 프

레스를 200kg으로 끌어올린다던가 하는 것이다. 선수가 수행능력의 증가를 꾀하고자 한다면 수량화된 특정의 목표를 반드시 설정해야 한다.

2) 어려우면서도 실현가능한 목표를 정하여라.

Locke 등(1981)은 목표난이도와 과제 수행능력 사이에 정적 상관관계가 있다는 사실을 발견하였다. 즉, 목표가 어려울수록 수행능력이 높다는 사실이다. 그러나 이러한 연관성은 단지 목표의 난이도가 너무 높아 선수가 아무리 노력해도 달성가능성이 없는 경우에는 포함되지 않는다. 선수의 능력을 뛰어 넘는 실현가능성이 없는 목표는 실패와 좌절에 이르게 될 뿐이다. 즉, 목표는 선수가 도전할 만큼 어려운 것이 좋지만, 반드시 실현 가능한 것이어야 한다는 것이다(McClements, 1982).

3) 장기적 목표와 함께 단기적 목표를 세워라.

선수들에게 그들의 목표를 적어보라고 하면, 대부분의 선수들은 특정 대회에서 우승하겠다든가 기록을 경신하겠다든가 우수한 팀을 만들겠다는 장기목표를 지향한다. 그러나 많은 스포츠심리학자들은 단기적 목표를 세울 것을 강조한다. 단기적 목표를 통해 선수가 동기유발의 향상을 기대할 수 있기 때문에 중요하다. 더욱이 단기적 목표가 없으면 선수는 종종 장기적 목표를 달성하는데 필요한 기술의 진보를 꾀할 수가 없다. 단기적 목표와 장기적 목표의 관계를 이해하는데 효과적인 방법은 계단을 상상하면 된다. 제일 꼭대기 계단은 선수의 장기적 목표를 표시하며, 가장 낮은 계단은 선수의 현재 능력을 표시한다. 그 중간의 계단들은 난이도가 증가되는 단기적 목표의 진보를 나타낸다. 실제로 수행자는 일련의 단기적 목표들을 달성하면서 한 번에 한 계단씩 이동하여 계단을 오르게 되는 것이다.

4) 수행목표를 설정하라.

현대 사회는 스포츠 경기의 결과에 굉장한 관심을 가지는 경향이 있다. 이 때문에 많은 선수들이 결과목표(예: 승리, 특정상대를 누르기)만 설정하려는 경향이 생겨났다. 그러나 불행히도 결과목표는 비효과적인 것으로 나타났다(Burton 1984, 1989a).

결과목표는 몇 가지 내재적 단점이 있는 것으로 밝혀졌다.(Burton, 1984; Martens, 1987). 첫째, 운동선수들은 자기 자신이 결과목표를 통제할 수 없다. 예를 들면 마라톤 선수가 개인의 최고 기록을 세웠지만, 우승이라는 결과목표를 성취하는데 실패할 수 있다. 그의 우수한 성적에도 불구하고 이 선수는 타 선수의 경기력까지 조절할 수 없다는 것이다. 둘째, 결과목표를 설정할 경우에는 목표의 재수정이 힘들다. 그러나 100m 자유형 기록을 0.5초씩 감소시키는 것과 같은 수행목표를 정한 선수는 이 목표의 성취에 실패하더라도 목표를 0.1초씩으로 재수정하기가 용이하다. 즉, 개인의 수행목표를 강조함으로써 코치는 모든 선수들이 목표를 달성해야 하는 필요성을 제공할 수 있다.

5) 연습 목표를 세워라.

단지 시합과 관련된 목표만을 설정하는 것은 바람직하지 못하다. 이는 시합수행의 목표를 세우는 것이 부적절하다는 것이 아니라 연습목표가 빠졌다는 것을 의미한다. 전형적인 연습목표는 정시에 연습을 시작하여, 연습 동안 팀 동료들과 함께 파이팅을 외치고, 모든 훈련을 함께 하며 다양한 수행 기준들을 성취하는 것을 포함하고 있다. 이러한 것들은 선수들이 가장 빈번하게 사용하는 목표가 아니라 시합에 대비한 연습에 주안점을 둔다. 더욱이 대부분의 선수들은 게임이나 시합을 위해서는 동기유발도 중요하지만 연습시의 목표설정을 통한 동기 부여는 훈련시간을 효율적으로 활용하여 경기력을 높일 수 있을 것이다.

6) 부정적 목표가 아닌 긍정적 목표를 설정하라.

목표는 긍정적인 면(예: 첫 서브의 성공률을 높이겠다)과 부정적인 면(예: 더블

폴트의 빈도를 낮추겠다)의 목표를 동시에 설정할 필요가 있기도 하지만, 가능하면 목표는 긍정적으로 기술하는 것이 낫다고 보고하고 있다. 그것은 원하지 않는 행동을 목표로 설정하기 보다는 실제로 스포츠 수행 현장에서 일어나기를 바라는 장면에 대하여 목표를 설정하는 것이다.

컨트롤이 나쁜 야구 투수의 경우에도 포볼수를 줄이겠다는 목표보다는 스트라이크 빈도를 높인다든지, 초구는 반드시 스트라이크로 잡겠다든지 하는 목표를 설정하는 것이 바람직하다. 이러한 긍정적인 목표설정 절차는 선수로 하여금 실패에 대한 두려움 보다는 성공적 수행에 집중하게 해 준다.

7) 성취 목표 전략을 개발하라.

선수는 목표를 세우고 개발하는 것과 효과적인 전략을 시행하는 것 사이의 차이점을 이해할 수 있다. 효과적인 목표설정 프로그램에 가장 중요한 요소는 목표를 성취하는 방법이다. 예를 들면 농구선수가 야투의 성공률을 5%만큼 증가시키기 위해 매 연습 후 별도로 25개의 자유투 연습을 시행하는 성취 목표 전략을 세울 수 있다. 비슷한 예로, 레슬링 선수가 시즌시작 전에 10파운드의 감량이 필요하여 오후 간식을 하지 않고 하루에 2마일씩 더 달리는 성취전략을 세울 수 있는 것이다.

8) 설정한 목표를 기록하라.

선수들이 목표를 세운 직후에는 목표에 주의를 집중할 수 있다. 그러나 긴 시즌이 지나고 나면 목표는 언젠가 잊어버리게 마련이다. 때문에 선수가 그의 목표를 서면으로 남겨 기록하고 볼 수 있는 위치(예 : 숙소 벽, 선수의 사물함 등)에 놓는 것은 목표 달성을 위해 효과적인 방법이다.

Harris와 Harris(1984)는 선수들이 목표와 성취 목표 전략, 목표의 매일 혹은 주 단위의 진척 정도를 기록하는 노트를 지닐 것을 권장하고 있다. 또한 Botterill(1983)은 코치가 각 선수에게 개인의 목표와 목표성취전략을 수시로 각인시켜 줄 것을 제안하고 있다. 그런 후, 각자가 사인하고, 코치는 서류에 철하여 보관한다. 나중에 코치는 선수 개인의 목표를 상기시키는 데 이 자료를 사용할 수 있다.

9) 목표를 평가하라.

Locke 등(1981)에 의하면 목표에 대한 평가 피드백은 수행능력을 향상시키는데 대단히 필요하다고 결론짓고 있다. 즉 선수들은 현재의 수행능력이 단기 및 장기목표와 비교할 때 어떤 수준에 도달했는지를 피드백 해보아야만 한다. 많은 경기에서 타율, 방어율, 어시스트 수와 같은 수행능력 측정의 잣대가 쉽게 이용된다. 그러나 어떤 목표는 코치가 평가 피드백을 대비하여 특별한 노력을 해야 할 필요가 있다. 위에서 언급한 통계적 수치로 평가할 수 없는 경우에는 관련 전문가와 평가회의를 통해 설정한 목표와 현재의 수행 수준을 비교 평가하는 기회가 있어야 한다.

참 고 문 헌

유진, 장덕선(1998). Sport psychology and psychological skills Perceived by coaches and athletes in Korea. An exploratory study. 서울 국제 스포츠 과학 학술대회 발표 논문.

최영옥, 이병기, 구봉진(2002). 스포츠 행동의 심리학적 이해. 서울 : 대한미디어.

Botterill, C.(1983). Goal setting for athletes with examples from hockey. In G. L. Martin & D. Hrtcaiko(Eds.), *Behavior Modification and Coaching : Principles, Procedures, and Research. Springfield.* IL : Charles C. Thomas.

Burton, D.(1984). Evaluation of goal setting training on selected cognitions and performance of collegiate swimmers. Unpublished doctoral dissertation, University of Illinois, Urbana.

Burton, D.(1989a). The impact of goal specificity and task complexity on basketball skill development. *The Sport Psychologist, 3,* 34-47.

Burton, D.(1989b). Winning isn't everything : Examining the impact of performance goals on collegiate swimmers' cognitions and performance. *The Sport Psychologist, 3,* 105-132.

Burton, D.(1992). The jekyll/hyde nature of goal : Reconceptualizing goal setting in sport. In T. S. Horn(Eds.), *Advances in Sport Psychology*(pp. 267-294). Champaign, IL : Human Kinetics.

Garland, H.(1985). A cognitive mediation theory of task goals and human performance. *Motivation and Emotion, 9,* 345-367.

Garland, H., Weinberg, R. S., Bruya, L. D., & Jackson, A.(1988). Self-efficacy and endurance performance : A longitudinal field test of cognitive mediation theory. *Applied Psychology : An international Review, 34,* 381-394.

Harris, D. V., & Harris, B. L.(1984). *The Athlete's Guide to Sports Psychology : Mental Skills for Physical People.* New York, NY : Leisure Press.

Locke, E. A.(1967). Motivational effects of knowledge of results : Knowledge or goal setting? *Journal of Applied Psychology, 51,* 324-329.

Locke, E. A.(1968). Toward a theory of task motivation and incentives. *Organization Behavior and Human Performance, 3,* 157-189.

Locke, E. A., & Latham, G. P.(1985). The application of goal setting to sports. *Journal of Sport Psychology, 7,* 205-222.

Locke, E. A., & Latham, G. P.(1990). *A Theory of Goal Setting and Task Performance.* Englewood Cliffs, NJ : Prentice-Hall.

Locke, E. A., Shaw, K. N., Saari, L. M., & Latham, G. P.(1981). Goal setting and task performance. *Psychology Bulletin, 90,* 125-152.

Martens, R.(1987). *Coaches Guide to Sport Psychology.* Champaign, IL : Human Kinetics.

McClements, J.(1982). Goal setting and planning for mental preparations : In Research and practice. Proceedings of the annual conference of the Canadian Society for Psychomotor Learning and Sport Psychology. Edmonton, Alberta, Canada : University of Alberta.

Schmidt, S. R.(1991). Can we have a distinctive theory of memory? *Memory & Cognition, 19,* 523-542.

Weinberg, R. S.(1992). Goal setting and motor performance : A review and critique. In G.C. Roberts(Eds.), *Motivation in Sport and Exercise*(pp. 177-197). Champaign, IL : Human Kinetics.

제 **10** 장

사회적 촉진

스포츠경기에서 많은 관중이 있으면 선수들은 몸을 아끼지 않는다. 관중을 의식하면 힘이 나는 경우가 많다. 일반적으로 타인이 존재하게 되면 개인의 수행량이 늘어나는데, 이러한 것을 사회적 촉진(social facilitation)이라고 한다.

본 장에서는 사회적 촉진의 개념과 이론, 사회적 촉진에 영향을 미치는 변인들을 알아보고, 스포츠 현장에서의 사회적 촉진 사례들을 소개한다.

1
사회적 촉진의 개념

우리는 평소 연습상황에서는 뛰어난 기능을 발휘하는 선수가 경기 중에는 자신의 기량을 최대로 구사하지 못하는 경우를 종종 목격한다. 이와 같은 상황이 벌어지는 이유로는 다양한 원인들이 존재 하는데 관중으로 인해 선수의 경기력이 좌우되기도 한다. 현대사회의 모든 스포츠경기는 관중의 존재 하에 이루어지며, 타인들과 상호작용하는 일종의 사회적 상황으로 설명된다. 선수는 경기 중 관중의 사회심리적인 영향에 직면하게 되고 경기 결과에 직간접적으로 영향을 받는다. 심지어 혼자 달리는 크로스컨트리 선수들도 친구, 가족, 동료 등 보이지 않는 관중들이 자신의 행동을 주목하고 있다는 것을 의식하면서 경기를 수행한다.

이처럼 타인의 존재가 과제수행에 미치는 효과를 관중 효과(audience effect), 또는 사회적 촉진(social facilitation)이라고 한다. 즉, 과제 수행결과에 영향을 미치는 외적 요인 중의 하나인 관중의 존재가 수행결과에 정적 혹은 부적인 영향을 미치는 힘을 사회적 촉진효과라고 한다(Carron, 1980; Zajonc, 1965).

어떤 사람이 과제를 수행하는데 있어 주위에 있는 타인의 존재를 임석(presence)이라고 하는데, 일반적으로 인간은 혼자 있을 때 보다 타인과 함께 있을 때 과제 수행을 더 잘하는 경향이 있다. 또한 임석에 대한 효과는 인간에게만 한정되지 않고 동물실험에서도 나타나고 있다(Chen, 1937; Larsson, 1935). 본 장에서는 임석 즉, 타인의 존재가 스포츠 상황에서 어떠한 영향을 미치는지 알아보도록 한다.

1) 관중의 개념

관중이란 '구경하는 무리'를 말하고, 스포츠 관중이란 '선수들의 스포츠 수행과정을 지켜보는 무리'를 말한다. 관중은 존재적 특성에 따라 선수들에게 전혀 물리적 영향을 미치지 않고 단순한 임석에 그치는 수동적 관중(mere presence of passive others)과 물리적 영향을 주는 상호작용적 관중(presence of interactive others)으로 구분된다.

수동적 관중은 다시 순수하게 방관하듯 존재하는 관중집단(audience group)과 선수와 상호작용을 전혀하지 않고 독립적으로 같은 활동을 하는 공행적 관중(coactive audience)으로 구분된다. 서로 아무런 상호작용 없이 같은 시간, 같은 장소의 헬스클럽에서 트레드밀 위를 달리는 사람들은 서로 공행적(coactive)인 관중이 된다. 상호작용적 관중은 다시 경쟁적으로 공행하는 관중(competitively coactive audience)과 사회적 강화를 주는 관중(social reinforcement audience)으로 구분된다(Carron, 1980).

경쟁적 공행관중이란 양궁이나 사격, 골프에서와 같이 선수들이 자신의 경기를 진행하면서 동시에 상대 선수의 경기장면을 지켜보는 관중의 역할도 되는 것을 의미한다. 즉, 각자가 선수로서 경기를 하면서 동시에 서로에게 관중이 되는 경우를 의미한다. 사회적 강화관중이란 우리가 흔히 상상할 수 있는 관중이며, 격려, 야유 등을 하거나 감독이나 코치와 같이 경기에 관한 주문과 작전지시 등을 하는 관전 집단을 의미한다(고흥환, 김기웅, 장국진, 1994).

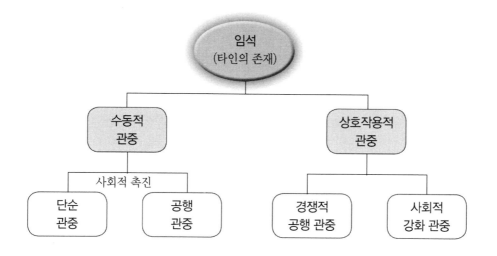

그림 10-1. 관중의 유형

스포츠심리학 영역에서 관심의 대상이 되는 것은 경쟁적 공행관중이나 사회적 강화관중의 효과가 아니라 수동적관중의 단순관중과 공행관중이 갖는 효과이다. 그 이유는 선수와의 상호작용이 없는 단순한 존재로서의 관중이 선수가 펼치는 경기에 어떤 정도이건 영향을 미친다고 한다면 그 나머지 경쟁적 공행관중이나 사회적 강화관중의 경우에는 말할 필요도 없이 그 효과가 인정되기 때문이다. 따라서 수동적 관중(단순관중, 공행관중)으로 발생하는 관중효과(audience effect)를 사회적 촉진(social facilitation)이라 한다.

2) 관중의 특징

스포츠 관중의 형태로는 가족이나 중요한 타인, 직접 참석하고 있는 관중이나 참석하지 않는 관중, 가까이 있는 관중이나 멀리 있는 관중 등이 있다. 선수들은 이러한 관중들에 의하여 스포츠 수행에 다양한 영향을 받는다. 운동선수들이 관중 앞에서 스포츠 수행을 할 때 그 수행이 향상되거나 저하되는 현상은 관중 존재의 크기(size), 관중의 연령, 관중의 사회적 지위(social status), 관중과 수행자와의 물리적 거리, 수행자의 과제에 대한 관중의 숙련도(mastery level) 등을 들 수 있다(박정근, 1996).

사회적 친근감과 심리적 친근감은 관중으로부터 수행자가 느끼는 평가 우려 수준을 결정한다고 볼 수 있다. 평가 우려 수준에 따라 스포츠 수행의 결과는 긍정적 혹은 부정적인 영향을 받게 된다(Cottrell, 1972). 예를 들면, 수행자와 사회적 친근감을 깊이 느끼는 중요 타인(동료 집단, 친구, 애인, 부모, 가족 등)의 경우에는 관중에 대해 낮은 평가 우려를 가지며, 그렇지 못한 관중들에게는 높은 평가 우려를 갖게 된다. 관중의 존재에 따라 수행자의 평가 우려가 달라져서 스포츠 수행에 각기 다른 영향을 미치게 된다. 그 이유는 물리적이고 외부적인 관중의 특징이 동일할 때 운동 수행자가 관중으로부터 느끼는 평가 우려 수준이 사회적 친근감에 의하여 결정되기 때문이다.

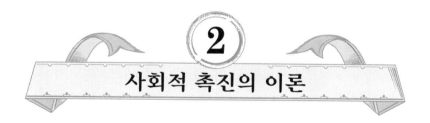

2 사회적 촉진의 이론

1) Triplett의 이론

사회적 촉진 효과를 최초로 운동 상황에 적용시킨 것은 1897년 Triplett의 연구였다. 그는 자전거를 혼자 타는 경우, 비경쟁적 공행자(coactor)가 있는 경우, 그리고 경쟁적 공행자와 함께 타는 경우 세 가지 조건으로 분류해서 연구를 진행하였다. 그 결과 비경쟁적 공행자와 경쟁적 공행자가 있는 경우가 혼자 있는 경

그림 10-2. Norman Triplett(1861-1931)

우보다 마일 당 약 35초 정도 빠르다는 것을 발견하였다. 관중이 존재할 때와 공동 수행자가 있을 경우에는 비슷한 결과가 나왔지만 혼자 달리는 경우보다는 월등하게 우수한 결과가 나타났다. 그는 관중의 존재가 경기자에게 자극을 유발하고 경쟁 충동을 각성시켜 수행성과를 증대시켰다고 주장하고 이를 역생효과(dynamogenic effect)라 하였다(Triplett, 1898). 또한 미국의 Wheelmen 리그(League of American Wheelmen)의 연구에서도 공행적 상황에서 더 수행을 잘한다는 결과가 나타났고, 낚시하는 어린이를 대상으로 한 실험 역시 공행적 상황에서 수행을 더 잘한다는 결과가 나타났다.

2) Allport의 이론

Allport(1924)는 공행자의 존재가 운동수행을 증가시킨다는 결과를 언급하면서 '사회적 촉진'이라는 용어를 처음으로 사용하였고, 사회적 촉진을 공행자의 소리나

시선으로 인해 단순히 반응이 증가하는 현상이라고 정의하였다. 그는 공행자 없이 동일 과제를 수행할 때와, 공행자와 수행자 사이에 칸을 막아서 공행자의 운동수행 결과를 전혀 알 수 없게 하고 자신의 전, 후 기록만을 비교할 수 있도록 통제시킨 상황으로 구분하였다. 그 후 두 가지 상황에서 운동 수행결과를 비교하였다. 그 결과 문제 해결과제, 판단력, 검사과제, 운동 수행 과제의 경우에는 공행자가 있는 상황이 수행의 증가를 가져왔으며, 두 사람 이상이 존재할 때는 다른 사람과의 경쟁의식으로 인해서 수행의 증가를 가져 온다고 주장하였다.

3) Zajonc의 이론

Zajonc(1965)은 선행 연구결과들의 상반된 내용들을 지적하고 일반화의 필요성을 제기하며 사회적 촉진 현상의 최초 설명이론으로써 단순존재 가설을 제안하였다. 그는 관중의 단순한 임석이 경기자의 욕구수준을 증가시키고, 욕구수준에 따라 기술수준(학습정도)이 높은 경우에는 수행결과에 정적 영향을 주며, 기술수준이 낮을 경우에는 수행결과에 부적 영향을 준다고 설명하였다. 단순존재 가설은 상당수 사회심리 연구자로부터 지지를 받았으며 특히, 운동장면에서도 경험적 지지를 확보하고 있다(Martens, 1969; Martens & Landers, 1972).

Martens(1969)는 남자 대학생의 동시 타이밍 과제 수행과 학습에서 단순존재 가설의 예언을 경험적으로 입증하고자 하였다. 실험결과, 수행과 학습단계 모두에서 관중조건의 수행력이 높게 나타났으며, 수행단계에서는 단독조건이 관중조건보다 수행력이 높고, 학습단계에서는 관중조건의 수행력이 높게 나타나 Zajonc(1965)의 예언과 일치하였다. 또한, Burwitz과 Newell(1972), Martens와 Landers(1972) 등의 후속연구에서도 공행자의 존재가 단순과제의 수행력을 향상시키고 복잡과제의 수행을 제지하는 것으로 나타났다.

최초로 단순존재 가설을 발표한 이후, Zajonc은 타인의 돌발적 행위에 대한 경계와 준비성의 개념을 도입하여 원가설을 보완하였다(Zajonc, 1980). 타인의 존재는 예측불가능하고 의미 있는 사건들이 일어날 가능성을 발생시킨다. 수행자는 타인의 이러한 돌발적 행위에 대해 경계와 준비성을 자동적으로 증가시켜 반응하며, 사회적 촉진은 타인의 돌발적 행위에 대한 고조된 경계심의 산물로 자동적으로 일어난다는 것을 말해주고 있다.

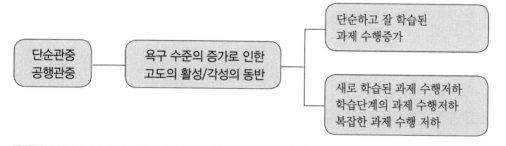

그림 10-3. Zajonc의 사회적 촉진 모형

4) Cottrell의 이론

Cottrell(1972)은 단순한 타인의 존재만으로는 수행을 촉진하는 충분조건이 되지 못하며, 타인이 자신의 수행을 관찰하고 평가한다는 것에 대해서 개인이 갖는 우려가 각성의 직접적인 선행요인이라는 평가우려 가설(evaluation apprehension hypothesis)을 제안하였다.

Cottrell에 의하면, 평가우려는 여러 평가 상황에 노출된 경험을 통해서 획득한 학습된 추동으로 이러한 경험을 거쳐서 수행자는 사회장면들에서 이루어진 자신의 수행에 뒤따르는 정적 또는 부적 성과에 대한 일반화된 예기를 발달시킨다. 정적 성과에 대한 예기는 강한 추동의 성질을 지니는 유인이 되는 반면, 부적 성과들에 대한 예기는 공포, 불안, 좌절 등을 초래한다. 타인들의 존재에 의해 유발된 이와 같은 기대는 수행자의 추동수준을 증가시킨다.

평가우려 가설의 예언을 검증하기 위하여 Cottrell(1968)은 피험자들이 단독수행조건, 눈을 가린 두 명의 관중이 존재하는 조건, 주의 깊게 관찰하는 두 명의 관중이 존재하는 조건에서 과제를 수행하도록 하였다. 연구결과, 피험자는 단독수행조건과 눈을 가린 관중을 평가자로 지각하지 않는다는 결과가 도출되었으며, 타인의 단순존재가 과제수행에 영향을 미치는 것이 아니라 관중의 존재로 인하여 유발되는 평가우려가 수행을 촉진 또는 제지한다고 하였다.

Henchy와 Glass(1968)는 동일한 과제를 사용하여 숙련된 관중조건과 비숙련자가 지켜보는 관중 조건하에서 실험을 실시하여 Cottrell(1968)의 연구와 유사한 결과를 보고하였다. 아울러 관중의 부재 시에도 평가위협은 관중조건과 동일하게 촉진효과를 가져다주었는데, 이는 타인의 단순한 존재만으로는 수행을 촉진시키는 충분한 이유가 되지 못한다는 사실을 심층적으로 입증하고 있다(류정무, 이강헌, 1990).

평가우려 가설을 입증하고자 시도한 연구결과들은 관중의 특성이 수행자의 평가우려 수준에 영향을 미쳐서 수행자의 추동수준을 결정하고, 그 추동수준에 따라서 촉진효과가 상의하다는 Cottrell의 가정을 지지하고 있다. 즉, 수행자가 평가 잠재력이 낮다고 지각한 관중의 존재는 추동수준을 상승시키지 않으며, 관중이 소유한 평가 잠재력에 대한 수행자의 판단은 사회화 경험에서 도출되는데 이 경험은 수행자가 느끼는 평가우려 수준을 조절하는 중개변인으로 작용한다.

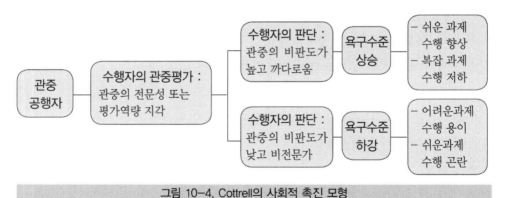

그림 10-4. Cottrell의 사회적 촉진 모형

5) Sanders의 이론

Sanders와 Baron은 사회적 촉진현상을 설명하기 위한 방안으로 주의분산/갈등가설(distraction/conflict hypothesis)을 제안하였다(Sanders, 1981; Sanders

& Baron, 1975). 이들에 따르면, 과제수행 중 타인의 존재는 수행자의 주의를 분산시키며, 이러한 주의분산은 한편으로는 주어진 과제에 대한 주의집중을 방해하지만, 다른 한편으로는 주의분산이 유기체로 하여금 더 많은 노력으로 이를 극복할 수 있도록 수행자의 추동수준을 증가시킨다는 것이다.

단순과제 수행 시 이러한 간섭효과는 추동증가에 의해 생기는 향상에 비해 대수롭지 않은 것으로서 결과적으로 수행이 촉진된다. 그러나 복잡한 과제를 수행할 때에는 추동의 증가가 주의분산의 효과를 상쇄시키기에 충분하지 못하기 때문에 수행이 저하된다.

6) 연구결과 종합

사회적 촉진에 관련되는 모든 이론의 연구결과들을 종합해보면 다음과 같다. 사회적 촉진은 단순하고 잘 학습된 과제나 기능 학습의 후기 단계에서의 수행을 향상시키지만, 복잡하거나 새로 습득된 과제나 기능 학습의 초기 단계에서의 수행은 저하시킨다. 그리고 사회적 촉진의 효과는 수행자가 관중이나 공행자의 평가 잠재력에 대한 우려를 인식할 때 가장 잘 나타나며 선수가 관중의 전문성 수준을 인식하는 정도는 사회적 촉진 효과에 영향을 미친다.

표 10-1. 관중이 운동수행에 미치는 영향

숙달의 정도	초기	중간	고도
운동 수행	해롭다	약간 해롭다. 또는 이점이 있다.	이롭다. 또는 확실한 영향이 없다.

3
사회적 촉진에 영향을 미치는 변인

평가적 타인의 존재가 특정한 개인에게 어떠한 영향을 미치는지를 정확하게 이해하기 위해서는 다양한 변인들을 고려해야 하는데, 이러한 변인들을 개인적 변수, 상황적 변수, 과제 변수로 크게 범주화시킬 수 있다.

1) 개인 변인

이 범주에서 가장 큰 관심을 받는 변수는 불안의 성격적 특성이다. Cox(1968)에 의하면 불안수준이 낮은 어린이들은 관중 앞에서 수행이 증가하는 반면, 불안 수준이 높은 어린이들은 수행이 감소하였다고 보고하고 있다. 그는 불안수준이 높은 어린이는 타인의 존재를 평가적 상황으로 해석하기 때문에 불안이 야기되어 수행이 방해 받고, 불안수준이 낮은 어린이는 관중을 보다 효과적인 수행을 할 수 있는 유인으로 생각하기 때문에 수행이 향상되는 것으로 해석하였다.

Ganzer(1968)도 유사한 결과를 보고하였는데, 불안수준이 낮은 여성들은 관중의 존재에 의해 아무런 영향을 받지 않는데 비하여 불안이 높거나 중간 정도의 여성들은 관중의 존재로 인해 해로운 영향을 받았다고 하였다. 그러나 Martens는 개인의 불안수준은 운동과제에서 관중의 효과를 매개한다는 뚜렷한 증거가 없다고 주장하였다. 아마 이러한 차이는 상이한 불안척도, 상이한 피험자 집단, 상이한 과제로 인하여 발생하였을 가능성이 있다.

개인적 변인으로서 고려할 수 있는 두 번째 요인은 개인의 능력수준이다. Gates(1924)는 숙련된 수행자는 관중에 의하여 수행이 저하되었으나, 미숙한 수행자는 관중에 의하여 도움을 받았다고 발표하였으며, 이것은 Zajonc의 가설과 상반되는 결과이다. Singer(1965)는 평형잡기 과제에서 일반 학생들은 선수들에 비해 관중이 존재하는 상황에서 수행향상을 보였다고 했는데, 그 이유를 다음과 같이 들고 있다. 선수들은 자신이 그러한 기능에서 뛰어난 실력을 발휘하겠다는 기대를 크게 갖게 되는데 이것이 평가적 타인의 존재로 인하여 각성수준을 높게 촉발하고 수행을 저하시켰을 것으로 해석하였다. 그러나 이 문제는 앞으로 더 연구해야 할 과제이다(김상두, 2001).

각성은 사회적 촉진의 효과를 설명하는데 가장 중요한 변인이다. 사회적 촉진 가설에 따르면 관중의 존재로부터 증가된 각성수준이 수행을 촉진시킨다고 예측할 수 있으나 각성주순이 지나치게 높으면 지각이나 운동과정이 방해를 받을 수 있다. 따라서 적정한 각성 수준은 잘 학습된 과제의 수행을 촉진시키나 계속적인 강성의 증가는 수행을 감소시킨다. 이러한 과제는 역−U자 가설(inverted U hypothesis)로 잘 알려져 있다. 각성과 수행간의 관계는 지배적인 반응이 정확한지 부정확한지에 따라 상이한 영향을 받으며 개인의 성격, 상황적 요인, 과제 및 각성을 유발하는 조건 등의 영향을 받는다.

2) 과제 변인

앞에서 언급한 바와 같이 관중의 존재는 간단한 과제의 수행을 촉진하고, 복잡하거나 학습이 잘 되지 않는 과제의 수행은 방해한다. 관중과 공행자가 유발하는 각성과 수행의 관계에서 고려해야 할 또 하나의 문제는 섬세한 기술을 필요로 하는 수근운동기능과 대근활동을 필요로 하는 운동기능은 적정 각성 수준이 다르다는 것이다(Oxendine, 1970). 이 가설에 따르면 역도나 유도는 높은 각성 수준이 요구되고, 체조, 양궁, 사격 등은 낮은 각성 상태에서 운동을 수행하는 것이 효과적이다.

3) 상황적 변인

상황적 변인으로는 우선 관중이나 공행자의 특성과 수행자의 특성을 들 수 있다. 예를 들면 협조적인 관중은 비협조적인 관중보다 수행자에게 더 큰 영향을 미치는가, 관중이나 공행자가 수행자와 잘 아는 사람인 경우 어떠한 영향을 미칠 것인가 등을 의미한다.

다른 상황적 변인으로는 관중들의 연령과 성적인 차이를 들 수 있다. 그리고 관중이나 공행자의 크기에 대한 영향과 관중효과에 대한 수행자의 사전 경험여부도 주목하여야 한다.

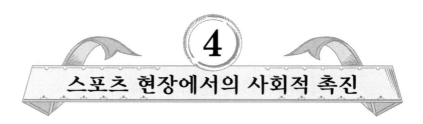

1) 홈경기의 이점과 관중효과

경기장면에서 선수와 관중이 상호작용하는 경우 사회적 촉진효과는 커진다. 즉, 관중들의 고함소리, 몸짓, 분위기, 감정의 교환 등은 선수들에게 그대로 전달되어 팀의 경기력에 영향을 미친다.

이러한 영향은 홈코트의 이점이 대표적인 것이며 그 외에도 방문 팀의 불리함, 성별 차이, 공동작업자 사이의 경쟁 등을 고려해 볼 수 있다. 농구나 야구, 하키와 같은 단체종목에서 홈코트의 이점이 있다는 사실은 누구나 인정하고 있다. 그러나 이 홈코트의 이점이 왜 일어나는지에 대한 명확한 해석은 없다. 대체로 방문 팀은 장시간 여행으로 인한 피로의 축적, 시차 적응의 실패, 수면부족, 낯선 환경에 부적응, 식사습관의 변화 등으로 인하여 최상의 컨디션을 발휘 하지 못하는 경우가 종종 있다. 이러한 이유로 홈팀은 유리한 상황에서 경기를 치르게 되어 성적이 좋아지게 된다. 또한 홈팀은 관중의 대부분이 자기 팀을 응원하는 상황에서 경기를 하기 때문에 방문 팀보다 승리할 확률이 높다(이강헌 등, 2006).

최근 연구자들은 이러한 스포츠 현장에서 운동수행과 경기지역 등의 요인, 특히 홈경기와 관중효과와의 관계가 명확하게 이해되지 않고 있음에 주목하며, 이에 관한 명확한 연구의 필요성을 강조하고 있다(McGuire, et al., 1992). 이러한 시도의 일환으로 Courneya와 Carron(1992)은 영토주의(territoriality) 이론에 기초를 두어 홈경기 이점의 근본 메커니즘을 설명하면서 경기지역과 관련한 다양한 심리적, 행동적 상태(states)를 도식화 한 경기지역 연구 틀을 제시하였다.

또한 Schlenker 등(1995)은 경기지역에 위치한 홈팀의 이점 원인에 대한 연구들을 종합 고찰하여 홈팀의 수행에 긍정적인 영향을 주는 요인들을 다음과 같이 제시하였다.

- 일상생활 조절능력(regime regularity) : 홈팀 선수는 원정팀 선수와는 달리 여행의 피로감과 익숙하지 않은 숙박 장소로 인한 불편한 수면을 경험하지 않으며, 규칙적인 가정생활로 주변의 친구, 가족, 팬들로부터 사회적 지원을 쉽게 구할 수 있다. 그리하여 홈팀 선수들은 신체적, 심리적, 영양적 컨디션을 이상적으로 유지하여 시합에 대비할 수 있다(Wright & House, 1989).

- 관중의 지원 : 홈팀 선수는 지지적인 팬들 앞에서 경기에 임하지만 원정팀의 선수들은 팬의 지지도 없이 오히려 적대적인 상대팀의 팬들 앞에서 경기를 해야 한다. 연구결과에 의하면 홈팀 관중이 홈팀과 원정팀 선수들을 서로 다르게 격려하고 주의를 분산시켜 주기 때문에 홈팀 선수들은 승리를 위하여 더욱 헌신하며 기능적, 촉진적 공격성이 증가하는 것으로 나타났다(Cox, 1985; Varca, 1980).

- 친숙한 경기장 : 홈팀 선수들은 친숙한 경기장에서 경기하기 때문에 원정팀보다 경기장의 물리적 조건에서 혜택을 볼 수 있다. 홈팀 선수의 수행에 유리하게 하기 위해 느린 내야수를 가진 야구팀이 타구된 볼의 속도를 감소시키기 위해 잔디를 크게 자라도록 경기장을 조건화시키는 것과 같이 홈팀 선수의 수행에 대응한 경기시설이 홈팀을 유리하게 한다. 그리고 전략적으로도 홈 경기장의 경험이 많기 때문에 유리할 수 있다.

- 심판의 편파 판정 : 홈팀 관중들의 고함소리에 심판은 무의식적으로 홈팀에게 유리한 판정을 내리기도 하는데(Wright & House, 1989), 이러한 심판의 편파판정은 경기흐름이나 결과에 직접적인 영향을 줄 수도 있다.

표 10-2에 제시된 바와 같이 Courneya와 Carron(1992)은 홈경기 이점을 다섯 가지 주요 구성성분으로 기술하였다. 즉 경기지역은 경기지역의 네 요소인 관중(사

표 10-2. 경기지역 연구의 틀(Courneya & Carron, 1992)

경기지역	경기지역 요인들	주요심리상태	주요행동상태	운동수행 소산
홈	관중	선수	선수	1차 소산
원정	학습	코치	코치	2차 소산
	여행	심판	심판	3차 소산
	경기규정			

회적 지원), 학습(친숙함), 여행(피로) 및 경기규정에 영향을 주고 이들 요소는 선수, 코치, 심판의 다양한 심리적, 행동적 상태에 영향을 미쳐서 궁극적으로 운동수행에 영향을 준다.

　이와 같이 스포츠에서 사회촉진에 많은 영향을 주는 관중의 특성에 대하여 Zillmann과 Paulus(1993)는 개별적 관중 특성 변인이 수행력에 미치는 영향을 다차원적으로 이해하기 위하여 사회촉진의 인지-동기 모형(Paulus, 1983)에 기초하여 관중특성과 사회촉진의 통합적 관계모형을 제시하였다.

　그림 10-7에 제시된 관중특성과 사회촉진의 통합적 관계모형을 살펴보면, 관중

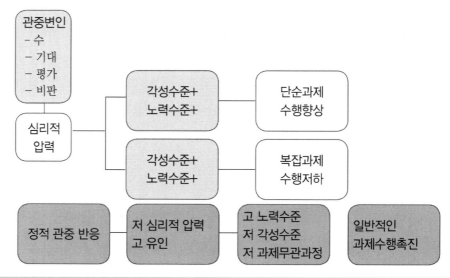

그림 10-5. 관중특성과 사회적 촉진의 통합적 관계 모형(Zillmann & Paulus, 1993)

상황의 다양한 특성들이 수행자가 지각하는 압력수준을 결정한다. 대다수의 경우에 관중의 수나 관중의 기대, 관중의 평가적 특성이나 행동수준이 증가할수록 수행자가 지각하는 압력수준은 증가한다. 그리하여 증가된 노력과 각성수준은 단순 과제 또는 인지역량을 덜 요구하는 과제의 수행력수준을 상승시키는데 기여한다(Seta & Seta, 1990). 한편 복잡 과제 수행 시 증가된 노력수준은 일정 정도 과제수행에 도움을 주지만 매우 복잡한 과제는 자체적으로 높은 수순의 노력을 요구하므로 (Kahneman, 1973), 복잡 과제 수행 시 관중은 수행력 손상을 유발하는 각성과 인지분산에 영향을 준다.

　관중이 지지적이거나 수행자의 행동에 정적으로 반응할 때 압력수준은 감소된다. 이때에 수행자는 관중의 지원에 가치를 부여하여 정적피드백을 받아 노력수준이 상대적으로 높게 되고, 이 결과 과제유형과 관계없이 정적효과(홈경기 이점)가 관찰된다(Green, 1980). 그러나 정적 관중 반응이 항상 압력을 감소시키거나 수행을 촉진시키지는 않는다. 예를 들어, 수행자가 자신의 수행력수준을 유지할 수 없다고 확신할 때 이와 같은 관중의 반응은 압력을 경감시키기보다는 상승시킬 수 있다 (Baumeister & Stenciler, 1984). 즉, 수행자가 자신의 수행력에 자신이 없는 상태에서의 관중 반응은 오히려 이에 대한 압력이 증가하여 수행을 감소시킨다는 것이다. 또한 조건화되지 않은 관중의 정적 지지는 총체적인 동기 또는 노력수준을 감소시켜 수행력을 저조하게 한다.

2) 관중행동에 따른 지도자의 역할

　위와 같은 여러 변인들을 고려하여 선수들의 운동수행에 긍정적인 영향을 미치게 하도록 하는 것은 지도자의 중요한 임무이다. 코치는 새로운 복잡한 기능을 학습해야 하는 초보 선수들에게는 실패의 공포가 새로운 기능을 수행하거나 학습하는데 억제요인으로 작용하기 때문에, 되도록 학습 환경에서 유발되는 평가우려를 제거해 주도록 하여야 한다. 또한 이 긴장된 상황을 극복할 수 있도록 선수에게 정신적 준비를 시켜주어야 한다. 관중 상황에 대한 개인의 주관적 해석은 개인이 긴장되거나 산만한 상황에 정신적으로 어떻게 대처하느냐 하는 결정에 중핵적인 역할을 한다는 사실이 여러 연구결과에 의하여 지지되고 있다.

따라서 코치들은 관중과 공행자에 의해 각성이 유발되거나 산만한 환경이 조성되는 상황에 충분히 대처할 수 있도록 훈련시킴으로써, 선수들의 정신적 준비에 도움을 주어야 한다. 구체적인 예를 들면 실제의 관중과 비슷한 영향은 미칠 수 있는 모형관중을 만들어 선수들을 훈련하는 것도 한 방법이다. 모형관중들은 실제 경기 상황에서 나타날 수 있는 산만한 환경을 조성하기 위하여 선수들을 괴롭히고 함성을 지르며, 심지어 야유를 퍼부어 경기수행을 방해하도록 한다. 이러한 모의 훈련은 선수들의 정신적 준비를 강화하는데 기여할 수 있으며 주의집중이나 스트레스 관리 기법 등과 함께 연습상황에서 경쟁을 유발하는 환경을 조성함으로써, 경쟁적 공행자로부터 받는 영향에 대처할 수 있는 동력을 제공한다(이강헌 등, 2006).

아울러 코치들은 선수들의 평가우려에 영향을 미치는 자신의 역할을 인지해야 한다. 위협이 큰 중요한 시합에서는 패배의 위협에 집중하기 때문에 과도한 각성이 될 우려가 있다. 따라서 코치는 선수들의 흥분과 각성을 억제해주는 완충 역할로서 인간적인 격려로 패배의 불안에서 벗어날 수 있도록 안심시켜주는 역할을 수행하여야 한다. 또한 독려적인 팀 동료들도 위협적인 공행상황을 극복하는데 없어서는 안될 중요한 요인이다. 또한 코치들은 관중이나 공행 상황에 반응하는 선수들의 개인차를 파악해야만 한다. 성격적 기질, 특히 불안 성향에 대한 정보가 이 개인차를 알아내는데 유용할지 모르지만, 개인이 상이한 상황에 어떻게 반응하는지에 대한 보다 구체적인 정보를 알아내는 것이 무엇보다도 중요하다.

참 고 문 헌

고흥환, 김기웅, 장국진(1994). 운동행동의 심리학. 서울 : 보경문화사.

김상두(2001). 스포츠심리학 개론. 서울 : 대경북스.

류정무, 이강헌(1990). 스포츠심리학. 대우학술총서 50, 서울 : 민음사.

박정근(1996). 스포츠심리학. 서울 : 대한미디어.

이강헌, 구우영, 정구인, 정용각(2006). 운동행동과 스포츠심리학. 서울 : 대한미디어.

Allport, F. H.(1924). *Social Psychology. Boston*. MA : Houghton Mifflin.

Baumeister, R. F., & Steinhilber, A.(1984). Paradoxical effects of supportive audience on performances under pressure : The home filed advantage in sport championships. *Journal of Personality and Social Psychology, 47,* 85-93.

Burwitz, L., & Newell, K. M.(1972). The effects of the mere presence of coactors on learning a motor skill. *Journal of Motor Behavior, 4,* 99-102.

Carron, A. V.(1980). *Social psychology of sport. Ithaca.* NY : Movement Publications.

Chen, S. V.(1937). Social modification of the activity of ants in nest-building. *Physiological Zoology, 10,* 420-436.

Cottrell, N. B.(1968). Performance in the presence of other human beings : Mere presence, audience and affiliation effects. In E. C. Simme, R. A. Hoppe, & G.A. Milton(Eds.), *Social Facilitation and Imitative Behavior*(pp. 91-110). Boston, MA : Allyn & Bacon.

Cottrell, N. B.(1972). *Social facilitation. In Experimental Social Psychology.*(C.G. MoClintock, Eds.), Holt, Rindhart & Winston.

Courneya, K. S., & Carron, A. V.(1992). The home advantage in sport competitions : A literature review. *Journal of Sport and Exercise Psychology, 14,* 13-27.

Cox, F. N.(1968). Some relationships between test anxiety, presence of absence of male persons and boys′ performance on a repetitive motor task. *Journal of Experimental Child Psychology, 6,* 1-12.

Cox, R. H.(1985). *Sports Psychology : Concepts and Application.* Dubuque. IA : Brown.

Ganzer, V. J.(1968). Effects of an audience presence and test anxiety on learning and retention in a serial learning situation. *Journal of Personality and Social Psychology, 8.* 194-199.

Gates, G. S.(1924). The effects of and audience upon performance. *Journal of Abnormal and Social Psychology, 18,* 334-345.

Green, R. G.(1980). The effects of being observed on performance. In P. B. Paulus(Eds.). *Psychology of Group Influence.* Hillsdale, NJ : Lawrence Erlbaum Associates.

Henchy, T., & Glass, D. C.(1968). Evaluation apprehension and the social facilitation of dominant and subordinate responses. *Journal of Personality and Social Psychology, 4,* 446-454.

Kahneman, D. A.(1973). *Attention and Effort.* Englewood Cliffs, NJ : Prentice-Hall.

Larsson, K.(1935). *Conditioning and Sexual Behavior in The Male Albino Rat.* Stockholm, Sweden : Almqvist & Wiksell.

Martens, R.(1969). Effects of an audience on learning and performance of a complex motor skill. *Journal of Personality and Social Psychology, 12,* 252-260.

Martens, R., & Landers, D. M.(1972). Evaluation potential as a determinant of coaction effects. *Journal of Experimental Social Psychology, 8,* 347-359.

McGuire, E. J., Widmeyer, W. N., Courneya, K. S., & Carron, A. V.(1992). Aggression as a potential mediator of the home advantage in professional ice hockey. *Journal of Sport and Exercise Psychology, 14,* 148-158.

Oxendine, J. B.(1970). Emotional arousal and motor performance. *Quest, Vol. 13.*

Paulus, P. B.(1983). Group influence on individual task performance. In P. B. Paulus(Eds.), *Basic Group Process.* New York, NY : Springer-Verlag.

Sanders, G. S.(1981). Driven by distraction : An integrative review of social facilitation theory and research. *Journal of Experimental Social Psychology, 17,* 227-251.

Sanders, G. S., & Baron, R. S.(1975). The motivating effects of distraction on task performance, *Journal of Personality and Social Psychology, 32,* 956-963.

Schlenker, B. R., Phillips, S. T., Boniecki, K. A., & Schlenker, D. R.(1995). Championship pressure : Choking or triumphing in one's own territory? *Journal of Personality and Social Psychology, 68,* 633-643.

Seta, C. E., & Seta, J. J.(1990). Increments and decrements in performance arousal levels as a function of audience composition. Unpublished manuscript : The University of North Carolina, Greensboro.

Singer, R. N.(1965). Effects of spectator on athletes and non-athletes performing a gross motor task. *Research Quarterly, 36,* 473-482.

Triplett, N.(1898). The dynamogenic factors in pacemaking and competition. *American*

Journal of Psychology, 9, 507-533.

Varca, P. E.(1980). An analysis of home and away game performance and away game performance of male college basketball teams. *Journal of Sport Psychology, 2,* 245-257.

Wright, C. R., & House, T.(1989). *The Diamond Appraised.* New York, NY : Simon and Schuster.

Zajonc, R. B.(1965). Social facilitation. *Science, 149,* 269-274.

Zajonc, R. B.(1980). Copresence. In P. Paulus(Eds.), *Psychology of Group Influence.* Hillsdale, NJ : Lawrence Erlbaum Associates.

Zillmann, D., & Paulus P. B.(1993). Spectators : Reactions to sports events and effect on athletic performance. In R. N. Singer, M. Murphy, & L. K. Tennant(Eds.), *Handbook of Research on Sport Psychology.* New York, NY : Macmillan Publishing Company.

응 집 력

우리는 스포츠 경기에서 최고의 선수들로 구성된 팀이 경기에서 지는 경우를 종종 목격할 수 있다. 이 부분에 관한 해결 과제로 응집력의 정의, 집단생산성에 관한 몇 가지 이론, 응집력의 이론적 모형에 관해 설명하고자 한다. 또한 응집력의 인과 관계를 알아보고, 측정방법을 소개하며, 응집력과 운동수행 간에는 어떤 상관이 있는지를 파악하고, 선수들의 응집력 향상 전략에 관해 설명하고자 한다.

1
응집력의 정의

집단 응집력은 집단이 갖는 특징 즉, 집단의 통일과 화합 등을 의미하는 것으로써 집단의 단결(group association), 팀정신(team spirit), 팀워크(team work) 등의 단어와 유사한 용어로 사용되고 있다. 원래 응집력(cohesion)이란 용어는 함께 결합시키거나 점착시키는 의미로서 라틴어의 'cohusesus'에서 유래되었으며, 개인이 집단에 개입하여 헌신하는 정도, 즉 집단 구성원을 하나로 묶는 접착적 특성을 갖는다.

Festinger, Schachter와 Back(1950)은 응집력을 집단에 구성원들을 머무르게 할 수 있는 심리적 힘이라고 정의하였다. 심리적 힘은 두 가지로 분류할 수 있는데, 첫 번째 힘은 집단에 머물게 하는 힘 때문에 집단행동에 참여하고 싶어 하는 열정으로서, 집단과 같이 있고 싶어 하고 동료와 상호작용하여 구성원들이 만족감을 갖는 것이다. 두 번째 힘은 다른 집단과의 연합을 통해 구성원들에게 가져다 줄 수 있는 이익이다. 예를 들면 실력이 비슷한 농구 선수라 할지라도 농구의 명문대학 출신이 그 가치가 높아서 프로 지명권의 우선순위에 오를 가능성이 높다는 것이다.

Gross와 Martin(1952)은 집단응집력을 분열 세력에 대한 집단의 응집력이라고 했으며, Lott와 Lott(1965)는 집단 구성원 사이의 상호 긍정적 태도의 강도와 치수로 나타나는 역량이라고 했고, Cartwright(1968)는 집단 응집력을 집단 구성원이 집단 내에 남고 싶어 하는 정도로 보았다. 그러나 이러한 학자들의 정의는 집단보다는 개인에게 초점을 지나치게 맞춘 것이라는 비판이 있었다. 그 후 Widmeyer, Brawley와 Carron(1985)은 집단응집력을 사회적 응집력과 과제 응집력으로 나누었다. 사회적 응집력은 집단 구성원들이 다른 동료들을 좋아하고 함께 즐기는 정도를 말하며, 과제 응집력은 한국시리즈에서의 우승과 같은 공동의 목표를 달성하기 위해 집단의 구성원들이 함께 일을 하는 정도를 말한다.

사회적 응집력과 과제 응집력의 비교는 응집력을 이해하는 데 상당히 중요한 상당히 중요한 부분이다. 사회적 응집력이 높은 집단은 서로 개인적으로 매력을 느끼는 멤버로 구성되고 함께 있기를 좋아하며, 하나의 집단으로서의 사회화(socializing)를 즐기는 경향이 있다. 사회적 팀 응집력이 높은 집단은 팀의 목표에만 모든 노력을 바치지는 않으며, 하나의 집단으로 함께 존재하기 위한 동기는 팀 구성원들이 받는 사회적 즐거움에 있다. 이것은 사회 응집력이 높은 집단이 성공적이지 못하다는 의미는 아니며 팀 멤버십으로부터 받는 사회적 이익(social benefits)이 더 중요하다는 의미이다. 1978년 New York Yankees 프로 야구 팀의 경우 주루 플레이, 더블 플레이 등 팀의 목표를 성취하기 위한 노력은 가장 훌륭했지만 팀 구성원들은 서로 좋아하지도 않았고, 빈번한 싸움과 욕설 그로 인한 심리적 갈등이 팀 내에 가득하였다. 그럼에도 불구하고 우승할 수 있었던 이유는 공동의 승리 목표 즉, 과제 응집력에 높았기 때문이다.

그러나 과제 응집력은 고도로 성숙된 집단에서는 절대적 전제조건이지만 대부분의 집단이 그렇지는 않기 때문에 사회적 응집력이 최고의 수행 능력을 발휘하기 위하여 꼭 필요하다. 이와 같은 정의를 종합하여 볼 때 팀 응집력은 집단 구성원이 목표나 목적을 추구하면서 서로 함께 똘똘 뭉치려는 경향 속에 나타나는 역동적인 과정으로 정의할 수 있다(Carron, 1982).

표 11-1. 응집력의 정의

학자	정의
Festinger 등(1950)	집단에 구성원들을 머무르게 할 수 있는 심리적인 힘
Lott와 Lott(1965)	집단 구성원 사이의 상호 긍정적 태도의 강도
Cartwright(1968)	집단 구성원이 집단 내에 남아있고 싶어 하는 정도
Carron(1982)	구성원들이 집단의 목적과 목표를 얻기 위하여 뭉치려는 경향

응집력	사회적 응집력	집단 구성원들이 다른 동료들을 좋아하고 함께 즐기는 정도
	과 제 응집력	공동의 목표를 달성하기 위해 집단의 구성원들이 함께 일을 하는 정도

그림 11-1. Widmeyer 등의 응집력 분류

2 집단생산성

1) Steiner의 모델

우리는 배구, 농구와 같은 종목에서 최고의 선수들로 구성된 팀이 종종 경기에서 패하는 장면을 볼 수 있다. 즉, 최고의 선수들로 구성된 팀일지라도 선수 상호간의 협동 없이는 최종 결과가 좋지 않게 나올 확률이 높다는 것이다. 이러한 이유 때문에 스포츠심리학자들은 어떤 집단 과정이 팀 내 선수 상호간 협동을 고양시키기 위해 사용될 수 있는가를 규명하는 데 관심을 가지게 되었다. 즉, 집단생산성을 높이기 위해 어떻게 집단 과정이 이용되는가를 규명하는 것이었다. 이러한 연구문제에 대한 첫 번째 제안은 Steiner(1972)의 모델에 의해서 제기되었다.

Steiner 모델의 공식은 〈실제 생산성=잠재적 생산성−잘못된 과정으로 인한 손실〉로 나타났다. 실제 생산성은 승률과 같은 객관적인 척도로서 스포츠 집단의 성취 정도로 나타난다. 잠재적 생산성은 팀의 모든 자원을 최적수준으로 활용했을 때 성취할 수 있는 것으로 가정되는 것이다. 팀의 자원은 업무의 본질에 따라 많은 영향을 받는다. 각 선수의 개인 기량은 특정한 스포츠와 관련될 때 잠재적 생산성에 영향을 미친다. 그러나 스포츠가 팀 구성원 간에 협동을 요구하고 있기 때문에 비효과적인 집단 상호 작용 혹은 과정의 결과로서 잠재적 생산성의 손실이 발생할 수 있다.

비효과적인 집단 과정이 발생하는 원인으로는 집단구성원과의 협동 문제와 집단 내 개인 동기의 감소를 들 수 있다. 집단 규모가 커지면 협동해야 하는 개인의 노력도 증가하게 된다. 중요한 것은 집단의 규모가 확대되는 것은 보다 많은 자원이 생기기도 하지만 집단 자원의 증가가 반드시 집단 생산성의 증가를 가져오지는 않는다는 것이다.

2) Ringelmann 효과

잘못된 집단 과정의 원인에 또 다른 설명은 집단 환경에서 나타날 수 있는 개인적 동기의 잠재적 손실에 대한 설명 즉, Ringelmann 효과가 있다. Ringelmann은 노동자들이 혼자 혹은 여러 명의 다른 사람들과 함께 밧줄을 최대로 잡아당기도록 하였다. 우리의 예상대로 집단 전체의 총합은 한 명의 힘보다 분명 컸다. 그러나 전체의 총합은 개인의 구성원들의 총합과 일치하지 않았다. 예를 들면 집단이 3명일 때에는 개인의 평균수행의 3배가 아닌 2.5배로 잡아 당겼으며, 집단 규모가 8명이었을 때의 힘은 8배가 아니라 단지 4배에 불과하였다(Latane, William, & Harkins, 1979). 요약하면, 개인의 노력은 집단 환경을 통해 감소하며, 집단규모가 증가할 때 개인의 노력이 감소함을 알 수 있다.

Ingham 등(1974)은 Ringelmann 효과를 재검증하기 위해 이와 유사한 실험을 하였다. 그 결과 Ringelmann의 실험결과와는 달리 3인 이하일 경우에는 전체 힘의 감소가 일어났지만, 6인 이상일 경우에는 집단 크기가 증가해도 더 이상의 손실은 나타나지 않았다고 보고 하였다. Ingham 등(1974)은 Ringelmann 효과에 바탕이 되는 원인이 집단 내 개인의 동기 상실 때문이라는 결론을 내렸다.

3) 사회적 태만

위에서 언급한 Ringelmann의 연구와 Ingham 등(1974)의 연구 이후 많은 연구자들이 집단과정이 집단생산성에 어떻게 영향을 미칠 수 있는가를 규명하고자 하였다. 그 중 대표적인 것은 Latane 등(1979)의 연구이다. 그들은 사람들이 열심히 해야 한다고 느끼는 양에 비례하여 더 열심히 일을 할 것으로 추론하였다. 집단규모가 증가하면 각 개인이 수행해야할 양에 대한 인식이 작아진다는 것이다. 이처럼 다른 사람들의 존재에 의해 발생한 개인적 노력의 감소를 사회적 태만(social loafing)이라고 부른다. 사회적 태만의 가장 주된 원인은 여러 사람이 동시에 행하는 과제에서 자신만의 힘에 대한 부분을 확인할 방법이 없기 때문이다.

Williams와 Hacker(1982)는 사람들은 그들의 노력이나 과제가 다른 사람들과 비교 및 확인할 수 있다면 과업을 더 잘 수행할 수 있다고 주장하였다. 즉, 수행자의 능력이나 노력의 결과가 확인되지 않을 때 수행자들은 최선의 수행을 하고 싶은 동기부여가 되지 않는다는 것이다. Latane 등(1979)은 자유형 계영 경기에서 개인의 기록을 지속적으로 확인한 결과, 그렇지 않은 집단에 비해 자유형 구간 기록이 평소와 비슷했고, 그렇지 않은 집단은 평소 기록보다 기록이 저하됨을 확인하였다. 이는 조작된 실험실 상황이 아닌 실제 스포츠현장에서 얻은 결과로서, 확인가능성이 사회적 태만을 제거했을 뿐만 아니라 수영선수들의 동기를 향상시켰다는 점에서 많은 의미를 갖는다.

단체종목에서의 사회적 태만은 경기력에 심각한 저해요인이 된다. 위에서 언급한대로 사회적 태만은 각각의 노력 정도를 확인하지 못할 경우 잘 나타난다. 즉, 각 개인의 노력 정도를 엄밀하게 측정할 경우에는 사회적 태만이 줄어들게 된다. Hardy(1990)는 사회적 태만을 방지하는 방법을 다음과 같이 제시하였다.

사회적 태만을 방지하는 방법

1. 각 선수마다의 노력 정도를 확인할 수 있도록 한다.
2. 팀 내의 상호작용을 통해 개인의 책임감을 높인다.
3. 팀 목표와 함께 개인 목표를 설정한다.
4. 선수 간, 선수와 지도자 간에 대화를 자주 한다.
5. 개인의 독특성과 창의성을 발휘하여 팀에 공헌하도록 한다.
6. 일시적으로 동기가 저하되는 것은 누구에게나 일어날 수 있다고 생각한다.
7. 서로 다른 포지션을 연습하여 사회적 태만이 팀 전체에 미치는 영향을 깨닫게 한다.
8. 강도 높은 훈련 뒤에는 휴식 시간을 통해 재충전할 수 있도록 한다.

응집력의 이론적 모형

Carron의 정의는 스포츠 상황에서 응집력에 대한 어떤 학자의 정의보다 유용하게 사용된다. Carron은 스포츠 상황에서 응집력을 체계적으로 연구하기 위한 이론적 모형을 개발하였다. 그림 11-2에서 보는 바와 같이 스포츠 상황에서는 환경적 요인, 개인적 요인, 팀 요인, 리더십 요인 등의 4가지 요소가 응집력에 영향을 미친다.

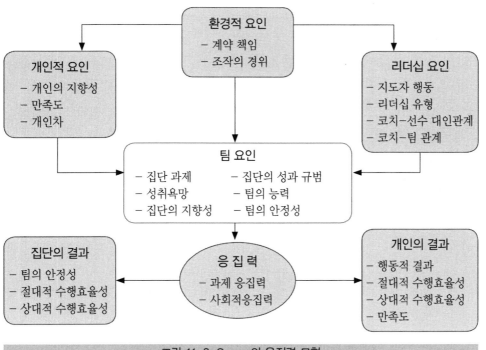

그림 11-2. Carron의 응집력 모형

1) 환경적 요인

환경적 요인은 여러 가지 주변의 상황이 선수들을 하나의 집단 구성원으로 묶어놓는 규범적 힘을 말한다. 응집력에 영향을 미치는 환경적 요인으로는 여러 가지가 있다. 우선, 선수 상호간의 물리적 근접성은 응집력을 갖게 한다. 예를 들면 자기 팀의 숙소에서 오랜 기간 동안 지낸다거나, 자기 팀의 버스로 연습 장소나 시합 장소로 이동하는 것 역시 여기에 속한다. 또한 타 집단과의 차별성도 응집력을 향상시킬 수 있다. 타 집단과는 구별되는 자신의 팀 특징은 일체감과 단일성을 증대시킨다. 이밖에 계약 조건, 소속선수의 인원수 등이 환경적 요인에 포함된다. Carron과 Spink(1993)는 생활 체육현장에서 이러한 환경적 요인을 적용하여 응집력을 향상시키는 전략을 소개하였다. 예를 들면 집단의 티셔츠를 만든다거나, 자기 팀만의 독특한 구호를 개발한다거나, 구성원 각자의 소개 시간을 갖고 공동 목표를 설정하는 것 등이 이에 속한다.

2) 개인적 요인

선수들의 개인적 특징 및 성향도 팀의 응집력에 영향을 미친다. 예를 들면 성, 연령, 경제적 수준 등의 사회인구학적 변인과 개인의 고유한 성향 즉, 참가동기와 같은 구성원들이 개인적 특징을 말한다. Eitzen(1975)은 여자 선수가 남자 선수에 비해 사회적 응집력이 높으며, 성격, 인종, 경제적 능력 등이 유사할수록 응집력이 높아진다고 보고하였다.

3) 팀 요인

팀의 과제, 승리를 위한 열망의 정도, 집단이 지향하는 목표, 팀 능력, 팀 안정성 등이 팀 요인에 속하며, Carron(1982)은 집단의 승리를 위한 강한 열망과 함께 너무 많지도 적지도 않은 정도로 같이 생활해온 팀이 응집력이 높다고 주장하였다.

4) 리더십 요인

지도자의 리더십 유형도 응집력에 직·간접적으로 영향을 미치는 요인이다. 지도자들이 응집력을 향상시키기 위해서 사용한 다양한 기법은 결국 팀 구성원의 소속감을 향상시킨다. 한편 처음 부임하는 지도자는 선수와의 멤버십을 과대평가하는 경향을 나타내는 반면, 선수들은 집단 외의 사람은 과소평가하는 성향이 있다. 따라서 새로 부임하는 지도자는 집단 구성원들에게 인정받도록 노력하는 것이 선결과제이다.

4
응집력의 결정요인과 결과

많은 연구자들이 응집력과 수행과의 관계를 규명하려 노력하였으나, 이에 앞서 해결해야 할 과제는 응집력에 많은 영향을 미치는 결정요인을 규명하는 것이다. 여기에서는 응집력에 영향을 미치는 결정요인과 그 결과로서 나타나는 산물에 대해서 알아보자고 한다.

1) 응집력의 결정요인

스포츠심리학자들은 구성원들의 협동, 팀 안정성, 팀 동질성(team homogeneity) 및 팀 크기와 같은 결정 요인을 이용하여 팀 응집력을 연구하였다. 팀의 목표를 달성하기 위한 구성원들의 협동은 과제 응집력이라 할 수 있으며 생산성과 협조라는 면에서 집단 내 협동이 집단 내 경쟁보다 더 우월하다. 따라서 축구, 배구, 농구와 같은 구성원간의 상호 작용이 많이 요구되는 스포츠에서는 골프, 볼링과 같이 낮은 상호작용이 요구되는 종목 보다 구성원들의 더 많은 협동이 필요하다.

팀 안정성은 팀 응집력의 또 하나의 결정요인이다. 팀 구성원의 높은 교체율은 팀 응집력을 형성하기 위한 충분한 시간을 주지 못한다. 반대로 팀 구성원들이 너무 오랫동안 함께 팀에 잔류하면 팀 응집력과 수행 능력이 떨어진다. Donnelly, Carron 과 Chelladurai(1978)는 메이저 리그 야구팀과 선수들을 대상으로 높은 팀 응집력을 유지하기 위한 적정한 기간은 약 5년이며, 이 기간보다 더 길거나 짧을 경우 팀의 순위가 떨어지는 사실을 밝혀냈다.

Eitzen(1973)은 팀의 동질성이 팀 응집력을 결정하는 또 하나의 요인이라고 주장하였다. 팀의 동질성은 문화적 배경, 인종적 배경, 사회 경제적 지위 및 종교 측면에서 얼마나 팀 구성원들이 유사하느냐와 관계가 있다. 동질성이 높은 팀은 그렇지 못한 팀보다 팀 내에 파벌의 형성이 적었으며 팀의 성공률도 높았다.

또 다른 팀 응집력의 결정요인으로는 집단의 크기를 들 수 있다. 팀이 크면 클수록 구성원간에 응집력이 생기기가 어렵다. Widmeyer, Brawley와 Carron(1990)은 스포츠 팀 구성원간에 응집력을 강하게 하기 위하여 팀 크기의 중요성을 강조하였고 팀의 구성원이 적을수록 팀 응집력과 만족감이 증가한다고 주장하였다.

2) 응집력의 결과

스포츠심리학자들이 팀 응집력의 결과로 중요하게 생각하는 것은 만족감과 팀의 성공도이다. 성공적인 팀은 높은 수준의 팀 응집력과 만족감을 갖는 경향이 있다(Spink & Carron, 1993). 그러나 이러한 관계가 팀 응집력에 기인한다고 속단하기는 어려우며 인과(causility) 관계는 팀 응집력에서 팀 성공으로 보다는 팀 성공으로부터 팀 응집력의 방향으로 설정된다고 볼 수 있다(Williams & Hacker, 1982).

5
응집력의 측정

스포츠 상황에서 집단의 응집력을 측정하기 위해서는 스포츠 팀이 가지는 독특한 특성 때문에 다른 사회과학 분야에서 사용되는 응집력과는 다른 차원에서 도구가 필용하다. 집단 응집력을 측정하기 위해서 Martens, Landers와 Loy(1972)는 스포츠 응집력 검사지(SCQ : Sport Cohesiveness Questionnaire)를 개발하였다. SCQ는 구성원과 구성원 사이의 매력, 각 구성원과 팀 사이의 관계, 팀 전체에 대한 평가 등의 세 가지 차원을 측정하는 일곱 문항으로 구성되어 있다. 그러나 SCQ는 구성원의 심리측정적 특성을 무시했다는 점과 응집력을 다차원적으로 보지 않고 응집력의 한 가지 차원인 사회 응집력만을 측정했다는 점에서 이 검사도구에 대한 신뢰도와 타당도에 대한 논란이 계속되고 있다.

팀분위기 검사지(TCQ : Team Climate Questionnaire)는 집단 응집력을 사회적 응집력과 과제 응집력으로 구분하여 측정하는 검사지이며, 사회적 응집력 요인으로 애정(affection), 인정의 욕구(desire of recognition), 성원의 가치(value of membership) 등을 측정하고, 과제 응집력 요인으로는 팀 수행 능력에 대한 만족도(team performance satisfaction), 자신의 수행능력에 대한 만족도(team performance satisfaction) 등을 측정하는 검사도구이다.

Yukelson, Weinberg와 Jackson(1984)은 다차원 스포츠 응집력 도구(MSCI : Multidimensional Sport Cohesion Instrument)를 개발하였다. 이들은 스포츠 집단의 집단 응집력을 집단 목표와 목적의 달성 요인 및 구성원간의 긍정적인 인간관계를 개발하고 유지하는 요인으로 보았다. 이 검사도구는 집단에 대한 매력(attraction to the group), 목표의 일치성(unity of purpose), 팀워크의 수준(quality of teamwork), 역할의 가치 인정(valued roles) 등의 네 가지 차원의 21개 문항으로 응집력을 측정하였다. 사회응집력을 측정하는 차원은 집단에 대한 매력을 묻는 문항으로 측정하고, 과제 응집력은 목표의 일치성, 팀워크의 수준, 역할의 가치 인정 등 나머지 세 가지 차원으로 측정하였다. 그러나 이 검사도구는 농구팀만을 대상으로 개발되었기 때문에 다른 종목으로의 일반화에 많은 제약이 따른다.

Widmeyer 등(1985)은 응집력에 대한 개념 정의와 이론을 토대로 집단 환경 질문지(GEQ : Group Environmental Questionnaire)를 개발하였다. 이 질문지는 집단 응집력을 개인 측면과 집단 측면, 그리고 과제 측면과 사회 측면으로 구분되어 있다. 이들은 또한 개인 측면과 집단 측면을 구분하여 집단 통합 차원(group integration)과 집단에 대한 개인적 매력 차원(individual attraction to the group)으로 나누어 측정하였다. 집단 통합차원은 개인이 집단 전체를 어떻게 인식하는가를 의미하며, 집단에 대한 개인적 매력 차원은 집단에 대해서 구성원이 어떻게 느끼고 있는가를 말한다. 그리고 과제측면과 사회측면은 집단 구성원이 집단에 머무르고자 하는 이유를 구분하는 것이다. 즉, 과제측면은 집단의 과제나 목표를 달성하기 위해 집단에서 활동하는 것을 말하며, 사회 측면은 집단의 과제 달성 보다는 사회적 유대관계가 집단에 소속되어 있는 큰 목적이 된다. 이 검사지는 이들 네 가지 차원을 측정하는 18개 문항으로 구성되어있으며, 신뢰도와 타당도는 다른 여러 편의 연구에서 입증된 바 있다(Brawley 등, 1987; Carron 등, 1988).

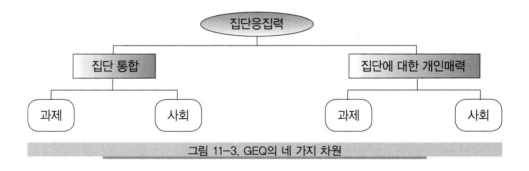

그림 11-3. GEQ의 네 가지 차원

한편, 질문지를 이용하면 팀의 전반적인 응집력 수준을 간편하게 알 수 있다. 하지만 팀 내의 구성원 중에서 누가 같이 어울리고 누가 서로 싫어하는지를 알기는 힘들다. 팀 내의 대다수 선수들이 잘 어울리지만 그 중에 누군가가 따돌림을 당하고 있을 수도 있다. 교우도(sociogram)는 응집력 중에서 사회 응집력을 측정하는 도구로서 이를 통해 구성원들 사이의 대인관계를 다각도로 파악할 수 있다. 정청희, 김병준(2009)은 교우도에 대해 다음과 같이 설명하고 있다. 교우도는 팀 내의 파벌, 친구관계의 형태, 다수가 선호하는 사람, 따돌림을 당하는 사람 등에 관한 정보를 제공한다. 초등학교 시절 학기 초에 자기와 짝을 하고 싶은 친구와 짝을 하고 싶지 않은 친구 세 명씩을 담임교사에게 적어낸 적이 있을 것이다. 교사는 이 자료를 이용하여 교우도를 그려서 교우관계를 파악한다. 마찬가지로 스포츠 지도자도 이와 같은 교우도를 이용하여 팀 성원들의 응집력을 고양시키는 전략을 구상할 수 있다.

그림 11-4에서는 팀 구성원에게 '집에 가장 초대하고 싶은 친구', '가장 초대하고 싶지 않은 친구', '같이 연습하고 싶은 친구', '같이 연습하기 싫은 친구' 등을 쓰게 한 후에 작성한 교우도의 예이다. 교우도를 작성하기 위해서는 응답에 대한 비밀이 보장된다는 점과 솔직하게 응답해야 한다는 점을 선수들에게 확신시켜주어야 한다. 그림 11-4를 보면 팀 내의 대인관계의 흐름을 한 눈에 알 수 있다. 여러 사람이 선호하는 사람이 교우도에 맨 중앙에 위치하고, 선호 빈도가 낮은 사람은 주변에 배치된다. 실선은 좋아하는 것을 나타내며 화살표는 그 방향을 의미한다. 점선은 싫어함을 나타낸다. 그림 11-4에 나타나 있는 교우도를 보면 석주는 여러 사람이 좋아한다는 것을 알 수 있다. 그러나 호석과 종수는 다른 사람들로부터 호감을 받지 못하고 있다. 지도자가 이러한 대인관계를 미리 파악하면 불화, 갈등, 파벌 형성 등을 미리 예방하는 조치를 취할 수 있다.

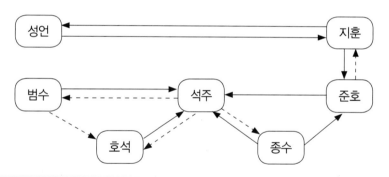

그림 11-4. 교우도를 이용한 응집력 측정

6
응집력과 운동수행

직관적으로 생각할 때, 응집력이 높으면 높을수록 팀의 수행 성공률이나 만족도가 높을 것으로 예상할 수 있다. 그러나 스포츠 유형 및 과제 성격에 따라 요구되는 응집력이 달라질 수도 있다.

일반적으로 응집력과 팀 수행 간에는 긍정적 상관관계가 있다. 그러나 많은 연구에서 이들 두 변인 간의 관계에 대해 상반되는 견해를 보이고 있다(Carron, 1982). 이러한 상반되는 견해는 우선, 측정방법에 관한 내용을 들 수 있다. 과거의 연구에서는 사회적 응집력만을 주로 측정하였으며, 그 후의 연구도 과제 응집력과 수행과의 관계는 비교적 일관성 있게 정적 상관관계가 잇는 것으로 보고되고 있으나, 사회적 응집력과 수행과의 관계에서는 일관된 견해를 보이지 못하고 있다. 즉, 1985년 이전의 연구는 사회적 응집력 척도만을 사용하였고, 과제 응집력 척도를 사용하지 않았기 때문에 이러한 결과가 나타난 것으로 보인다.

그리고 스포츠 종목의 유형에 따라 팀 응집력이 다를 수 있다. 예를 들면 양궁, 볼링, 골프 등 공행 스포츠는 과제 응집력에 대한 요구 수준이 낮은 반면에, 농구와 축구, 배구 등의 스포츠는 끊임없이 구성원간 상호작용하는 스포츠이다. 이러한 유형의 스포츠 종목은 높은 팀 응집력이 필요하다(그림 11-5).

공행종목	공행상호작용종목	상호작용 종목
양궁 볼링 골프 사격 스키	미식축구 야구 조정 육상 수영(계주)	농구 축구 배구 필드하키 아이스하키
낮다	중간	높다

응집력 요구 수준

그림 11-5. 스포츠종목 유형에 따른 과제 응집력 요구 수준

7 응집력 향상 전략

모든 스포츠 종목에서 응집력이 팀 수행능력을 향상시키는 것은 아니다. 그러나 팀 응집력은 집단 구성원들 사이에 긍정적 상호작용을 유발시켜 긍정적 환경을 조성하는 역할을 한다. 여기에서는 현장 지도자들이 팀 응집력을 향상시킬 수 있는 전략에 대해 도움이 될 만한 내용을 정리하였다.

1) 팀 성공을 위한 개인적 역할을 설명해 주어야 한다.

코치는 선수들에게 자신이 맡은 역할의 중요성을 일깨워 줌으로써 개인의 역할을 분명하게 이해하고 효율적으로 수행할 수 있다. 단체 종목의 경우, 비주전 선수에게도 자신이 현재 맡고 있는 역할의 중요성을 조심스럽게 강조해야하며, 그들이 경기 내·외적으로 팀에 공헌할 수 있는 기회를 제공하여야 한다.

2) 자신의 역할에 대한 자부심을 느끼게 하여야 한다.

예를 들면 농구의 경우 화려한 드리블과 슈팅 능력이 있는 선수보다도 팀 내에서 궂은일을 맡아서 하는 선수들에게 자신이 있기 때문에 스타 선수들이 슛 성공률을 높일 수 있다는 점을 강조하며, 스타 선수들 역시 이렇게 궂은일을 맡아서 하는 선수들의 공헌을 인정하도록 해야 한다.

3) 도전 가능한 팀 목표를 설정하도록 한다.
구체적이고 도전적인 목표설정은 스포츠 수행에 긍정적인 영향을 미친다. 목표는 팀 순위를 우선시 하는 결과목표보다는 현실적인 수행목표에 초점을 맞추어 설정하는 것이 바람직하다.

4) 팀 미팅을 정례화하여야 한다.

코치는 선수들이 느꼈던 긍정적, 부정적 생각을 솔직히 표현할 수 있는 여건을 조성해야 한다. 이를 통해 내부 갈등을 해소할 수 있고, 목표를 재조정할 수 있다.

5) 팀 구성원의 사소한 일에도 관심을 가져야 한다.

선수들은 경기 외적인 부분에 대해서까지 코치들이 관심을 가져주면 굉장히 고마워한다. 생일이나 결혼, 이혼 문제 등 긍정적이거나 부정적인 일 모두 관심을 갖고 선수들과 상담을 하는 것은 팀 응집력을 향상시키는데 효과적이다.

6) 팀 내의 파벌을 없애는데 앞장서야 한다.

특히 특정 학교 출신 선수들만을 편애하는 것은 팀의 큰 혼란이나 파벌을 가져다 준다. 설사, 다른 요인에 의해서 파벌이 생겼다고 하더라도 코치는 파벌이 왜 생겼는지 그 이유를 파악하고 팀의 분위기를 바꾸도록 노력해야 한다. 예를 들면 팀 내 룸메이트를 바꾼다던지, 팀의 분위기를 쇄신하는 것도 한 방법이 될 수 있다.

7) 팀 내 문제가 생기면 즉시 해결해야 한다.

동료 간 혹은 코치와 마찰이 있으면 조기에 문제를 해결하도록 분위기를 조성해야한다. 문제를 가급적이면 빨리 해결하여 선수들의 부정적인 감정이 폭발하는 일이 없도록 노력해야 한다.

참 고 문 헌

정청희, 김병준(2009). 스포츠심리학의 이해. 서울 : 금광.

Brawley, L., Carron, A., & Widmeyer, W.(1987). Assessing the cohesion of teams: Validity of the Group Environment Questionnaire. *Journal of Sport Psychology, 9,* 275-294.

Carron, A. V.(1982). Cohesiveness in sport groups : Interpretations and considerations. *Journal of Sport Psychology, 4,* 123-138.

Carron, A. V., & Spink, K. S.(1993). Team building in an exercise setting. *The Sport Psychologist, 7,* 8-18.

Carron, A., Widmeyer, W., & Brawley, L.(1988). Group cohesion and individual adherence to physical activity. *Journal of Sport & Exercise Psychology, 10,* 127-138.

Cartwright, D.(1968). The nature of group cohesiveness. In D. Cartwright & A. Zander(Eds.). *Group Dynamics : Research and Theory*(3rd ed.), NY : Harper & Row.

Donelly, P., Carron, A. V., & Chelladurai, P.(1978). Group cohesion and sport. Ottawa, Ontario : Canadian association for health, physical education and recreation.

Eitzen, D. S.(1973). The effect of group structure on the success of athletics teams. *International Review of Sport Society, 8,* 7-17.

Eitzen, D. S.(1975). Group structure and group performance. In D. M. Landers, D. V. Harris, & R. W. Christina(Eds.), *Psychology of Sport and Motor Behavior.* University Park, PA : College of HPER, PennState University.

Festinger, L., Schachter, S., & Back, K.(1950). *Social Pressures in Informal Groups : A Study of Human Factors in Housing.* Stanford, CA : Stanford University Press.

Gross, N., & Martin, W.(1952). On group cohesiveness. *American Journal of Sociology, 57,* 533-546.

Hardy, C. J.(1990). Social loafing : Motivational losses in collective performance. *International Journal of Sport Psychology, 21,* 305-327.

Ingham, A. G., Levinger, G., Graves, J., & Peckham, V.(1974). The Ringelmann effect : Studies of group size and group performance. *Journal of Experimental Social Psychology. 10,* 371-384.

Latane, B., Williams, K., & Harkins, S.(1979). Many hands make light the work : The causes and consequences of social loafing. *Journal of Personality and Social Psychology, 37,* 822-832.

Lott, A. J., & Lott, B. E.(1965). Group cohesiveness as interpersonal attraction : A review of relationships with antecedent and consequent variables. *Psychological Bulletin, 64,* 259-309.

Martens, R., Landers, D., & Loy, J.(1972). *Group Cohesiveness Questionnaire.* Washington, DC : AAHPERD.

Spink, K. S., & Carron, A. V.(1993). The effects of team building on the adherence patterns of female exercise participants. *Journal of Sport & Exercise Psychology, 15,* 50-62.

Steiner, I. D.(1972). *Group Process and Productivity.* New York, NY : Academic Press.

Widmeyer, W. N., Brawley, L. R., & Carron, A. V.(1985). *The Measurement of Cohesion in Sport Teams : The Group Environment Questionnaire.* London, Ontario : Sports Dynamics.

Widmeyer, W. N., Brawley, L. R., & Carron, A. V.(1990). The effects of group size in sport in sport. *Journal of Sport & Exercise Psychology, 12,* 177-190.

Williams, F. M., & Hacker, C. M.(1982). Causal relationships among cohesion, satisfaction, and performance in women's intercollegiate field hockey teams. *Journal of Sport Psychology, 4,* 324-337.

Yukelson, D., Weinberg, R., & Jackson, A.(1984). A multidimensional group cohesion instrument for intercollegiate basketball teams. *Journal of Sport Psychology, 6(1),* 103-117.

제12장

리 더 십

스포츠 현장에서는 지도자와 선수, 선수와 선수 사이에 수많은 리더십이 존재하는 것을 알 수 있다. 리더십이란 한 명의 개인이 존재할 때 발생되는 것이 아닌 집단 안에서 구성원의 능력을 이끌어내며 효과적인 수행을 할 수 있도록 조장하는 역할이라 할 수 있다. 이에 학자들은 리더십의 이론을 바탕으로 연구를 진행하여 왔으며, 현재에도 히딩크 리더십, 박지성 리더십 등의 새로운 리더십들이 거론되고 있다.

본 장에서는 리더십 이론과 효과적인 리더십을 위한 구성요인 등에 대해 알아보고자 한다.

1

리더십의 개념

스포츠에서 리더십(leadership)이란 승리나 우승을 많이 경험한 팀의 지도자들에게서 발견되는 행동 및 성격적인 특징으로 인식되어 왔다. 그래서 어느 종목에서건 가장 많이 우승을 시킨 팀의 지도자가 리더십이 높다는 평가를 받으며 주위로부터 존경을 받게 된다. 예로 1998년 네덜란드, 2002년 대한민국을 월드컵 4강에 올려놓으며 그 리더십을 인정받은 Guus Hiddink 감독은 2006년 호주, 2008년 러시아에서도 높은 리더십을 확인시켜 주었다. 또한 국내 프로농구의 전창진 감독은 최근 몇 년 동안 팀을 정상 수준에 올려놓으며 그 리더십을 인정받았으며, 2009-2010 시즌에는 최하위에 머물러 있는 팀의 감독을 맡아 그 팀을 1년 만에 4강에 올려놓아 다시 한 번 그의 리더십을 확인시켜 주었다.

이처럼 한 팀의 지도자는 개인이나 팀이 어디로 가고 있는지 알아야 하고, 정확하게 팀의 방향을 제시하여 개인이나 팀이 목적지에 도달하도록 도움을 주어야 한다. 리더십이 있는 지도자는 비전이나 동기를 유발하도록 노력할 뿐만 아니라 비전이 현실화 되도록 한다. 또한 팀에 있어 지도자의 역할과 책임을 보면 그들은 일반적으로 팀 구성원이 해야 하는 의무, 팀 목표에 도달하기 위한 일반적인 태도에 대한 의사결정을 해야 하기 때문에 스포츠 상황에서의 리더십은 아주 중요하다. 이처럼 리더십이란 팀의 공동목표를 향하여 선수들이 자기 기량을 최대한 발휘할 수 있도록 지도자가 영향력을 행사하는 과정과 지도자의 능력이라고 할 수 있다.

2 리더십의 정의

리더십은 1920년대 경영학을 중심으로 조직 구성원이 지닌 능력의 효율성을 증대시키기 위해 연구되기 시작하였으며, 1960년대와 1970년대에는 이를 기초로 스포츠 리더에 관한 연구도 진행되었다. 리더십은 일반적으로 '지도력'으로 번역되어 사용되고 있으나, 이를 다루는 입장이나 관점에 따라 리더십(leadership), 사회적 통제(social control), 지도적 지위(headship) 등의 유사한 개념으로도 불리며, 상이하게 정의되고 있다.

Pigos(1953)는 리더십이란 특정한 성격의 소유자가 공통의 문제를 추구하는데 있어서 자신의 의지, 감정, 통솔력 등으로 다른 사람을 이끌고 다스리는 특성이라고 주장하여 성격에 근거를 두고 정의하였으며, Hemphill과 Coons(1957)는 리더십이란 집단이 공동으로 지향하는 목적을 달성하기 위하여 집단 구성원들의 활동을 선도하는 지도자의 행동이라고 정의하였고, Cartwright(1968)는 리더십을 ① 집단목표를 선정하는 활동 ② 집단목표를 실현시키는 활동 ③ 구성원간의 상호작용의 질을 높이는 활동 ④ 집단의 응집력을 조성하여 이것을 집단 자원(group resource)으로 이용하도록 하는 집단 구성원 등의 제반 활동이라고 정의하였다. 또한 Barrow(1977)는 설정한 목표를 향해 나아가도록 개인이나 집단에 영향력을 발휘하는 행동 과정을 리더십이라 정의하였다. Fleishman(1973)은 리더십을 어떠한 목표나 목표군의 달성을 위하여 의사소통과정을 통한 개인 간의 영향력을 행사하는 시도라고 정의한 바 있다. 그리고 Stogdill(1974)은 리더십을 목표설정과 목표달성을 향하도록 집단행위에 영향력을 행사하는 과정으로 정의하였다.

이처럼 많은 학자들이 내린 다양한 정의들을 종합해보면, 리더십은 리더 개인의 특성만을 다루는 것이 아니라 리더의 개인적 요인뿐만 아니라 리더가 영향력을 발휘하고 영향을 주고 받는 상황, 리더의 통솔에 의해 함께 나아가는 팀 구성원 요인 모두를 포함하는 복잡한 함수 관계를 의미한다. 그래서 스포츠심리학에서는 리더십의 정의를 설정된 목표를 달성하도록 주어진 상황에 맞는 리더의 역할과 개인과 집단에 행사하는 상호–행동적 과정이라 설명하고 있다.

3 리더십 이론

리더십에 대한 초기 연구들은 주로 훌륭한 리더들의 성격적 특성이 무엇인가를 밝히는 것에 초점을 두었다. 그러나 성격만으로 리더십을 설명하는 것에는 그 한계가 있다는 것을 밝혀내었으며, 최근에는 집단의 상황과 리더 행동 간의 상호작용에 대한 리더십 연구에 관심이 모아지고 있다. 본 장에서는 스포츠 상황에서 리더십을 적용한 연구들에 대해 다양한 이론들을 살펴보도록 하겠다.

1) 특성 이론

리더십에 대한 초기의 연구들은 주로 경영학에서 진행되어졌는데, 주로 지도자의 성격 특성을 묘사하는데 주된 관심을 가져왔다. 그 당시 제시된 리더의 특성으로는 지식, 적극성, 독립심, 자신감과 같은 안정적인 개인 성향이 나타난다고 하였다.

특성 이론은 1900년대 초부터 제 2차 세계대전까지 발달했는데, 특히 1940년대에 가장 널리 사용되었다. 이 이론은 지도자에게 알맞은 성격적 특성을 지닌 사람은 어떠한 상황에서도 위대한 지도자가 된다는 주장이다. 즉, 우수한 지도자는 타고나며, 그러한 자질 때문에 지도자로 성공한다는 개념이다. Carlyle(1907)는 리더십의 위대한 사람(great man theory of leadership) 이론을 제창했는데 이것의 주요 논제는 지도자들이 어떠한 독특한 성격 때문에 지도자가 되고 성공을 한다는 것이다. Alexander 대왕이나 Napoleon 등이 이런 종류의 사람으로, 위대한 지도자는 만들어지는 것이 아니라 태어나면서 그 성격적인 특성으로 결정된다는 것이다. 또한 이 이론에 따르면 Hiddink 감독이 축구 감독이 아닌 기업의 경영을 했더라도 훌륭한 리더가 되었을 것이며, Bill Gates가 기업의 경영자가 아닌 어떠한 스포츠 감독을 했더라도 성공적인 리더가 될 수 있었다는 것이다.

리더십과 관련된 연구를 살펴보면, 리더십과 관련된 124편의 논문을 종합 분석한 Stogdill(1948)은 성공적인 리더는 5가지의 성격특성(지능, 성취동기, 책임감, 참여,

표 12-1. 지도자의 특성

조정(adjustment)	나이(age)
애타주의(altruism)	야심(ambition)
권위주의(authoritarianism)	조화(compatibility)
보수성향(conservatism)	존경(deference)
우월성(dominance)	감정이입(empathy)
자부심(esteem)	외향성(extroversion)
실패의 두려움(fear of failure)	신장(height)
지능(intelligence)	내향성(introversion)
판단(judgment)	친절(kindness)
책임(liability)	남성다움(masculinity)
성숙(maturity)	동기(motivation)
신경성(neuroticism)	독창성(originality)
지각력(perceptiveness)	지속성(persistence)
인기(popularity)	심리성(psychoticism)
책임감(responsibility)	학식(scholarship)
자신감(self-confidence)	민감성(sensitivity)
성별(sex)	사회성(sociability)
능력(stature)	지지(supportiveness)
긴급성(urgency)	언어적 솜씨(verbal facility)
어휘구사력(vocabulary usage)	체중(weight)

※출처: Landy, F. J. (1985). Psychology of work behavior. Chicago: The Dorsey Press.

사회적 지위)을 지니고 있다는 것을 밝혀냈으나, 이러한 부분들이 훌륭한 리더가 되기 위하여 영향을 미칠 수도 있겠지만, 이 특성들을 지니고 있는 것이 곧 성공적인 리더가 된다는 것을 의미하지는 않는다고 하였다. Gibb(1969)은 4가지 특성(지능, 사회적 성숙, 성취동기, 인간관계 태도)이 성공적인 리더십과 가장 많은 연관이 있음을 밝히고 있지만, 4가지 특성 중 어떤 특성이 가장 효율적인 리더가 되는가에 대해서는 명확하게 밝히지 못하고 있다. 또한 Mann(1959)과 Campbell 등(1970)은 지도자의 지능과 과제의 성공 간에는 낮은 상관이 있다고 보고하였으며, Fiedler와 Leister(1977)는 지능과 과제의 낮은 상관에 대해 지도자의 지능과 과제의 관련 행동 사이를 연결하는 중재과정을 충분히 이해하지 못하기 때문이라고 하였다.

Hendry(1974), Ogilvie와 Tutko(1966, 1970)는 특성 이론을 따르는 스포츠 리더십 관련 연구에서 훌륭한 코치는 강인한 성격을 가지고 있으며, 권위적이며, 융통성이 없고, 상황을 장악하며, 외부의 압력을 버틸 의지가 있으며, 독단적인 사고를 하며, 감정 억제적이고, 현실적인 태도를 갖는다고 주장하였다. 하지만 이러한 스포츠 리더의 특성을 뒷받침해주는 구체적인 증거는 제시되지 않았고, 일부 학자들은 이러한 특성 대신에 코치가 매우 권위적이며, 교조적이고, 조작적이라는 사실을 찾기도 했다(Sage, 1975). Landy(1985)는 신장, 나이, 인기, 태도 등의 지도자의 특성 요인을 다음의 표 12-1과 같이 제시하였다.

리더십 연구에 있어 특성 이론은 몇 가지 특징을 발견하였지만, 일관성 있는 연구결과를 제시하지는 못하였다. 또한 상황적 요인(집단과제의 특성, 상황의 다른 측면)을 무시하였으며, 접근 자체가 너무 단순하여 일반화에 문제가 제기 되었다. 이에 리더는 각자 다양한 성격적 특징을 가지고 있고, 그들을 성공적으로 만드는 구체적이고 공통적인 특성이 존재하는 것은 아니라는 것이 지배적인 의견이며, 이에 따라 학자들은 특성 이론 대신 훌륭한 지도자가 가지는 행동특성을 연구하기 시작하였다.

2) 행동 이론

특성 이론이 한계에 부딪히자 그 후의 연구들은 우수한 지도자의 공통된 행동을 찾는 연구를 시도하였다. 행동 이론 연구자들은 우수한 리더는 태어나는 것이 아니라, 성공적인 리더의 일반적인 행동 특성을 가르치면 누구나 훌륭한 리더가 될 수 있다는 입장에서 연구를 하였다. 따라서 리더의 행동을 분석하고 그 행동이 팀 성공이나 선수 만족에 미치는 영향에 관한 연구를 시도하였다.

비스포츠 분야의 행동이론에 관한 대표적인 연구로는 Iowa 대학, Ohio 대학, Michigan 대학의 연구가 있다.

Iowa 대학에서는 세 가지 유형의 리더를 연구하였다. White와 Lippitt(1968)는 리더의 행동 유형을 권위적 리더, 민주적 리더, 자유방임적 리더로 분류하여 그것이 집단 성원의 활동에 미치는 영향을 밝혀냈는데, 권위적 리더는 지도자가 절대적인 힘을 가지고 팀의 목표와 운영에 대한 결정을 혼자 내리며, 성원은 지도자의 명령에 따라 움직이기만 한다. 민주적 리더는 집단의 목표와 운영이 성원들과의 토론에 의해 이루어지며, 업적과 상벌이 객관적 기준에 의해 평가된다. 자유방임적 리더는 리더가 집단의 조직이나 운영에 전혀 관여하지 않고, 구성원에게 모든 것을 맡긴다. 이러한 세 가지 유형을 관찰한 결과 권위적 리더와 자유방임적 리더보다 민주적 리더를 압도적으로 선호하는 것으로 나타났으며, 권위적 리더 집단에서는 의존성이 높고 불만이 가장 높게 나타났다.

Ohio 대학에서는 요인분석을 통해 지도자 행동의 여러 요인을 밝히려는 연구가 진행되었다. Hemphill과 Coons(1957)는 지도자 행동을 9가지 요인으로 분류하였으며, 이후 Halpin과 Winer(1957)가 Hemphill 등의 질문지를 수정하여 4개의 요인을 추출하였다. 그 요인은 배려성(consideration), 구조화 주도행동(initiating structure), 생산성 강조(production emphasis), 감수성 또는 사회적 인지(sensitivity or social awareness)였으며, 이중 배려성(46.9%)과 구조화 주도행동(33.6%)이 가장 높은 변량을 가지고 있었다. 이에 Halpin과 Winer(1957)는 배려성과 구조화 주도행동 요인으로 지도자 행동 차원을 축소하여 지도자 행동 기술 질문지(Leader Behavior Description Questionnaire : LBDQ)를 제작하였다. 두 요인 중 배려성에는 우정, 상호 신뢰, 존경, 지도자와 구성원 간의 허물없는 대화, 인간적인 따뜻함을 나타내는 지도자의 행동이 포함되고, 구조화 주도 행동은 지도자가 집단에 대한 자신의 관계를 조직하고 한계를 명확히 하는 행동, 지도자가 집단 구성원들의 역할을 조직화하고 그 역할의 범위와 한계를 정하는 행동, 그리고 과제 성취를 향해 구성원을 감독하는 행동들이 포함된다. 이들 두 요인에서의 행동은 독립적이면서 상호보완적인데 훌륭한 리더는 두 측면 모두에서 높은 점수를 보이는 경향이 있다. Fleishman과 Harris(1962)는 배려성과 구조화 주도행동과 리더십의 효율성의 관계 연구에서 배려성이 높은 지도자는 배려성이 낮은 지도자보다 만족감이 더 많은 구성원들을 가지고 있으며, 구성원들이 결석이 적고 불평도 더 적다고 보고하였다. 그러나 배려성과 지도자의 효율성 관계는 모집단에 따라 다르게 나타나기도 하였다.

Michigan 대학에서는 산업관리자(supervisors)의 행동에 관해 연구하였는데, 연구의 목적은 집단의 생산성과 집단의 참여로부터 얻은 집단 구성원들의 만족에 기여하는 원리를 알아내는 것이었다. 이에 Kahn(1951), Katz와 Kahn(1953)은 관리자와의 인터뷰를 통해 생산 지향성(production-oriented)과 피고용자 지향성(employee-oriented)의 2가지 일반적인 유형이 있음을 밝혀냈다. 이들 연구에서 리더의 두 가지 유형 중 생산 지향성 리더는 일의 기술적인 측면을 강조하고, 피고용자를 조직의 업무달성의 수단으로 보며, 명확하게 정의된 업무관계의 패턴을 설정하는 일에 관심을 나타내며, 피고용자 지향성 리더는 리더가 피고용자의 욕구, 발전 및 개인적 성장 등에 대해 관심을 갖고, 피고용자의 개인적 특성을 인정하며 상호간의 인간관계를 강조한다.

결론적으로, 이러한 대학의 연구들은 지도자가 보여주는 행동이나 역할을 정의하고 묘사했다는데 큰 의의가 있으나 지도자의 유형과 상이한 상황들에 대해 일관성이 없다는 단점이 지적되고 있다.

스포츠 분야에서도 스포츠 리더십을 밝히려는 연구들이 진행되었는데, Danielson, Zelhart와 Drake(1975)는 LBDQ를 스포츠 상황에 맞게 수정하여 코치 행동 기술 질문지(Coach Behavior Description Questionnaire)를 개발하였다. 이들은 160명의 중·고등학교 하키선수들에게 이 질문지를 활용하여 연구한 결과, 경쟁훈련(훈련과 수행), 추진력(문제해결), 팀 운영(효율성), 유대형성(사교활동), 대표활동(팀의 대표), 조직 의사소통(팀의 조직과 운영), 인정(수행과 참여에 대한 보상), 분발유도(동

기유발)의 코치행동 범주가 있음을 밝혀냈다. 또한 Murray와 Mann(1993)은 코칭 유형에 관한 여러 연구들을 종합하여 선수들이 가장 선호하는 코치의 행동을 다음과 같은 5가지로 요약하였다.

표 12-2. 코칭 유형

유 형	내 용
잔소리 안하는 지도자	- 기술지도 시 핵심사항만 지적
유머감각이 있는 지도자	- 딱딱하기보다 때로는 유머를 사용 - 유머가 특정 개인의 마음의 상처를 받지 않도록 사용 - 지도자의 권위가 무너지지 않도록 적당한 빈도로 사용
개인지도를 많이 하는 지도자	- 그룹지도 보다는 개인지도를 선호 - 형평성을 잃지 않는 범위 안에서 개별적 지도를 제공
전문지식이 풍부한 지도자	- 지도하는 종목의 전술을 포함한 스포츠 과학의 지식 보유 - 지도자가 지식이 있다는 믿음을 선수에게 제공
팀 분위기를 이끄는 지도자	- 선수나 팀의 분위기를 파악하고 이끄는 능력 - 팀의 갈등 요인을 해결하기 위해 설득과 중재 능력 보유

3) 상황 이론

특성 이론과 행동 이론은 리더의 성격과 리더의 행동에 집중하여 그 특성을 파악하고자 하였으나 이러한 이론은 리더와 상황 사이의 상호작용을 다루지 못한다는 한계를 가지고 있다. 상황이란 집단이 처해있는 상황과 리더와 구성원 간의 관계, 구성원의 특성, 과제의 유형 등 다양한 요인들을 포함한다. 스포츠 상황에서는 지도자의 어떤 행동들이 스포츠 상황에서의 승패에 관련성이 높다고 생각할 수도 있지만 상황적인 차이(경쟁자 수준, 선수 연령, 종목 등)가 지도자의 효율성에 영향을 미칠 수도 있다. 서로 다른 리더의 특성과 행동은 서로 다른 상황의 지도자에게 중요하므로 상황 이론이 태동하였으며, 대표적인 이론으로는 McGregor(1960)의 X-Y 이론, Fiedler(1964)의 상황-유관이론 등이 있다.

(1) McGregor(1960)의 X-Y이론

McGregor(1960)는 지도자는 그들의 부하에 대하여 X이론 또는 Y이론 가정을 가지고 있다고 표 12-3과 같이 제시하였다.

X유형의 지도자는 부하직원들이 게으르고, 외재적으로 동기화되고, 자아통제를 할 수 없고, 그들의 일에 책임감을 가지지 않는다고 가정하고 있다. 또한 Y유형의 지도자는 부하직원들이 내재적으로 동기화되고, 자아를 통제할 수 있으며, 책임감을 가지며, 조직에 헌신한다고 가정한다. X-Y이론을 근간으로 특정 지도자를 분석하면 그 지도자는 X영역 또는 Y영역 중에서 한 영역에 속한다고 결론을 내린다.

X유형 지도자는 세상을 보는 견해가 제한되어 있기 때문에 리더십 유형이 권위적이고, Y유형 지도자는 온정적, 상담적, 참여적 유형의 지도자가 많을 수 있다. 만약 구성원이 게으르고, 자아를 통제할 수 없으며, 외재적으로 동기화 된다고 지도자가 가정한다면 권위적 유형이 이러한 X이론 가정에 적합할 것이다.

표 12-3. McGregor의 X-Y이론의 주요 가정

X이론
1. 평범한 사람들은 선천적으로 일을 싫어하고 자신이 할 수 있는 일이라도 회피하려고 한다.
2. 많은 사람들은 강요당하고, 통제당하고, 지도를 받고, 처벌로서 위협을 받아야 조직의 목표달성을 위하여 충분한 노력을 기울인다.
3. 평범한 사람들은 지시 받는 것을 더 좋아하고 책임회피를 원하며, 상대적으로 야망이 적은 반면에 무엇보다도 안전하기를 바란다.
4. 많은 사람들은 조직의 문제를 해결할 만한 창조성이 없다.
Y이론
1. 일을 할 때 육체적이며, 정신적인 노력을 기울이는 것은 놀이나 휴식처럼 자연스러운 것이다.
2. 외적통제와 처벌의 위협은 조직의 목표를 달성하게 하는 유일한 수단이 아니다. 인간은 자신에게 부여된 목표 영역 내에서 자아지도와 자기통제를 경험하게 될 것이다.
3. 목표달성은 성취감과 더불어 보상의 기능(예: 자아에 대한 만족, 욕구의 자아실현 등)을 한다.
4. 인간은 적당한 조건하에서 수용하는 것 뿐 아니라 책임감을 느끼는 것도 배운다.
5. 조직의 과제해결을 위한 고도의 상상력, 현명함, 창조성 등이 대중들에 있다.
6. 현대산업사회 같은 조건하에서는 인간의 지적 잠재력은 단지 부분적으로 활용될 뿐이다.

(2) Fiedler(1964)의 상황-유관(situation-contingency) 이론

지도자의 특성뿐만 아니라 리더십이 발휘되는 상황을 강조한 상황 이론은 Fiedler (1964)에 의해 시도되었다. 상황 이론의 대표자로 Fiedler(1964)는 상황-유관 (situation-contingency) 이론을 제시하였다. 이 이론은 리더십의 효율성을 집단 구성원들과 상호작용하는 지도자의 유형과 집단-과제 상황의 호의성에 따라 달라진다는 것을 기본 전제로 하고 있다. 그는 리더십 스타일을 인간관계, 의사사통의 중시, 사회적 상호작용의 유지 등을 중요시하는 관계 지향적 리더십과 생산측면과 수행 측면을 강조하는 과제 지향적 리더십으로 구분하였다. 그리고 지도자와 구성원, 집단의 주변 상황에 따라 관계 지향적 리더십이 유리할 수도 있고, 과제 지향적 리더십이 효

표 12-4. 공행자 최소 척도(Least Preferred Coworker Scale : LPC)

즐거운(pleasant)	8 7 6 5 4 3 2 1	즐겁지 않은(unpleasant)
친한(friendly)	8 7 6 5 4 3 2 1	친하지 않은(unfriendly)
거절하는(rejecting)	1 2 3 4 5 6 7 8	승인하는(accepting)
긴장하는(tense)	1 2 3 4 5 6 7 8	긴장을 푸는(relaxed)
먼(distant)	1 2 3 4 5 6 7 8	가까운(close)
냉담한(cold)	1 2 3 4 5 6 7 8	다정스러운(warm)
지지하는(supportive)	8 7 6 5 4 3 2 1	반대하는(hostile)
지루한(boring)	1 2 3 4 5 6 7 8	흥미 있는(interesting)
다투는(quarrelsome)	1 2 3 4 5 6 7 8	사이 좋은(harmonious)
울적한(gloomy)	1 2 3 4 5 6 7 8	기분 좋은(cheerful)
개방적인(open)	8 7 6 5 4 3 2 1	조심성 있는(guarded)
험담하는(backbiting)	1 2 3 4 5 6 7 8	정직한(loyal)
믿을 수 없는(untrustworthy)	1 2 3 4 5 6 7 8	믿을 수 있는(trustworthy)
잘 생각해주는(considerate)	8 7 6 5 4 3 2 1	경솔한(inconsiderate)
불쾌한(nasty)	1 2 3 4 5 6 7 8	좋은(nice)
동의하는(agreeable)	8 7 6 5 4 3 2 1	동의하지 않는(disagreeable)
진실하지 않은(insincere)	1 2 3 4 5 6 7 8	진실한(sincere)
친절한(kind)	8 7 6 5 4 3 2 1	불친절한(unkind)

율적일 수 있다고 하였다. Fiedler는 두 가지 지도자의 특성을 측정하기 위하여 공행자 최소 척도(Least Preferred Coworker Scale: LPC)를 개발하였는데(표 12-4), 이 척도는 지도자에게 과거에 일을 했거나 또는 현재 일을 하는데 누구하고 가장 어려운지를 묻고 지도자가 일을 해 나아가는데 가장 어려움을 겪는 사람에 대해서 갖는 최소의 선호도를 측정하는 것이다. 이것은 개인적 또는 감정적으로 가장 싫어하는 사람이 아니라, 단지 함께 일을 수행하기 어려웠던 사람을 말한다. 즉, 지도자가 LPC 척도의 각 문항에 대해 그 사람을 평가하는 것이다. LPC는 18개 문항으로 되어 있고, 양극형 용사척도로 되어 있으며, 각 문항은 1에서 8까지의 범위로 되어 있어 각 문항의 점수를 합산한 것이 지도자의 LPC 점수가 된다. 점수의 합은 18점에서 144점으로 56점 이하는 LPC가 낮은 사람이고 63점 이상은 LPC가 높은 사람으로 간주한다. LPC 점수가 높은 지도자(63점 이상)는 인간관계지향적 특성을 가진 사람으로서 일을 해 나아가는데 가장 적합하지 못한 구성원에 대해서 긍정적인 감정이나 관대함을 가질 수 있다. 반면 LPC가 낮은 지도자(56점 이하)는 과제지향적인 특성을 지닌 사람으로서 구성원에 대해서는 비협조적이며 호의적이지 못하며 비판적인 평가를 한다.

Fiedler는 효율적인 리더는 리더의 행동과 어떤 특정한 상황적 요소와 상호작용하므로, 상황의 요구에 적합한 리더십의 유형이 필요하다고 주장하였다. 조직이 처한 상황은 리더와 구성원의 관계, 과업의 구조, 리더의 지위권한에 의해 결정되는데, 그는 조직이 처한 상황을 통제력의 정도에 따라 고통제 상황, 저통제 상황, 중간 상황으로 구분하였다. 고통제 상황이란 리더와 구성원의 관계가 화목하고 명확한 과업구조가 형성되어 있으며 리더가 막강한 권한을 갖고 있는 상황이다. 반면 저통제 상황이란 리더가 합법적인 영향력을 갖고 있지 못하고 구성원과의 관계도 원만하지 못하며 과업도 복잡하고 정리되어 있지 못한 상황이다. 중간 상황이란 성원과의 관계는 원만하지만 과업이 복잡하거나, 성원과의 관계는 나쁘지만 과업이 단순한 경우이다(그림 12-1).

Fiedler의 이론에 따르면 고통제와 저통제 상황에서 과제지향의 리더가 가장 효과를 발휘할 수 있으며 중간 상황에서는 관계지향의 리더가 효과적이다. 그러나 상황과 리더 유형간의 예상된 관계는 일관성 있는 연구 결과를 보여주고 있지 못하며, 스포츠 팀의 고유한 특성을 반영하지 못하고 있다는 의견이 제시되고 있다. 이렇듯 Fiedler의 이론은 스포츠 상황에서 경험적인 지지를 얻지는 못하였으나, 효과적인 리더십 발휘를 위해서는 상황에 따라서 그에 부합하는 리더십의 형태가 되어야 한다는 주장은 호소력이 있었다.

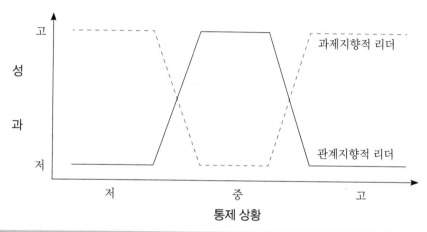

그림 12-1. 상황부압에 따른 과제지향적 리더와 관계지향적 리더의 영향력

Chelladurai와 Carron(1977)은 선수의 성숙도와 리더십 스타일도 신중히 고려해야 한다고 주장하였다. 구체적으로, 기술수준이 높고 과제지향적인 선수는 관계지향적인 지도자가 적합하며, 반대로 기술수준이 낮은 선수에게는 과제지향적인 지도자가 효과적이다.

또한 초등학교나 중학교 선수에게는 과제지향이 낮고 관계지향이 높은 지도자가 필요하다. 고등학교 선수들은 과제지향과 관계지향 모두가 높은 지도자를 필요로 하며, 대학선수들은 관계지향이 낮고 과제지향이 높은 지도자가 효과적이다. 이는 심리적인 발달과 수행에 도움을 위해서는 나이가 어린 선수일수록 관계지향적인 리더십이 필요하다는 것을 의미한다.

4) 다차원적 리더십 모델

다차원적 리더십 모델은 Chelladurai(1978)가 상황 이론을 기초로 하여 스포츠 상황에서 지도자의 행동이 선수의 만족도와 수행 능력에 어떠한 영향을 미치는가를 규명하기 위하여 제시되었다. 이 모델이 다차원적으로 불리는 이유는 선수의 성취도와 만족도의 결과가 지도자의 행동과 많은 선행조건들과 서로 상호작용함에 따라 설명되어지기 때문이다.

이 모델의 세 가지 유형은 첫 번째 지도자의 지도행동을 결정짓는 선행조건(상황 특성, 리더 특성, 구성원 특성)과 두 번째 지도자의 행동, 그리고 마지막으로 이러한 지도자의 행동과 선행조건에 따른 결과로 분류된다. 상황 특성은 집단의 규모, 집단의 형태, 스포츠 종목의 특성 등이며, 리더의 특성은 리더의 경력, 리더의 선수경력, 리더의 연령 등이며, 구성원 특성은 각 개인의 성별과 경력, 능력 등이라 할 수 있다.

지도자의 행동에는 규정행동, 실제행동, 선호행동이 있는데, 규정행동은 조직 내에서 리더가 해야만 하는 행동, 선수가 리더로부터 기대하는 행동을 뜻한다. 실제행동은 리더가 실제로 행하는 행동을 말하며, 선호행동은 선수들이 리더에게 원하는 행동을 뜻한다.

이 모델의 주된 핵심은 규정행동, 실제행동, 선호행동과 같은 세 가지 지도자의 행동이 서로 일치할수록 수행결과와 선수만족에 긍정적인 영향을 미친다는 것이다. 그리고 좋은 결과와 선수의 만족은 리더의 행동에 다시 영향을 미친다. 즉, 리더의 실제행동이 선수들이 선호하는 행동, 주어진 상황에서 요구되는 행동과 가까울수록 팀 수행이 좋아지고, 선수들의 만족도가 더 높아지는 것이다. Chelladurai의 구체적인 모델은 다음과 같다(그림 12-2).

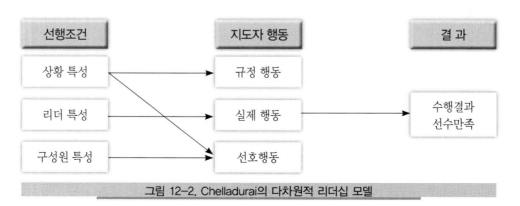

그림 12-2. Chelladurai의 다차원적 리더십 모델

Chelladurai의 다차원적 리더십 모델을 검증하기 위하여 Chelladurai와 Saleh (1980)는 스포츠리더십척도(Leadership Scale for Sports: LSS)를 개발하였다. LSS는 지도자의 지도행동 유형을 훈련과 지시행동(training and instruction behavior), 권위적 행동(autocratic behavior), 민주적 행동(democratic behavior), 사회적 지지행동(social support behavior), 긍정적 피드백 행동(positive feedback behavior)의 다섯 가지로 분류된다. 또한 LSS는 총 40문항으로 구성되어 있으며, 실제 리더의 행동을 측정하거나 선수가 선호하는 지도행동을 할 수도 있다. LSS에서 분류하고 있는 구체적인 지도자 지도행동 유형은 다음의 표와 같다(표 12-5).

표 12-5. 스포츠 리더십 척도의 지도자 행동유형(Chelladurai & Saleh, 1980)

지도자 행동유형	내 용
훈련과 지시행동	선수의 운동수행 수준을 향상시키려는 목적으로 선수들을 훈련하고 지도하는 행동으로 팀 구성원들의 활동을 조정하고 열성적인 훈련을 강조하며, 전략, 전술 등에 대해 전문적인 지도를 하여 선수들의 수행을 향상시키도록 노력함
권위적 행동	선수에게 항상 일정한 거리를 두고 행동하며, 지도자의 권위를 강조하고 지도자 자신이 모든 의사를 결정하고자 하는 행동으로 선수들의 의견을 잘 반영하지 못함
민주적 행동	지도자가 게임의 전술과 전략, 연습방법, 팀 목표의 의사결정시 선수에게 많은 참여를 허용하는 지도행동으로 팀의 의사결정 형태에 따라 달라짐
사회적 지지행동	지도자가 팀의 긍정적인 분위기를 조성하고, 선수들의 개인적인 요구를 해결해 주기 위한 행동이며, 선수들과의 따뜻한 관계를 유지하려고 노력하며 스포츠 활동 이외의 시간에도 선수들과 많은 접촉을 시도함
긍정적 피드백 행동	지도자가 선수들의 동기를 부여하는 방법으로 선수들이 훌륭한 운동수행에 대해 칭찬하는 행동이며, 선수들의 뛰어난 수행에 대해 보상과 칭찬을 아끼지 않음(단, 수행의 결과에만 국한됨)

1980년대 이후 실시된 리더십 연구는 대부분 다차원적 리더십 모델에 근거하여 이루어졌으며 그 연구 결과도 다양하게 나타난다. 표 12-6은 LSS를 사용하여 지도자의 리더십 유형과 만족도와의 관계에 대한 연구들의 요약이다(Carron, 1988).

표 12-6. LSS를 이용한 지도자의 리더십 유형과 선수의 만족도 연구결과

연구자	연구대상	연구결과
Chelladurai와 Saleh(1978)	여러 종목의 대학선수	- 남자선수는 사회적 지지보다 권위적 행동을 선호
Erle(1981)	교내·외 아이스하키 선수	- 남자선수는 훈련과 지시, 권위적, 사회적 지지행동을 선호 - 교내선수는 사회적 지지, 훈련과 지시, 보상행동을 선호
Horne와 Carron(1985)	여러 종목의 여자선수	- 선수가 선호하는 것보다도 코치의 행동이 덜 긍정적 피드백이고 권위적일 때 코치와 선수의 관계가 악화
Chelladurai와 Carron(1983)	여러 종목의 대학선수	- 인지적 구조가 높은 선수는 훈련과 지시, 충동적인 선수는 사회적 지지행동을 선호
Chelladurai와 Carron(1983)	초중고대학의 농구선수	- 연장자이며 경험이 많은 선수는 사회적 지지행동을 선호 - 훈련과 지시행동의 선호도는 대학까지 줄어든 후 다시 증가
Chelladurai(1984)	레슬링, 농구, 육상 대학선수	- 훈련과 지시, 긍정적 피드백 행동이 선수의 선호도를 상대적으로 증가시키며 선수의 만족도도 증가

5) 상통적 리더십

상통적 리더십(transactional leadership)은 리더와 하위자 간의 교환관계로 하위자의 이해관계를 자극하여 영향을 미치는 리더십을 의미한다. 즉, 리더가 지시하거나 기대하는 바에 하위자가 순응하는 대가로 보상이나 특권을 부여받는 리더십 과정을 의미한다(Burns, 1978). 상통적 리더십은 변환적 리더십과는 반대되는 개념으로 리더와 부하들의 관계는 상호 간에 영향을 미치는 교환에 바탕을 두고 있다는 관점으로서 리더는 부하들에게 이해관계를 호소함으로써 동기유발을 일으킨다.

일반적으로 리더와 부하들 간의 암묵적 교환을 가정하고 있는 기존의 리더십 이론 대부분이 여기에 속한다고 볼 수 있다. 상통적 리더십이 리더나 부하 간의 상호작용 관계에서 상호 간의 가치 있는 자원의 교환과정으로 설명된다면 이러한 교환의 대상은 크게 두 가지 유형으로 구분할 수 있다. 첫째, 고차원적 거래와 둘째, 저차원적인 거래이다. 고차원적인 거래란 리더와 부하를 결합할 수 있는 믿음, 신념, 존경심 등의 상징적 가치의 거래를 의미하고, 저차원적인 거래는 가시적인 물품, 보수, 권리 등의 거래를 뜻한다. 리더와 부하 간에 저차원적이고 단순한 거래를 초월하는 고차원적 거래관계는 부하들의 욕구에 대한 자기 활성화를 촉진하고 이는 곧 부하들의 자기 강화를 가능하게 만들어 줌으로써 동기 부여가 이루어진다고 주장한다(Bass, 1985).

Bass(1985)는 기존의 리더십 모델을 상통적 리더십으로 범주화시키고, 다중요인 리더십 질문지(Multifactor Leadership Questionnaire: MLQ)를 통해 조건적 보상과 예외적 관리를 상통적 리더십의 구성요소로 제시하고 있다. 조건적 보상은 부하의 바람직한 행위에 대한 강화로서 리더가 적절히 보상하는 정도를 말한다. 따라서 리더는 부하에게 무엇을 해야 그들이 원하는 보상을 받을 수 있는지를 알려준다. 리더는 또한 예외적 관리를 통해서 부하와 거래를 하게 된다. 예외적 관리는 부하들의 실수에 초점을 맞추고, 부하의 성과가 기준에 미달하거나 의사결정이 지연되는 등 부하에게 문제가 발생했을 경우에만 리더가 관여하는 정도를 말하는 것이다.

Hater와 Bass(1988)는 이를 문제가 발생하는지에 대해 계속적인 감시를 하게 되는 능동적인 관리와 발생할 때에만 리더가 개입하는 수동적인 관리로 구분하였다.

(1) 조건적 보상

조건적 보상은 부하가 노력의 대가로 보상 받기를 원할 때 리더는 그들이 무엇을 해야 하는지를 주지시켜주며, 노력의 대가로 부하가 원하는 것을 주는 것으로 이러한 교환관계를 통하여 부하들을 동기화시키고 명시된 성과를 달성하도록 한다. 일반적으로 조건적 보상은 두 가지 형태를 띠게 되며 첫 번째 형태는 긍정적 강화(positive reinforcement)로서 이는 바로 조건적 보상이다. 여기에는 잘 수행한 과업에 대한 칭찬, 임금인상, 보너스, 승진에 대한 추천 등이 해당된다. 둘째 형태는 부정적 강화(negative reinforcement)로서 이는 조건적 처벌을 말한다(Bass, 1985).

Bass(1985)는 조건적 보상이 제대로 주어질 때 부하들의 기대와 성과 또한 향상되며 기대되는 성과수준을 유지하려는 노력이 강화된다고 하였다.

조건적 보상은 구성원들이 보상을 받기 위해서 무엇을 해야만 하고 처벌을 피하기 위해서 무엇을 해야 하는가 하는 문제에서 리더와 구성원의 합의를 하게 된다. 이 합의의 이행유무는 피드백을 통해서 알 수 있고 리더는 이 합의 이행을 강화하기 위해 대리인의 역할을 한다. 리더가 많은 권한을 보유하고 있고, 하위자가 보상을 얻기 위해서는 리더에게 의존해야만 하며, 보상을 가져다주는 성과가 하위자의 기량이나 노력에 의해 달성될 수 있고, 성과가 정확하게 측정될 수 있는 경우에는 리더의 조건적 보상행동은 가장 큰 효과를 거둘 수 있다. 그러나 Yammarino와 Bass(1990)는 시간상의 압박, 긍정적 강화(positive reinforcement)의 효과에 대한 불신, 기량이나 자신감의 부족 등으로 말미암아 조건적 보상은 충분히 활용되지 못한다고 하였다.

리더와 부하간의 교환관계는 단순히 리더와 부하 간에 합의한 기준을 도달한 것에 대한 보상과 실패했을 때의 처벌과 같은 단순한 거래적인 관계가 되어서는 안 된다. 리더들은 부하들로 하여금 지속적인 존경을 받을 수 있도록 지속적인 보상을 통한 재확신을 시켜주어야 한다. 또한 상사와 부하간의 거래적인 관심은 부하의 개발에 대한 리더의 변혁적인 관심과 함께 이루어질 때 보완이 될 수 있다.

(2) 예외적 관리

Bass(1985)는 구성원이 기대된 성과를 달성하지 못하는 경우 리더가 직접 개입하여 주어진 성과를 달성 하도록 만드는 경우를 예외적 관리라고 하였다. 즉, 조건적 보상과는 대립된 개념으로 리더의 이러한 개입이 때로는 부정적인 피드백(negative feedback)이나 처벌을 수반하는 경우도 종종 있다. Bass(1985)는 리더들이 조건적 보상보다는 예외적 관리에 치중하려는 경향이 있으며, 그로 인해 조건적 보상이 제공하는 긍정적 효과를 저해하는 경우가 많음을 지적하고 있다.

예외적 관리는 문제가 발생했을 경우 리더가 사전에 적극적으로 개입하는 형태와 문제가 발생한 이후 개입하는 소극적 형태로 구분되기도 한다. Bass와 Avolio(1993)는 리더가 일이 잘못되어 갈 때에만 몇 가지 수정을 하기 위해 개입하고, 수정할 필요

가 발생할 때까지 리더로서 소극적으로 존재하는 소극적 형태와 부하들이 실수를 했을 때 간섭하기 위해 부하들의 작업수행을 적극적으로 감시할 준비를 하고 있는 적극적 형태로 구분하였다. 즉, 전자는 업무가 정해진 절차에서 벗어날 기미가 보일 때 개입하여 적절한 조치를 취하는 것을 말하며, 후자는 일이 정해진 절차에 벗어났을 경우에만 개입하여 조치를 취하는 것을 말한다.

6) 변환적 리더십

변환적 리더십이라는 용어가 본격적으로 사용된 것은 Burns(1978)의 'Leader-ship'이라는 저서가 간행되고 난 이후라 할 수 있다. 그는 리더가 구성원들과 함께 조직의 목적을 공유하고 이러한 집단의 목적추구에 대한 창조적 변화를 위해 권력을 사용하는 리더라는 의미에서 변환적 리더십이라는 개념을 사용하였다. 이후 Bass(1985)는 그의 저서 'Leadership and Performance'에서 Burns(1978)의 이론을 토대로 또 다른 변환적 리더십을 제안하였는데, 변환적 리더란 부하들에게 과업과 중요성을 인식시키고 개인의 이익보다 조직과 팀의 이익을 우선하도록 하며 더욱 상위의 욕구를 활성화시킴으로써 부하들에게 동기를 부여하고 변화를 가져오는 역할을 한다. 변환적 리더십의 정도는 부하들에게 미치는 리더십의 영향에 의해 측정될 수 있는데, 변환적 리더의 부하는 리더에 대해 신뢰감, 존경심, 충성심을 느끼게 되고, 이를 통해 기대 이상의 수행을 달성하려는 동기를 갖게 된다.

초기에 Bass(1985)는 변환적 리더십의 구성요소로서 카리스마, 지적자극, 개별적 배려의 세 가지 요소를 제안하였다. 먼저 카리스마(charisma)란 리더가 부하들에게 강한 정서와 리더에 대한 일체감을 유발함으로써 영향력을 발휘하는 과정이며, 지적 자극(intellectual stimulation)은 리더가 부하들에게 문제에 대한 인식을 증가시키고 새로운 시각으로 문제를 바라볼 수 있도록 영향력을 발휘하는 과정이다. 또한 개별적 배려(individualized consideration)란 리더가 부하들을 지원하고 격려하며 발전적 경험을 제공하는 활동을 의미한다.

(1) 카리스마

카리스마는 변환적 리더십의 대표적인 특성을 나타내는 하위요인으로 가장 강력한 속성을 지니고 있다. 카리스마에 대한 개념은 독일의 사회학자인 Max Weber(1947)의 관료제 이론에서 처음으로 제시되었는데, 그는 자신의 관료제 이론을 전개하면서 처음으로 카리스마적 권위(charismatic authority)를 언급하며, 이 권위는 관습이나 합리적인 체계에 의한 것이 아닌 비범하고 초인적인 존재로서 개인적 배려에 기인하여 정당성을 획득하는 권위의 형태라고 설명하였다.

House(1971)는 카리스마적 리더십 이론에서 카리스마적인 리더는 자기 확신적이고 지배적이며 타인에게 영향을 미치려는 욕구가 강한 특성을 지니고 있을 뿐만 아니라, 부하들에 대하여 바람직한 행동, 가치, 신념을 제공해 높은 목표를 제시하고 유능감과 성공에 대한 확신을 부여하여 목표를 달성할 수 있을 것이라는 메시지를 전달하는 등의 행동에 주력한다고 주장하였다.

Bass(1990)는 이러한 House(1971)의 정의를 발전시켜, 카리스마를 지닌 리더는 강한 자신감을 지니고 있으며, 타인에게 영향력을 행사하고자 하는 욕구가 강하며, 뛰어난 의사소통 기술을 가지고 있고, 목표를 이념적 형태로 전환하여 명확하게 제시할 수 있으며, 자신이 제시한 비전과 사명을 달성하도록 부하들의 동기와 정서를 불러일으키는 능력을 지니고 있다고 하였다. 리더의 이러한 카리스마적 특징은 부하들로 하여금 리더와 리더가 제시한 비전에 대해 동일시하게 하며, 리더의 권우에 맹목적으로 순종하고 강한 충성을 갖게 하고, 리더의 강한 개인적 매력에 정신적으로 빠져들게 한다.

Trice와 Beyer(1986)는 카리스마의 4가지 특징을 첫째, 일반사람들이 지니고 있지 못한 비범한 재능을 가지고 있어야 하고, 둘째, 위기나 절망적인 상황에 처하여도 그에 대한 합리적인 해결책을 제시해야 하며, 셋째, 부하들에게 리더가 초월적인 능력을 지닌 것으로 믿도록 해야 한다. 넷째는 지속적인 성공을 통해 부하들에게 자신의 능력을 보여줄 수 있어야 한다고 하였다.

Bass와 Yokochi(1991)는 카리스마적 리더는 다른 사람에게 감동을 주고, 고무시키고, 마음을 사로잡기 위해서 비언어적 감정 표현을 한다고 하였다. 일반적으로 카

리스마적 리더는 조직의 모든 계층에서 발견되고 있지만 하위계층이나 중간계층보다
는 최고계층에서 많이 나타난다는 사실이 Bass와 Avolio(1993)의 MLQ(Multifactor
Leadership Questionnaire)에서 발견되었다. 특히 노동력, 시장경쟁, 기술 등의 급
격한 변화에 대비하려는 조직체의 위계질서를 잡아 주는데 있어서, 카리스마적 리더
십은 계급제도와 대체될 수 있고, 상호작용하는 팀과 조직을 이용함으로써 경직성을
피하는 역할을 제공할 수 있다.

　때로는 카리스마적인 리더가 실패를 하는 경우도 있다. McCall과 Lombaro(1983)
는 실패한 카리스마적인 리더가 가지고 있는 결함은 냉정함, 거만함, 신뢰에 대한
배신, 권한위임의 실패, 효과적인 직원배치의 실패와 팀의 구성 실패라고 하였다.
Bass(1985)는 카리스마적 리더가 리더로서 성공했을 때조차 구성원을 변환시키지 못
하거나 고무시키지 못하는 경우가 있으며, 그 이유는 카리스마가 리더의 특수한 개별
적 배려와 지적 자극이라는 다른 변환적 요소와 어떻게 조화를 이루느냐에 달려 있다
고 하였다.

(2) 개별적 배려

　개별적 배려는 리더가 조직 구성원에게 개별적인 관심을 갖고 1대1의 관계에 근거
하여 공평하면서도 서로 다르게 대우하며, 그들을 신뢰하고, 존중하며 지도해주고 조
언해줌으로써 구성원들의 욕구를 만족시켜주며, 더욱 효율적으로 조직의 목표 달성
을 추구하기 위한 수단이다. 따라서 배려는 구성원이 리더에 대해서 느끼는 만족도
에 영향을 미치며, 여러 가지 상황 속에서 구성원의 생산성에도 영향을 미치고 있다
(Bass, 1985). Bass(1985)는 변환적 리더를 뛰어난 능력을 가지고 있다 하더라도 구
성원을 자신과 동등하게 대우했으며, 격식이 없고 친근한 편이며, 구성원이 발전하도
록 충고하고 도우며, 지지하고 격려하는 사람이라고 하였다.

　변환적인 리더십을 발휘하는 리더는 부하들로부터 맹목적인 복종을 유도해내기보
다는 자기효능감을 증진시키기 위해 노력하며, 부하들의 리더십 역량을 육성하려고
한다. 변환적 리더십의 카리스마적인 요소는 부하들로 하여금 리더를 추종하도록 강
조하는 반면에 개별적 배려는 부하들이 성장할 수 있도록 하는 측면을 강조하는 것이

라 할 수 있다. 따라서 카리스마적이지만 부하들에 대한 개별적인 배려가 부족할 때 부하들은 리더에 대한 충성은 뛰어나겠지만 리더에게 일방적으로 의존하는 경향이 발생하게 된다(Bass & Avolio, 1990). 따라서 이러한 리더는 카리스마적인 리더는 될 수 있으나 변환적인 리더는 되지 못하는 것이다. 이에 전체적으로 변환적 리더는 다양한 구성원에 대한 관심을 조화롭게 균형을 맞추어야 한다. 또한 개별적 배려가 리더와 구성원의 사이에서 대체로 오랫동안 사용되어온 불평등을 의미하지 않아야 한다.

(3) 지적 자극

지적 자극은 리더가 부하들로 하여금 문제에 대한 인식을 증가시키고 새로운 관점에서 문제를 바라보도록 영향을 미치는 과정이라 할 수 있다. 변환적 리더는 부하들에게 새로운 방식으로 사고하고, 문제를 해결하는 것을 강조한다. 이러한 리더의 행동은 부하들로 하여금 상황을 분석함에 있어 기존의 틀을 뛰어넘어 보다 창의적인 관점을 개발하도록 자극하게 된다. 이를 위해 리더는 스스로 부하들에게 새로운 아이디어를 제공함으로써 부하들에게 도전의식을 느끼게 하고 일상적인 문제에 대해서도 새로운 방식으로 생각해보도록 자극하는 것이다(Bass, 1985).

Bass(1985)는 지적 자극을 가하는 리더는 부하들에게 현재의 문제를 자신이 제시한 미래의 비전 측면에서 바라보도록 하며, 그러한 시각에서 문제해결에 접근하도록 자극해야 한다고 하였다. 또한 부하들로 하여금 당면한 문제에 대한 이해와 개념화의 능력을 키우도록 하며, 이전에는 당연하다고 생각하고 있던 사안들에 대해서도 다시 한 번 생각하도록 만들어야 한다고 하였다. 이를 위해서는 부하 스스로가 자신이 가지고 있는 기존의 가치, 신념, 기대 등에 대하여 의문을 품도록 유도하고, 현재의 당면 문제를 해결하는데 적절하지 못하거나 진부한 조직의 가치, 신념, 기대 등에 대해서도 회의를 갖도록 자극해야 한다. 이를 위해 리더는 사안의 핵심적인 사항들을 명료하게 해줌으로써 현실에 대한 이해를 도울 수 있다. 즉, 해결해야 할 문제를 일목요연하게 재구성해줌으로써 고정관념에서 벗어나도록 하는 것이다. 이런 측면에서 볼 때, 리더가 부하들을 지적으로 자극하기 위해서는 리더 자신이 지적으로 풍부해야 할 뿐만 아니라, 그러한 지식을 활용하여 부하들을 자극할 수 있어야 한다. 리더의 이러한 능력은 리더의 중요한 역량으로 설명될 수 있으며, 따라서 부하들을 지적으로 자극시키는 능력은 리더의 역량과 관련될 수 있다.

　지적 자극은 정서적 자극과 결합된 경우 더욱 큰 영향을 미치게 된다. 정서적 자극과 결합되었을 때 지적 자극은 의식의 상승, 의식의 개혁, 사상전환까지 변할 수 있다고 Bass(1985)는 주장하였고, 실제로 변환적 리더가 제공하는 지적 자극은 그 자체 하나만으로 되어 있지 않고 오히려 지적 자극, 카리스마, 개별적 배려가 어느 정도 혼합되어 있다고 주장하고 있다.

4 효과적인 리더십을 위한 구성요인

　리더가 가지고 있는 특별한 성격이 존재한다. 즉 "훌륭한 지도자는 타고난다"라는 특성론적 입장과 "훌륭한 지도자는 만들어진다"라는 행동론적 입장 등은 다양한 스포츠 상황에서 발생되는 리더십을 설명하기에는 무리가 있다. 많은 연구자들은 효율적 리더의 일반적인 특성과 다양한 상황요인들을 확인하려는 연구들을 체육수업, 엘리트 스포츠, 생활체육 등의 다양한 상황 속에서 진행하고 있다. 또한 효율적으로 리더십을 향상시키기 위해 일반적인 전략과 집단, 구성원의 특성 간의 상호작용 등을 연구하고 있다.

　Martens(1987)는 여러 관점에서의 리더십 이론을 종합하여 효과적인 리더십을 위한 4가지 구성요인을 제시하였다(그림 12-3). 효과적인 리더십의 4가지 구성요소는 리더십 연구에 여러 가지 접근법을 혼합한 형태라 할 수 있는데, 이는 리더십을 이해하기 위해서는 하나의 요인 보다는 개인과 상황요인 등의 상관관계를 이해하는 것이 효과적이기 때문이다.

1) 리더 특성

훌륭한 리더가 반드시 특정한 특
성을 모두 가지고 있는 것은 아니다.
그러나 훌륭한 리더에게는 어느 정도
공통적인 특성이 존재한다는 것이 선
행연구들을 통해서 밝혀지고 있다.
Martens(1987)는 훌륭한 리더가 가
지고 있는 공통적인 특성으로 높은
지능, 적극성, 높은 수준의 자신감,
설득력, 융통성, 내적동기, 높은 성공
성취동기, 내적 통제능력, 낙관성 등

그림 12-3. 효과적인 리더십을 위한 4가지 구성요인
(Martens, 1987)

을 제시하였다. 다양한 스포츠 상황에서 이러한 요인들이 어떠한 역할과 효과를 가지
고 있는지는 분명히 파악하기란 쉽지 않다. 또한 위에서 언급한 훌륭한 리더의 공통적
인 특성들은 필요조건일 뿐 충분조건은 아니다. 그렇기 때문에 이러한 개인적 특성을
모두 가지고 있다 하더라도 반드시 훌륭한 리더가 되는 것은 아니다. 즉, 팀의 상황이
나 팀의 구성원, 구성원의 리더 선호도 등에 따라 달라질 수 있다.

2) 리더십 스타일

어떠한 리더십 스타일이 가장 적합하고 효율적인가 그리고 상황에 적합한 특별
한 리더십 스타일을 유연성 있게 발휘하는가는 중요한 일이다. 리더십 스타일은 다
차원 리더십 척도에서 분류하는 5가지 중 크게 민주적 스타일과 권위적 스타일로
구분할 수 있다. 민주적 스타일은 선수 중심적이며, 협동적이고 의사결정권을 공유
하는 관계 지향적인 형태이나 권위적 스타일은 승리 중심적이고 구조적이며, 일방
적인 명령을 선호하는 과제 지향적이다.

리더십 스타일을 두 가지 형태로 구분을 하였지만 현장에 있는 지도자들은 이 두

가지 리더십 스타일 중 한 가지 스타일을 선택해야 하는 것은 아니다. 바람직한 리더십 스타일은 이 두 가지 유형의 리더십 스타일을 융합하여 유연성 있게 상황에 맞게 변환할 수 있어야 한다. 따라서 이상적인 리더십 스타일은 구성원의 특성이나 상황요인 등을 고려하여 적절한 리더십을 발휘하는 것이라 할 수 있다.

3) 상황요인

지도자는 구체적인 상황이나 환경을 조화롭게 받아들이고 민첩하게 대처할 수 있어야 한다. 리더십에 영향을 미치는 상황요인은 스포츠 유형, 팀의 규모, 팀의 목표, 시간 제약, 지도자의 수, 팀의 전통 등이 있다. 예를 들면 팀 스포츠 상황에서는 개인 스포츠 상황보다 조직적인 역할이 필요하기 때문에 더 많은 지시적 행동이 요구되며, 팀 구성원이 지나치게 많은 경우에도 민주적 유형보다는 권위적 유형이 적합하다 할 수 있다. 또한 장기간 우수한 성적을 낸 전통 있는 팀에게는 새로운 리더십 유형을 적용하는 것이 무의미하다. 이에 리더는 효과적인 리더십을 위해 개인과 팀, 스포츠 유형, 기술수준, 팀의 크기 등의 상황요인을 고려하여 리더십을 발휘해야 한다.

4) 구성원 특성

스포츠 상황에서 선수의 특성은 효과적인 리더십 유형이 무엇인가를 결정하는 중요한 요인이다. 즉, 구성원의 특징과 지도자의 리더십 유형과의 상호작용 과정이 굉장히 중요하다. 효과적인 리더십 구성요인에 영향을 미치는 구성원의 특성으로는 성별, 연령, 성격, 기술수준, 경력 등이 있다. 일반적으로 기술수준이 높은 선수, 팀 목표의식이 높은 선수들은 관계지향적인 리더를 선호하며, 여자선수들은 남자선수들에 비해 민주적인 유형의 리더를 선호한다.

참 고 문 헌

Barrow, J.(1977). The variables of leadership : A review and conceptual framework. *Academy of Management Review, 2,* 231-251.

Bass, B. M.(1985). *Leadership and Performance Beyond Expectations.* New York, NY : Free Press.

Bass, B. M., & Avolio, B. J.(1990). Form transactional to transformational leadership : Learning to share the vision. *Organizational Dynamics,* 18-31.

Bass, B. M., & Avolio, B. J.(1993). Transformational Leadership : A Response to Critiques. In M. Chemerrs & R. Ayman(Eds.), *Leadership Theory and Research : Perspectives and Directions*(pp. 49-80). New York, NY : Academic Press.

Bass, B. M., & Yokochi, N.(1991). Carisma among senior executives and the special case of Japanese CEOs. *Consulting Psychology Bulletin, winter / spring,* 31-38.

Burns, J. M.(1978). *Leadership.* New York, NY : Harper & Row.

Campbell, J. P., Dunnette, M. D., Lawler, E. E., & Weick, K. E.(1970). *Managerial Behavior, Performance and Effectiveness.* New York, NY : McGraw-Hill.

Carlyle, T.(1907). *Heros and Hero Worship.* Boston, MA : Adams, (Originally Published, 1841).

Cartwright, D.(1968). The nature of group cohesiveness. In D. Cartwright & A. Zander(Eds.), *Group Dynamics : Research and Theory*(3rd ed.). New York, NY : Harper & Row.

Chelladurai, P.(1978). A multidimensional model of leadership. Unpublished doctoral dissertation, University of Waterloo, Waterloo.

Chelladurai, P.(1984). Discrepancy between preferences and perceptions of leadership behavior and satisfaction of athletes in varying sports. *Journal of Sport Psychology, 6,* 27-41.

Chelladurai, P., & Carron, A. V.(1977). A reanalysis of formal structure in sport. Canadian *Journal of Applied Sport Sciences, 2,* 9-14.

Chelladurai, P., & Carron, A. V.(1983). Athletic maturity and preferred leadership. *Journal of Sport Psychology, 5,* 371-380.

Chelladurai, P., & Saleh, S. D.(1980). Dimensions of leader Behavior in sports : Development of a leadership scale. *Journal of Sport Psychology, 2,* 34-45.

Danielson, R. R., Zelhart, P. F., & Drake, C. J.(1975). Multidimensional scaling and factor analysis of coaching behavior as perceived by high school hockey players. *Research Quarterly, 46,* 323-334.

Erle, F. J.(1981). Leadership in competitive and recreational sport. London, ON : University of Western Ontario.

Fiedler, F. E.(1964). A contingency model of leadership effectiveness. In Berkowitz, L.(Eds.), *Advances in Experimental Social Psychology*(vol. 1). New York, NY : Academic Press.

Fiedler, F. E., & Leister, A. E.(1977). Leader intelligence and task performance : A test of a multiple screen model. *Organizational Behavior and Human Performance, 20,* 1-14.

Fleishman, E. A.(1973). Twenty years of consideration and structure. In Fleishman, E. A. & Hunt, J. G.(Eds.), *Current Development in the Study of leadership.* Carbondale, IL : Southern Illinois University Press.

Fleishman, E. A., & Harris, E. F.(1962). Patterns of leadership related to employee grievances and turnover. *Personnel Psychology, 15,* 43-56.

Gibb, C. A.(1969). *Leadership.* Middlesex, England : Penguin Books.

Halpin, A. W., & Winer, B. J.(1957). A factorial study of the leader behavior descriptions. In Stogdill, R. M., & Coons, A.E.(Eds.), *Leader Behavior : Its Description and Measurement*(pp. 39-51). Columbus, OH : Ohio State University

Hater, J. J., & Bass, B. M.(1988). Superiors, evaluation and subordinates' perceptions of transformational and transactional leadership. *Journal of Applied Psychology, 73,* 695-702.

Hemphill, J. K., & Coons, A. E.(1957). Development of the leader behavior description questionnaire. *In Leader Behavior : Its Description and Measurement*(R. M. Stogdill and A. E. Coons, Eds.), The Ohio State University.

Hendry, L. B.(1974). Human factor in sports systems : Suggested model for analyzing athlete-coach interaction. *Human Factor, 16,* 528-544.

Horne. T. E., & Carron, A. V.(1985). Compatibility in coach-athlete relationships. *Journal of Sport Psychology, 7,* 137-149.

House, R. J.(1971). A path-goal theory of leader effectiveness. Administrative *Science Quarterly, 16,* 321-338.

Kahn, R. L.(1951). An analysis of supervisory practices and components of morale. In Gurtzkow, H.(Eds.), *Groups, Leadership, and Men.* Pittsburgh : Carnegie Press.

Katz, D., & Kahn, R. L.(1953). Leadership practices in relation to productivity and morale. In Cartwright, D., & Zander, A.(Eds.), *Group Dynamics.* New York, NY : Harper & Row.

Landy, F. L.(1985). *Psychology of Work Behavior.* Homewood, IL : Dorsey Press.

Mann, R .D.(1959). A review of the relationships between personality and performance in small groups. *Psychological Bulletin, 56,* 241-270.

Martens, R.(1987). Science, Knowledge, and Sport Psychology. *The Sport Psychologist, 1,* 29-55.

McCall, M. W., Jr. & Lombardo, M. M.(1983). *Off the track : Why and How Successful Executives Get Derailed.* Greensboro, NC : Centre for Creative Leadership.

McGregor, D.(1960). *The Human Side of Enterprise.* New York, NY : McGraw-Hill.

Murray, M. C., & Mann, B. L.(1993). Leadership effectiveness. In J. M. Williams(Eds.), *Applied Sport Psychology : Personal Growth to Peak Performance*(pp. 82-98). Mountain View, CA : Mayfield Publishing Company.

Ogilvie, B. C., & Tutko, T. A.(1966). *Problem Athletes and How to Handle Them.* London : Palham Books.

Ogilvie, B. C., & Tutko, T. A.(1970). Self perceptions as compared with measured personality of selected male physical educators. In Contemporary Psychology of Sport(G. S. Kenyon, Eds.). *The Athletic Institute.*

Pigors, P.(1953). *Leadership Domination.* Boston, MA : Houghton Mifflin.

Sage, G.(1975). An occupational analysis of the college coach. In D. Ball & L. Loy(Eds.), *Sport and Social Order.* Reading. MA : Addison-Wesley.

Stogdill, R. M.(1948). Personal factors associated with leadership : A survey of the literature. *Journal of Psychology, 25,* 35-71.

Stogdill, R. M.(1974). *Handbook of Leadership : A Survey of Theory and Research.* New York, NY : Free Press.

Trice, H. M., & Beyer, J. M.(1986). Charisma and its routinization in two social movement organizations. *Research in Organizational Behavior, 8,* 113-164.

Weber, M.(1947). In the theory of social and economic organization, translated by A. M. Henderson & T. Parsons,(Eds.), *The Fundamental Concepts of Sociology.(*pp. 87-157). New York, NY : Free Press

White, R., & Lippitt, R.(1968). Leader behavior and member reaction in three social climates. In D. Cartwright & A. Zander(Eds.), *Group Dynamics*(pp. 318-385). Beverly Hills, CA : Sage Publications.

Yammarino, F. J., & Bass, B. M.(1990). Transformational leadership and multiple levels of analysis. *Human Relations, 43,* 975-995.

공 격 성

스포츠에서는 공격적인 행동이 수없이 나타나고 있으며, 이는 대부분 합법적인 차원 내에서 발생된다. 공격성은 남을 해치기 위한 적대적 공격성과 승리를 목적으로 하는 수단적 공격성으로 분류된다. 이러한 공격성은 선수뿐만 아니라 현장에서 스포츠를 즐기는 관중과 매체를 통해 스포츠를 즐기는 관중들에게도 영향을 미치게 되어 사회적 물의를 일으키기도 한다.

본 장에서는 공격성을 설명하는 공격성의 이론과 공격성과 운동수행과의 다양한 관계, 관중과 관련된 공격성 등에 대해 알아보고자 한다.

1

공격성의 정의

Cristiano Ronaldo의 공격적인 돌파력, Tiger Woods의 공격적인 그린 공략, Lebron James의 공격적인 덩크슛 등과 같은 말에는 모두 '공격적'이라는 단어가 사용되고 있다. 그러나 이러한 단어의 뜻은 적극적인 경기 또는 과감한 시도 등을 표현한 것으로 스포츠심리학에서 사용하는 공격성(aggression)과는 그 의미에 차이가 있다. 스포츠심리학에서의 공격적 행동이란, 심리적으로나 신체적으로 타인이나 자신에게 해를 입힐 수 있는 언어적 또는 신체적 행위를 말한다. 이것은 어떤 대상을 해치기 위한 일련의 행동이라 할 수 있는데, 그것이 더욱 심해지면 폭력(violence)이라고 할 수 있다. 폭력은 공격성보다 훨씬 심각한 형태의 신체적 공격이라는 의미를 내포하고 있다. 이에 스포츠 상황에서의 공격성은 부분적으로는 폭력과는 구분되어져야 한다.

공격성이라는 개념은 이처럼 여러 가지 다른 의미로 사용되고 있기 때문에 이를 명확하게 정의하기란 힘들다. 야구에서 투수가 타자의 몸 쪽으로 던지는 강속구, 농구에서 센터가 리바운드를 차지하기 위해서 상대 선수와 벌이는 몸싸움, 축구 선수의 과감한 태클, 아이스하키나 미식축구에서 상대선수와의 집단 싸움 역시 공격행동이라 부르지만, 이러한 행동들을 모두 한꺼번에 공격성이란 용어로 표현한다면 그 범위는 너무 광범위하게 된다. 공격성에 대해 어떻게 정의할 것인가에 대해 수많은 논의가 있지만 연구자가 강조하는 측면에 따라 그 정의는 명확하지 않을 정도로 다양하다. 일반적으로 공격성은 두 가지 접근 방법에 의해 정의되고 있는데 하나는 관찰 가능한 특성 및 행동만을 가지고 정의하는 것이고 다른 하나는 공격자의 의도나 동기를 포함시켜 정의하는 것이다.

Dollard 등(1939)은 '좌절과 공격성(frustration and aggression)'이라는 그의 저서에서 공격성을 '다른 사람을 해치려는 목적으로 하는 일련의 행동'이라고 정의하였다. 그러나 이러한 정의는 행위자의 행동으로부터 관찰자가 의도를 추론해 내야하고, 그 해석에는 주관적인 판단이 개입될 가능성이 있어 의도만으로 공격 행위를 설명하는

데 한계가 있다는 문제점이 있다. Bandura(1973)는 어떤 행동이 공격적인지 아닌지를 결정하기 위해서는 관찰자의 사회적 명명 과정을 포함해야 한다고 주장하였고, 공격성을 수행자보다 평가자가 공격적이라고 여기는 가해적이며 파괴적 행동이라고 정의하였다. 이러한 정의에 의하면 사람들이 공격적이라고 명명하는 것이면 무엇이든지 공격 행동이 된다. Baron(1977)은 공격은 태도, 감정, 동인이 아니고 행위를 말하며, 상대방에게 해를 입히거나 상해를 입히려는 의도적인 행위로 살아있는 유기체에만 이것이 해당된다고 하였다. 예를 들면 지나가는 동물을 발로 차는 것은 공격적 행위이지만 책상을 손으로 내려치는 것은 공격적 행위가 아니라는 것이다. 이때 타인에 대한 공격적인 행위를 외향적 행위(extropunitive behavior)라 하고, 자신에 대한 공격적 행위를 내향적 행위(intropunitive behavior)라고 한다. 그리고, Calson(1987)은 침묵이 상대방을 무시하고 좌절시킬 것이라고 하였고, 아는 사람의 침묵은 공격행동이기 때문에 공격성을 신체적인 해를 입히는 행동으로 제한할 필요가 없다고 주장하였다.

위에서 살펴보았듯이 공격성이란 용어를 정의내리는 것은 학자마다 상이하기 때문에 통일된 정의를 내리기는 어려우나 일반적으로 공격성이란 다른 사람이나 사물에 대해 파괴나 상해를 목적으로 의도적으로 행하여지는 행동, 또는 거칠게 표현되는 정서반응 혹은 성향으로 정의할 수 있다.

2
공격성의 분류

공격적 행동(aggression behavior)은 우연한 행동이 아니라 상대를 해칠 것을 의도로 한다. 그리고 자신이나 팀의 목적을 달성하기 위해 행동은 자기 통제 하에서 선택된 행동이다. 즉, 공격자는 그 상황에서 할 수 있는 여러 대안들 가운데 공격적 행동을 선택한 것이다.

일반적으로 공격성은 적대적 공격성(hostile aggression)과 수단적 공격성

(instrumental aggression)의 두 가지 형태로 분류할 수 있다(Baron, 1977). 이러한 분류는 그 목표에 따라 분류되는데, 적대적 공격성은 자신이나 다른 사람을 육체적으로나 혹은 정신적으로 해칠 수 있는 외부로 표현된 신체적, 언어적 행위를 말한다. 수단적 공격성은 상대를 해치려는 의도가 있다는 점에서 적대적 공격과 같으나 공격적 행동을 통해 얻으려는 근본적인 목적이 승리나, 돈, 칭찬과 같은 보상을 획득하려는 것이기에 분명한 차이가 있다.

적대적 공격의 일차적인 보상은 공격의 대상에게 가해지는 고통이나 상처 등이다. 즉, 공격 그 자체가 수단이기 보다 목적인 것이다. 이때, 대상에게 신체적 또는 심리적 상해를 성공적으로 가하게 되면 그 자체만으로도 보상이 된다. 이러한 적대적 공격은 주로 상대의 자극에 대한 반응으로 발생하기 때문에 분노가 수반된다. 예를 들어 야구경기에서 투수가 상대 타자를 해칠 의도로 머리를 향해 던지는 bean ball이나 축구경기에서 상대팀 선수에게 보복적 공격을 하는 행위도 적대적 공격에

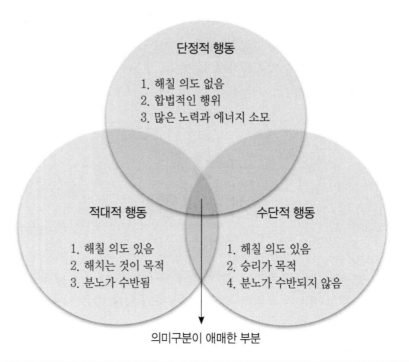

그림 13-1. 적대적 공격, 수단적 공격, 단정적 행동의 차이

해당된다.

수단적 공격의 일차적인 보상은 금전, 승리 및 칭찬 등이다. 즉, 상대방에게 상해를 입히려는 것이 목적이 아닌 외부적인 승리, 명예 획득 등의 목표를 달성하기 위한 수단으로 공격적 행동을 행하게 되는 것이다. 또한 자신이나 자신의 팀의 승리나 이익을 위해 상대선수에게 공격적인 행위를 하기 때문에 분노를 수반하지는 않는다. 예를 들어 농구경기에서 상대팀 선수의 속공 찬스를 거친 파울로 저지하는 행동이나 축구경기에서 상대 공격수가 득점하는 것을 막기 위해 강한 백태클을 시도하여 상대방에게 큰 상해를 입히는 행동 등이 수단적 공격 행동에 해당된다.

스포츠에서는 위에 언급된 공격성과는 다른 단정적 행동(assertive behavior)이 권장되어야 한다. 단정적 행동은 규칙에 의하여 허용되는 범위 내에서 합법적인 힘을 사용하는 것을 의미한다. 즉, 이러한 행동은 합법적으로 허용되는 격렬한 행동이며, 과제지향적이고, 상대 선수를 해치려는 의도가 전혀 없이 단지 목적을 성취하기 위한 이례적인 노력일 뿐이다. 예를 들면 사기를 올리기 위한 파이팅, 아이스하키의 body check, 축구의 정면태클과 같은 경우가 단정적 행동에 해당된다. 또한 단정적 행동 중에는 부상이 일어난다 할지라도 해칠 의도가 없었기 때문에 공격 행위라 할 수 없다.

3 공격성 이론

스포츠에서 공격적 행동이 일어나는 원인을 설명하고 있는 이론들로서 생물학적 관점을 중요시하는 Lorenz(1966)로 대변되는 비교행동 연구의 본능 이론과 Bandura로 대변되는 사회학습이론이 양극을 형성하고, 그 중간에 Dollard 등(1939)의 좌절-공격 가설과 Berkowitz(1965)의 수정된 좌절-공격 가설, Dodge(1980)의 사회-인지 이론 등이 자리 잡고 있다.

1) 본능 이론(instinct theory)

본능 이론은 인간 내부에 공격성을 유발하는 에너지가 존재한다고 주장하는 이론으로, Freud(1948)의 정신역동이론과 Lorenz(1966)의 동물행동학적 이론이 있다. Freud(1948)는 인간의 선천적인 성적 에너지를 의미하는 리비도(libido)와 죽음의 본능으로서 파괴적이며 공격적인 에너지를 의미하는 타나토스(thanatos)를 가정하였다. 공격적인 욕구가 사회적 규범이나 도덕 윤리 등에 억압되어 쌓이다가, 운동이나 놀이 등 사회적으로 용인되는 방법을 통해 만족할 정도로 발산되지 못하게 되면 과격한 공격행동으로 나타나게 된다는 것이다. Freud(1948)는 이와 같이 내적으로 유발된 공격성이 결과적으로 자기 처벌이나 자해 혹은 자살을 가져온다고 보았으며, 외현화되면 공격성으로 나타나게 된다고 하였다. 또한 프로이드 학파는 인간의 본능 중 가장 중요한 것은 성, 공격 본능으로서 이러한 것들은 적당한 배출구를 통해 해소되어야 한다고 주장하였으며, 이러한 것들이 해소될 때에는 청정(catharsis)효과가 나타나고, 이로 인해 공격 욕구가 감소하게 된다고 하였다.

Lorenz(1966)는 공격성을 동물과 인간이 가지고 있는 일종의 투쟁본능으로서 본능체계 전체 가운데 일부라고 보았다. 때문에 만일 공격적 에너지가 여러 가지 행동 형태들을 통해 규칙적으로 발산되지 않으면, 그것이 누적되어 적절한 환경 자극이 없을 때에도 표출된다고 믿었다.

공격성과 관련 있는 생물학적 요인은 신체적 조건(키, 몸무게), 호르몬, 신경학적 요인, 유전자 등으로 구성된다. 신체적 조건은 Feshbach(1983), Mussen과 Jones(1957) 등에 의해 공격성과 밀접한 관련이 있다는 것이 밝혀졌다는데, 청소년기에 신체적으로 조숙한 소년의 경우 또래 집단에서 지배적이고 자기주장을 많이 하는 경향이 있었다. 호르몬 분비는 공격성과 관련이 있는데, Cairns(1976)는 새끼를 가진 설치류의 어미에게 남성 호르몬인 데스토스테론을 주사하여 그 어미의 새끼가 공격성이 높아졌음을 밝혔고, 남성 호르몬을 어린 동물에게 주사하면 공격성이 증가하는 경향이 있다고 하였다. 신경학적 요인이 공격에 영향을 미친다는 증거도 있는데, 뇌의 특정 부위가 손상되거나 그 부위에 전기 충격을 받으면 유기체의 공격행동

이 증가되기도 하고 감소되기도 한다. 예를 들어 고양이는 전극으로 시상부의 어느 부위를 자극받는가에 따라 여러 가지 다른 행동(공격, 방어, 도망 등)을 나타내었다 (Kaada, 1967). David 등(1999)은 인간의 공격성이 유전적인 요인, 신경 생리학적 결핍, 정신이상, 신경전달물질의 손상 등의 영향으로 나타난다고 주장하였다. 그리고 인간의 경우, 공격에 영향을 미치는 활동 수준의 개인차는 유전적으로 결정된다고 한다. 예를 들어, 일란성 쌍생아의 활동 수준은 이란성 쌍생아에 비해 더 유사하다고 하였다(Bell, 1968; Freedman & Keller, 1963).

이러한 본능 이론의 최대 결점은 공격적인 행동을 나타낸 결과로 공격성이 감소되기 보다는 오히려 공격성이 증가된다는 연구결과들이 많다는 것이다(Russell, 1981). 또한 본능 이론의 주창자들이 제시하고 있는 경험적 증거는 대부분 일화적인 사례이며, 조직화되고 체계화된 실험결과에 의한 것이 아니라는 것이다.

2) 좌절–공격 가설(frustration–aggression hypothesis)

좌절–공격가설은 공격 행동이 미래의 공격적인 행동을 감소시킨다는 점에서 본능 이론과 유사하다. 이 가설은 어떠한 목표를 달성함에 있어 방해를 받게 되면 좌절을 하게 되고, 그로 인해 공격성이 발생된다는 것이다. 즉, 공격의 원인은 좌절이며, 좌절의 결과로 나타나는 것이 공격이라는 것이다(Dollard 등, 1939).

Martens(1975)는 공격, 좌절, 제지, 치환이라는 네 가지 주요 개념이 이 이론의 기초라고 하였다(그림 13–2). 첫째, 공격에 대한 강도는 좌절 정도 및 빈도와 직접적으로 비례하여 나타난다. 둘째, 목표 성취에 대한 강한 욕구와 목적 달성에 대한 큰 장애 등은 좌절의 정도가 커지게 되어 공격적 행위로 나타나게 된다. 이와 반대로 목표 달

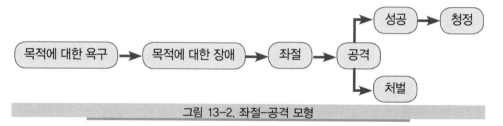

그림 13–2. 좌절–공격 모형

성에 대한 욕구가 낮고 목적 달성에 대한 장애 수준이 낮고, 실제 좌절의 빈도가 적다면 좌절의 정도가 낮기 때문에 공격성이 나타나지 않게 된다. 셋째, 공격적 행위에 대한 제지의 정도는 그 공격적 행위로 인해 부정적인 결과가 예상될 때 그 행동을 억제하려는 것이다. 이러한 공격 행동의 제지는 그 공격 행동에 따른 처벌의 강도와 밀접한 관련이 있다. 또한 좌절의 정도가 크면 공격성은 크게 나타나며, 처벌의 정도가 크면 공격 행위는 감소된다. 그리고 직접적인 공격 행위에 대한 제지는 좌절을 유발시켜 공격을 증가시킨다. 넷째, 치환은 공격을 성공하게 되면 청정효과를 얻게 되고, 다른 형태의 공격 행동의 자극을 감소시킨다.

이러한 좌절-공격 가설은 본능 이론과 같이 몇 가지 문제점들이 제기되고 있는데, 첫째는 좌절이 항상 공격으로 이어지지 않는다는 것이다. 즉, 다른 방법으로도 공격적인 마음이 해소될 수가 있다는 것이다. 두 번째 문제는 공격은 항상 좌절의 결과가 아니라는 것이다. 이에 Buss(1966)는 좌절은 공격을 유발하는 유일한 단서가 아니라 여러 단서 중 단지 하나의 단서가 될 뿐이라고 주장하였으며, Bandura(1973)는 좌절은 공격의 필요조건이 아니라 촉진제 역할을 한다고 하였다.

3) 사회학습 이론(social learning theory)

Bandura(1977)는 공격적 행동을 포함한 인간의 모든 행동은 모방과 보상에 의해서 학습되어 진다고 보고 있다. 그는 인간의 공격적 행동을 생득적인 것이 아닌 학습의 결과로 보고 있다. 공격적 행동의 단순한 형태는 연습이나 학습 없이도 이루어질 수 있으나 대부분의 공격적 행동이 일어나는 과정은 대단히 복잡하며 일련의 학습과정을 필요로 한다. 사회학습 이론의 지지자들은 이러한 학습과정은 사회적 배경 안에서 이루어진다고 보고 있다.

스포츠에서 공격적 행동은 일련의 학습과정을 거쳐 정당화되는데 이 과정에서 언어는 중요한 역할을 한다. 언어는 스포츠에서 허용될 수 있는 행동과 그렇지 않은 행동의 구분을 모호하게 한다. 코치와 선수들은 일반적으로 시합에서 공격적 플레이를 해야 기대한 목적(예: 승리)을 달성할 수 있다는 확신을 가지고 있다. 여기서 공격적

플레이란 선수 간에 묵시적으로 합의되어 있는 단정적 행동이나 수단적 공격뿐 아니라 반응적, 적대적 공격까지도 포괄하고 있으며, 적지 않게 상대방의 부상까지도 야기할 수 있는 폭력적 행동이다. 이러한 폭력적 행동을 통해 선수들은 죄책감을 정당화하기 위해 종종 사용하는 것이 구두적 자기강화이다(Bandura, 1973). 스포츠관련 연구결과들을 살펴보면 선수들은 자신들의 공격적 행동에 대해 상대적으로 덜 죄책감을 가지는데, 이러한 이유는 선수들에게 주어지는 중요 선수로써의 성취기대 그리고 그러한 행동을 통해 팀에 공헌하려는 선수들의 욕구가 크기 때문이다(Silva, 1980).

공격적 행동이 어떻게 학습되는가를 이해하기 위해서는 스포츠에서의 사회화 과정에 대한 이해가 필요하다. 사회화 과정에 대한 연구는 최근까지 대체로 독립변인과 종속변인간의 일원적 상관관계의 분석을 통해서 이루어져 왔는데, 이러한 방법론은 최근 비판을 받고 있다. 즉, 하나의 사회적 구조로서 스포츠는 수많은 잠재적 사회화 가능성을 가지고 있기 때문에 각각의 선수는 어떠한 환경에서 운동을 하는가에 따라 같은 종목에서도 다른 사회화 경험을 할 수 있다는 것이다(McCormack & Chalip, 1988).

Fine(1987)은 청소년 야구선수들을 대상으로 3년간에 걸친 종단적 연구를 통해 선수들의 도덕적 능력의 배양은 대단히 복합적인 과정을 거친다는 사실을 밝혀냈다. 그들은 주요 타자에 의해 주어지는 도덕적 학습이나 경기규칙을 단순히 수용하지 않고 자신의 이해관계 속에서 해석하는 양상을 보여주고 있다. 우선적으로 그들은 팀 동료들로부터 배척당하지 않고 수용되기 위해서 성 특유의 역할기대(예 : 남성적 행동)에 따라 행동하고자 한다. 이러한 경향은 선수들이 시합에서 공격적 행동을 할 수 있도록 자극을 주기 위해 종종 코치들에 의해서도 강화된다.

Fine의 연구는 어린 선수들이 스포츠에서 자신의 정체성을 이러한 과정을 통해서 어떻게 발달시키고 있는가를 보여주고 있다. 그들은 일차적으로 스포츠참여 이전에 내재화한 스포츠 이념들(예 : 페어플레이, 기회균등)과 스포츠참여 후 자신의 환경으로부터의 역할기대 또는 요구들 간의 괴리를 경험하게 된다. 이러한 과정을 통해 그들은 자신의 행위영역인 스포츠에서 자율적으로 행동하고, 하위문화 특유의 규범들에 비판적으로 사고하고, 그러한 규범들을 유연하게 상황에 따라 적용하는 능력을 습득하게 된다. 이러한 사회화 과정과 관련하여 Bredemeier 등(1987)의 연구는 스포츠에 참여한 아동들이 공격적 행동에 대한 가치판단 시 이중기준을 적용한다는 사실을 발견했다. 아동들은 상해를 일으킬 수도 있는 자신의 동년배 집단에 의한 공격적 행동에 대해서는 자신들의 연령상 합당치 않으며, 이해할 수도 없는 것으로 평가하면서도 성인의 동일한 행동에 대한 도덕적 평가에서는 상당히 관용적인 태도를 보이고 있다. 또한 공격적 성향과 도덕발달 수준 간에는 유의한 상관관계가 있다는 사실도 연구를 통해 밝혀졌다.

Fine과 Bredemeier 등의 연구는 어린 선수들이 이미 이러한 연령대에 팀의 분위기나 팀원 간의 상호작용 패턴과 같은 하위문화의 현실과 경험을 통하여 자신의 스포츠상을 발달시키고 있다는 것을 보여주고 있다. 특히 이러한 과정에서 대중매체를 통한 어린 선수들의 엘리트스포츠 접촉은 대단히 커다란 영향력을 가지고 있다. 연령과 경기력 수준이 높아짐에 따라 그리고 스포츠 참여기간이 많아짐에 따라 공격적 행동과 규칙을 위반하는 행동이 증가하고(Silva, 1983), 이러한 것을 도덕적 수사어를 통해 정당화시키려는 의도가 강하게 나타난다.

Bandura(1973)는 위의 연구결과들에서 나타나고 있는 공격적 행동의 사회학습에 중요한 역할을 하는 것으로서 대리적 강화와 모델 학습을 언급하고 있다. 대리적 강화란 타인의 수행이 보상되는 것을 관찰했을 때 자신이 그러한 행동을 할 가능성이 높아지는 반면에 처벌되었을 때는 그러한 행동을 할 가능성이 적어지는 것이다. 이러한 의미에서 대리적 학습은 가치 있는 정보적 기능을 제공하고 있다. 대리적 과정을 통해 행동을 습득하는데 영향을 미치는 요인들로는 수행자의 성격적 특성, 보상의 가치나 처벌의 강도, 수행될 상황과 관찰된 상황간의 유사성 그리고 모델의 지위가 있다(Bandura, 1973). 예를 들어, 아동이 자신과 연령이 비슷한 아동의 행동을 관찰하는 경우와 같이 모델과 관찰자 간의 유사성이 높을수록 관찰된 행동과 그 결과는 관찰자에게 더 큰 의미를 갖게 될 것이다. 이와 같은 원리는 처벌의 경우에도 동일하게 적용된다. 또한 스타 선수와 같은 사회적 지위가 뚜렷한 모델의 행동은 관찰자로 하여금 모방행동을 일으킬 소지가 많다. 이와 같은 모델링과 대리 학습을 통한 강화는 공격적 행동의 학습에 대단히 효과적이다.

사회학습 이론은 스포츠에서 공격적 행동이 어떻게 습득되고 유지, 강화되는지를 이해하는데 많은 도움을 준다. 특히 이러한 심리학적 이론과 스포츠에서의 사회화 연구의 연결은 그러한 과정의 심층적인 이해를 돕는 데 기여할 수 있을 것이다.

4) 수정된 좌절-공격 가설

Berkowitz(1965)는 좌절-공격 가설의 타당성을 인정하면서도 공격성은 학습된다는 것을 주장하였다. 즉, 인간은 선천적으로 공격적으로 반응하려는 성향이 있지만, 이는 학습을 통해 수정될 수 있다는 것이다. 따라서 Berkowitz의 이론은 좌절-공격 가설과 사회학습 이론을 절충한 이론이라 할 수 있다. 또한 좌절이 항상 공격으로 나타나지는 않고, 감정적 준비가 되어 있고, 공격이 적절하다는 환경적 단서가 있어야 공격이 가능하다고 제시했다(그림 13-3).

그림 13-3. 수정된 좌절-공격 가설 모형

즉, 감정적인 준비 자세는 공격적인 행위와 연결된 자극적인 단서(stimulus cues)가 포함되어 있는 상황에 있어야만 한다. 싫어하는 자극이 제시되어 화가 날 때, 자신의 공격을 주위에서도 지지하겠다는 판단이 서면 공격행위가 일어난다는 것이다. 반대로 사회적으로 공격을 하지 못하도록 제제를 가하고 가능한 처벌을 받게 되면 좌절 후 공격은 일어나지 않는다. 예를 들면 농구경기 리바운드 상황에서 상대팀 선수가 자신의 유니폼을 잡을 것에 대해 화(좌절)를 느끼게 되면 그 선수에게 공격적인 행동을 가할 수 있다. 그러나 이러한 상황에서 심판이 자신을 보고 있다면 공격적인 행동은 처벌로 이어지기 때문에 나타나지 않을 것이며, 심판이 자신을 보고 있지 않다면 상대팀 선수에게 공격적인 행동을 가할 것이다.

수정된 좌절-공격 가설의 모형과 같이, 모든 선수는 특정 경기에서의 수행을 만족스럽지 못하게 생각하거나, 패배함으로써 좌절을 겪을 수 있다. 그 후에는 일반적으로 분노와 고통의 형태로 증가된 각성수준은 공격할 감정의 준비 자세를 갖게 한다. 이때 공격을 자동적으로 일어는 것이 아니며, 증가된 각성과 분노는 각 선수들이 그런 상황에서 공격 행동이 적절하다는 것을 학습했다면 공격을 유도한다.

5) 사회-인지 이론(social cognitive theory)

사회-인지 이론에 결정적인 역할을 한 연구자들로는 Dodge(1980), Feshbach (1983), Spivack와 Shure(1974) 등이 있다.

Dodge(1980)의 사회적 정보처리과정(social information-processing) 이론에 따르면 인간은 행동적 반응을 이끄는 일련의 정보처리단계 과정을 거치게 된다고 가정한다. 즉, 자극 정보의 입력 및 해독과정(Decoding Process), 해석과정(Interpretation Process), 반응행동 탐색과정(Response Search Process), 반응행동 결정과정(Response Decision Process), 반응행동 수행(Emission of Response) 등 5단계 과정을 거치게 된다.

각 단계는 일정한 순서를 밟게 되는데 각 단계를 성공적으로 수행했을 때 효과적이고 적절한 행동 반응이 나타나게 된다. 각 단계에서 실패를 경험하게 되면 공격성과 같이 부적절한 행동이 나타나게 되는 것이다. 공격적인 청소년은 그들의 기억저장고(memory store)에 동료들이 자신에 대해 적대적일 것이라는 추측을 가지고 있다. 그 후 친구들로부터 사회적 단서(social cue)에 직면하게 되면 그 단서의 해독과정을 밟고 그 상황 속에서 이용할 수 있는 충분한 단서들을 찾는데 실패하거나 단지 동료들에게서 적대적인 단서만을 선택하게 되면 그 청소년은 친구들이나 주변사람들이 적대적이라고 해석하게 된다.

따라서 적대적으로 해석한 상대에 대하여 공격적으로 행동하게 되고, 다시 공격을 받은 상대로부터 보복의 감정을 자극하게 되며 이는 자신의 주변 사람들이 자신에게 적대적이라는 기본적인 추측을 강화시키는 요인이 된다(Parke & Slaby, 1983).

4 공격성의 측정

일반적으로 공격성의 측정은 지필검사, 관찰 등의 방법을 이용하여 측정하는데, 공격성은 다른 심리학적 개념과 마찬가지로 추상적이며 직접적으로 관찰 가능한 것이 아니고, 측정 또한 용이하지 않다. 그 이유는 공격성이란 남을 해치려고 하는 의도를 측정하는 것이므로 피험자가 적극적으로 협조하지 않으면, 실제 공격성을 측정하기 어렵기 때문이다. 공격성 측정에 가장 보편적인 방법은 지필검사에 의한 방법이다. 이 방법에는 일반적인 성격검사에 포함되어 있는 질문지와 공격성만을 독립적으로 측정하기 위한 질문지가 있다.

Cattell의 16성격요인(16 Personality Factor : 16PF)이나 캘리포니아성격검사(California Personality Inventory : CPI) 등은 일반성격검사에 포함되어 있는 공격성 측정도구이다. 독립된 공격성 검사도구로는 Buss와 Durkee(1957)의 적대감 척도(Buss-Durkee Hostility Scale)가 있으며, 스포츠 상황에 있어 공격성을 측정하는 도구로는 Bredemeier(1978)의 운동경기공격검사(Bredermeier Athletic Aggression Inventory)가 있다.

공격성 측정에 간접적인 접근방법 중에는 투사기법(projective technique)이 있다. 성격검사에서도 사용되고 있는 주제통각검사(Thematic Apperception Test)와 스포츠 공격의 측정을 위해 고안된 Rosenzweig Picture Frustration Study Test 등이 대표적인 방법이다. 이러한 투사기법의 사용은 전문적인 지식을 가지고 있는 전문가가 실시하는 것이 바람직하다.

스포츠 경기상황에서 공격성을 측정할 수 있는 가장 보편적인 방법은 현장 관찰에 의한 측정이다. 경기장에서는 선수들이 경기의 수행 중 다양한 기술수행과 직·간접적으로 공격성과 관련된 행동을 보인다. 이러한 행동들은 바로 그 종류와 정도에 따라 공격행동으로 간주할 수 있으며, 공격을 대변하는 측정치로 활용할 수 있다. 즉, 이는 합당하지 않거나 가해의도가 분명하게 나타나는 파울 등의 공격행동을 체크리스트를 활용하여 그 빈도와 경중을 기록하는 방법이라 할 수 있다. 이러한 방법은 체계적인 기록과 훈련된 관찰기록자가 있을 때에는 귀중한 자료로 활용될 수 있다. 그러나 이 방법은 관찰결과가 유용하게 사용될 수 있는 반면, 실험에서와 같이 통제가 불가능하다는 한계점이 있다.

5

공격성과 운동수행

　스포츠 상황에서 나타나는 공격적인 행동은 승리를 통해 사회적 명성이나 금전과 같은 물질적인 보상을 얻기 위해서인데, 정해진 규칙 내에서 그들의 목적을 달성하기 위해 최대한 활용되고 있다. 즉, 상대선수에게 상해를 입히기 위한 목적의 적대적 공격보다는 승리와 그와 함께 수반되는 여러 인센티브를 목적으로 하는 수단적 공격이 주로 이용된다. 특히 프로스포츠에서는 개인의 기능이나 능력수준에 따라 그 보상이 달리 주어지므로 적대적인 공격형태부터 단정적인 행동까지 다양한 행동이 나타나게 된다.

　스포츠 공격성에 대한 연구는 공격성과 관련되는 몇 가지 요인들을 제시하고 있다. Harrell(1980)은 상대편 선수의 공격적인 의도를 지각할 때 선수는 상대편에 대하여 공격적인 행동을 할 가능성이 높다고 주장하였다. 축구나 하키 등 격렬한 경기에서 상대선수의 플레이가 단순하게 볼의 태클이나 방어가 아니라 자신에 대한 가해 의도가 있다는 것을 지각하게 되면 선수는 공격적으로 변하게 되고, 이는 상대선수의 플레이가 우연적으로 발생한 수단적 공격으로 지각되는 경우와는 다르다 (Epstein & Taylor, 1967; Greenwell & Dengerink, 1973).

　스포츠와 공격적인 행동을 설명하는 다른 요인으로는 예상되는 보복의 두려움이 있다. Baron(1971)은 최초에는 보복에 대한 두려움이 공격성을 저지하는 것으로 믿었다. 그는 보복가설(retaliation hypothesis)을 통해 공격행동에 대한 보복공포가 공격행동의 자제를 유도한다고 하였다. 그러나 Knott와 Drost(1972)는 최초의 공격성은 보복의 두려움으로 저지될 수 있지만 일단 공격이 시작되면 이는 더욱 강한 역공격성(counteraggression)으로 이어지며, 이후 공격적인 행동은 급속히 촉진한다고 하였다.

공격성과 운동수행과 관련되는 또 다른 요인으로는 강화와 모델링이 있다. 스포츠 상황에서 선수들은 시합 전이나 시합 중에 가족이나 팬, 팀 동료, 지도자 등에 의해 공격성이 강화된다. Bandura(1973)는 선수들은 공격적인 행동을 훈련받았을 때 더욱 공격적으로 행동한다고 하였다. 선수들은 모델링을 통해 공격을 강화 받게 된다. 특히 어린 선수들은 그들이 좋아하는 선수의 행동 모두를 흉내 내려고 하는 경향이 있다. 왜냐하면 그들이 좋아하는 선수가 공격적인 행동을 하는 것을 보고 선수들은 공격이 허용되는 것으로 믿어버리려 하기 때문이다.

심판의 불공정한 판정도 운동수행에 영향을 미치는 공격성을 유발하는 요인이다. 지각된 심판의 불공정한 판정은 선수들로 하여금 각성 수준을 지나치게 높게 만드는 원인이 되며, 이는 곧 상대 선수에 대한 보복으로 나타날 가능성이 있다. 최근에는 심판을 향한 공격적인 행동들도 나타나고 있다.

공격성과 운동수행의 관계는 다양한 시합 상황에서 구체적으로 설명할 수 있다. 경기에서 점수차는 선수로 하여금 공격적인 행동을 유발하는 주요 요인이다. 팀 간의 점수차가 클 때에는 시합 결과에 심각한 영향을 미치지 않고 공격적인 행동을 하게 된다. 일반적으로 지고 있는 팀 선수들이 이기고 있는 팀 선수들보다 더 많은 공격성을 발휘하게 되는데 이는 지고 있는 상황이 좌절을 경험하게 하기 때문이다. 반대로 점수차가 비슷하거나 차이가 없을 때에는 공격적인 행동은 최소화되게 되는데, 이는 중요한 시기에 반칙이 승부에 영향을 미칠 수 있기 때문이다.

경기 장소 또한 운동수행에 영향을 미치는 공격성을 유발하는 요인이다. 이는 종목에 따라 다른 경향을 보여주고 있는데, 미식축구의 경우에는 원정팀이 홈팀보다 더 많은 공격성을 보였고, 아이스하키의 경우에는 별다른 차이가 없었다. Varca(1980)는 농구경기에서 홈팀의 선수들은 리바운드나 스틸 등에서 더 많은 단정적 행동을 보인 반면, 원정팀은 홈팀보다 더 많은 파울로 공격적인 행동들이 나타난다고 하였다.

종목의 특성에 따라서도 공격행동이 달리 나타난다. 탁구, 배드민턴과 같이 신체 접촉이 일어나지 않는 스포츠는 일반적으로 공격행동이 많이 나타나지 않으며, 단정적 행동일 가능성이 높다. 그러나 축구, 농구, 아이스하키, 미식축구와 같이 신체 접촉이 많은 스포츠는 공격행동이 자주 일어나며, 적대적 공격과 수단적 공격이 더 많이 사용된다.

리그에서의 팀 순위는 스포츠 상황에서 더욱 공격적인 행동을 유발하는 요인 중 하나이다. 일반적으로 순위차가 심할 경우 공격행동의 가능성은 저하된다. 왜냐하면 공격행동이 리그 성적에 큰 영향을 줄 가능성이 적기 때문이다. Russell과 Drewry(1976)는 1위 팀을 근소한 차이로 추격하고 있는 2위 팀은 가장 공격적인 행동을 보인다고 하였다.

선수의 공격성과 운동수행 결과와의 관계는 정적관계, 부적관계, 무관계로 분류할 수 있는데, McCarthy와 Kelly(1978)는 아이스하키의 경우 공격성과 수행 결과 간에는 정적 상관관계가 있음을 주장하였고, Sliva(1980)는 선수의 공격성과 운동 수행 결과 간에는 부적 상관관계가 있음을 주장하였다. 이는 공격적인 행동이 수행 목표에 대한 주의집중을 산만하게 하고, 각성수준으로 높여주며, 결국 이러한 것들은 운동수행에 나쁜 영향을 미치기 때문이다.

6
관중의 공격성 및 폭력성

스포츠 경기에서 팬들의 폭력에 대한 연구가 증가하고 있다. 한 예로써, 미국 뉴저지에 있는 고등학생들 간의 농구 경기에서는 한 주 동안 팬들 사이에서 소동을 일으킨 원인이 되었고, 그 다음 주에는 반대 팀의 치어리더들 간의 논쟁이 뒤따랐다.

또한 월드컵 경기에서의 관중 난동은 심각한 문제로 대두되고 있다.

여러 집단의 사람들이 폭력적 표현 혹은 적대 행위를 동시에 하는 것을 집단적 공격이라고 부른다. 이러한 사례 이외에도 스포츠 장면에서 집단적 공격은 수시로 일어나고 있다.

1) 공격적 스포츠 행동의 관찰

집단 공격 연구의 대부분은 카타르시스와 관련된 연구였다. Goldstein과 Arms (1971)의 연구에서는 육군과 해군의 풋볼 경기 관람자를 대상으로 경기 후에 경기장을 떠나는 관중들에게 적대감에 대한 설문조사를 실시하였다. 그 결과, 경기에 막 도착하는 관중들과 비교해 볼 때 더 높은 적대감을 가지고 있었다. 흥미로운 것은 경쟁 후의 적대감 평가는 승리한 팀과 실패한 팀의 팬들 사이에 비슷하게 나타났다는 것이다. 그 후에 Arms, Russell과 Sandilands(1979)는 형식화된 공격의 예로써 프로레슬링과 같은 종목을 제시하였다. 형식화된 공격은 프로레슬링과 같은 스포츠에서 볼 수 있고, 공격적 행동이 실제보다는 오히려 허구적이고 연극적이라는 것을 알 수 있다. 따라서 이 조사에서는 프로레슬링이 형식화된 공격을 나타내기 위해 사용된 반면, 아이스하키와 같은 종목은 실제적인 공격으로 분류되었다. 그러나 프로레슬링과 아이스하키 관람자 모두 경기를 관람한 후에 공격성이나 적대감이 증가했다고 보고하고 있다. 이와는 반대로 수영경기를 관람했던 팬들은 공격성이나 적대감의 증가는 없었다.

Russell(1981)은 폭력적인 시합과 비교적 비폭력적인 시합을 관전한 관중들의 공격성 수준을 측정하였다. 그 결과 폭력적 시합을 관전한 관중이 각성과 공격 수준이 높게 나타나 각 시합에서의 폭력의 정도는 팬들의 각성과 공격 수준의 정도에 직접적으로 영향을 미친다는 것이 명백하게 밝혀졌다.

이 세 가지의 연구들은 스포츠 공격성의 팬 관찰에 관한 몇 가지 흥미로운 점을 보여주고 있다. 첫째, 폭력적이고 경쟁적인 스포츠의 관찰은 팬들의 각성을 증가시키고, 계속적으로 공격적인 행동을 유발할 수 있다는 것을 나타낸다. 이러한 결론은 카타르시스 효과를 강하게 부정하고 있다. 또한 선수들의 폭력적인 장면을 보는 것은 적대적 또는 격렬한 방법으로 행동하도록 이끌 수 있다.

결론적으로, 팬들은 선수들에 의해서 공격적인 행동을 관찰하게 되며, 그러한 관찰은 흥분과 각성을 증가시키고, 관중들의 공격성을 유발시킨다. 또한 팬들은 폭력을 행사한 선수가 심한 벌을 받지 않는다는 것을 관찰하여 팬들은 공격성을 가지는 것이 잘못된 것이라고 생각하지 않게 되어 적대적 반응을 유도하게 한다. 뿐만 아니라, 선수들의 각성 수준이나 흥분도가 높은 상태에서의 관중 폭력이나 적대적 행동은 선수들의 공격성을 유발시킬 수도 있다. 그리고 선수들의 경기 폭력에 대한 결과가 다양할 때 팬 반응도 다양해진다. 만약 선수 공격과 폭력이 억제된다면 팬 폭력도 억제될 것이다.

2) 팬 비행의 원인

선수들의 공격성에 대한 폭력적인 팬 반응이 심각한 문제로 대두되고 있으나 이에 대한 관심은 부족하다. 팬 비행의 원인과 그 과정에 대해 Cavanaugh와 Silva(1980)는 관중 폭력 행위의 근원적인 원인에 관하여 게임 특성, 관객 특성, 환경 특성으로 범주화하였다. 폭력행위를 유발하는 상위 8개 요인 중 5개 요인이 게임 특성과 관련되어 있다. 예를 들면 심판의 부당한 판정, 게임 자체의 폭력성 등이 주요 요인이며, 관객 특성으로는 우선 젊은 층이 보다 폭력적이며, 음주 여부 등도 공격 행동을 유발하는 것으로 나타났다. 환경 특성으로는 관중들이 좁은 공간에서 서로 밀집되어 있는 것도 공격행동의 중요한 원인이 된다고 보고하였다.

이러한 연구 결과는 스포츠 경기장에서 발생하는 집단 폭력의 원인으로 새로운 지표를 제공할 수 있다. 선수와 팬 중 한쪽을 제외하고는 스포츠를 생각할 수 없기 때문에 폭력을 억제하기 위한 방법을 찾는 것이 특히 중요하다.

7
공격성의 감소 방법

1997년에 국제스포츠심리학회에서는 경기장 안팎의 폭력과 공격성이 심각한 사회문제로 대두되어 공격성에 대한 입장을 표명하여 9개의 권장사항을 제시하였다.

1. 규칙위반 행동을 함으로써 얻을 수 있는 강화의 크기보다 그 행동을 하면 받게 되는 처벌의 가치가 더욱 크게 되도록, 관리하는 측은 기본적인 벌칙을 수정해야 한다.

2. 관리하는 측은, 참가자 모두에게 페어플레이의 행동 강령을 강조하는 적절한 코칭이 반드시 이루어지도록 하여야 하며, 참가자가 어린 선수일 경우에는 특히 그렇게 되도록 하여야 한다.

3. 관리하는 측은 운동 시합장소에 알코올 음료의 판매를 금지시켜야 한다.

4. 관리하는 측은 운동 시합의 시설이 현대적인 즐거움의 제공에 적절하도록 확실하게 조치하여야 한다.

5. 언론매체는 스포츠에서 일어나는 개개의 공격적 행동 발생들을 집중 조명하지 말고, 적절한 시각에서 이를 다루도록 하여야 한다.

6. 언론매체는 스포츠에서의 폭력과 적대적 공격성이 감소하는 방향으로 선수, 코치, 관리자, 심판, 그리고 관중 모두가 열의를 갖고 참여하는 캠페인을 벌여 나가야 한다.

7. 코치, 관리자, 선수, 언론매체, 심판, 그리고 경찰 등은 공격성과 폭력에 대한 워크샵에 참가해야 하는데, 여기서는 공격성이 왜 일어나고, 그런 행위가 어떤 결과를 초래하며 어떻게 공격적 행위를 제어할 수 있는지 등의 주제에 관한 이해가 확실히 이루어지도록 해야 한다.

8. 코치와 관리자, 심판, 그리고 언론매체는 선수들이 사회에 바람직한 행동을

하도록 격려하고, 적대적인 행동을 하면 징벌이 따르도록 하여야한다.

9. 선수들은 공격적인 행동 성향을 줄이는데 도움을 주도록 계획된 프로그램에 참여해야 한다. 규칙을 엄격하게 하고, 공격적인 행동에 보다 강한 제재를 가하며, 강화의 형태를 바꾸는 것은 공격적 행동을 막는 해결책의 일부일 뿐이다. 궁극적으로, 선수들은 자신의 행동에 대해 책임을 져야 한다.

Arms, R. L., Russell, G. W., & Sandilands, M. L.(1979). Effects of viewing aggressive sports on the hostility of spectators. *Social Psychology Quarterly, 42,* 275-279.

Bandura, A.(1973). *Aggression : A social learning analysis.* Englewood Cliffs, NJ : Prentice-Hall.

Bandura, A.(1977). Self-efficacy : Toward a unifying theory of behavior change. *Psychological Review, 84(2),* 191-215.

Baron, R. A.(1971). Aggression as a function of magnitude of victim's pain cues, level of prior anger arousal, and aggressive behavior. *Journal of Personality and Social Psychology, 17,* 236-243.

Baron, R.(1977). *Human Aggression.* New York, NY : Plenum.

Bell, R. Q.(1968). A reinterpretation of the direction of gender label effects : Expectant mothers' responses to infants. *Child Development, 51,* 925-927.

Berkowitz, L.(1965). The concepts of aggressive drive : Some additional consideration. In L. Berkowits(Eds.). *Advances in experimental social psychology, 2,* 301-329.

Berkowitz, L.(1993). *Aggression : Its Cause, Consequences, and Control.* Philadelphia : Temple University Press.

Bredemeier, B. J.(1978). The assessment of reactive and instrumental athletic aggression. Proceedings of the International Symposium on Psychological Assesment. Neyanya, Israel : Wingate Institute for Physical Education and Sport.

Bredemeier, B. J., Weiss, M. R., Shields, D. L., & Cooper, B. A. B.(1987). The relationship between children's legitimacy judgements and their moral reasoning, aggression tendencies, and sport involvement. *Sociology of Sport Journal, 4,* 48-60.

Buss, A. H.(1966). *The Psychology of Aggression.* New York, NY : Wiley.

Buss, A. H., & Durkee, A.(1957). an inventory for assessing different kinds of hostility. *Journal of Consulting Psychology, 21,* 343-348.

Cairns, R. B.(1976). The ontogeny and philogyny of social interactions. In M. Hahn & E. C. Simmel(Eds.), *Evolution of communicative behaviors.* NY : Academic Press.

Calson, N. R.(1987). *Psychology.* FL : Allyn and Bacon Co.

Cavanaugh, B. M., & Silva, J. M.(1980). Spectator perceptions of fan misbehavior : An additional inquiry. In C. H. Nadeau, W. R. Halliwell, K. M. Newell, & G. C. Roberts(Eds.), *Psychology of Motor Behavior and Sport*(pp. 189-198). Champaign, IL : Human Kinetics.

David, C. R., David, M. A., & Kristin, C. J.(1999). School Context and Genetic influences on Aggression in Adolescence. *American Psychological Society, 10,* 227-280.

Dodge, K. A.(1980). Social cognition and children's aggressive behavior. *Child Development, 52,* 162-170.

Dollard, J., Miller, N., Doob, M., Mourer, O. H., & Sears, R. R.(1939). *Frustration and Aggression.* New Haven, CT : Yale University Press.

Epstein, S., & Taylor, S. P.(1967). Instigation to aggression as a function of degree of defeat and perceived aggressive intent of opponent. *Journal of Personality, 35,* 265-270.

Feshbach, R. D.(1983). *The Development of Aggression.* FL : John Wiley and Sons Co.

Fine, G. A.(1987), *With the Boys-Little League Baseball and Preadolescent Culture.* Chicago, IL.

Freedman, D. C., & Keller, B.(1963). Inheritance of behavior in infants. *Science, 140,* 196-198.

Freud, L. S.(1948). *The Ego and the Mechanism of Defence.* NY : International Universities Press.

Goldstein, J. H., & Arms, R. L.(1971). Effects of displaced aggression on systolic blood pressure. *Journal of Abnormal and Social Psychology, 67,* 214-218.

Greenwell, J., & Dengerink, H. A.(1973). The role of perceived versus actual attack in human physical aggression. *Journal of Personality and Social Psychology, 26,* 66-71.

Harrell, W. A.(1980). Aggression by high school basketball players : An observational study of the effects of opponents' aggression and frustration-inducing factors. International *Journal of Sport Psychology, 11,* 290-298.

Kaada, B.(1967). Brain mechanical related to aggressive behavior. In D. C. Clemente and D. B. Lindsley(Eds.). *Aggression and defense.* Berkely : University of California Press.

Knott, P. D., & Drost, B. A.(1972). Effects of varying intensity of attack and fear arousal on the intensity of counter aggression. *Journal of Personality, 4,* 27-37.

Lorenz, K.(1966). *On Aggression.* New York, NY : Marcourt, Brace and World.

Martens, R.(1975). *Social Psychology and Physical Activity.* New York, NY : Harper & Row.

McCarthy, J. F., & Kelly, B. R.(1978). Aggression, performance variables and anger self-

report in ice hockey players. *Journal of Psychology, 99,* 97-101.

McCormack, J. B., & Chalip, L.(1988). Sport as socialization : A critique of methodological premises. *Social Science Journal, 25,* 83-92.

Mussen, P. H., & Jones, M. C.(1957). Self-conceptions, motivations and interpersonal attitudes of late and early maturing boys. *Child Development, 28,* 243-256.

Parke, R. D., & Slaby, R. G.(1983). The development of aggression. In . P. H. Mussen(Series Eds.), & E. M. Hetherington(Vol. Eds.). *Handbook of Child Psychology : Vol. 4.* Socialization, personality and social development. NY : Wiley.

Russell, G. W.(1981). Spectator moods at an aggressive sporting event. *Journal of Sport Psychology, 3,* 217-227.

Russell, G. W., & Drewry, B. R.(1976). Crowd size and competitive aspects of aggression in ice hockey. An archival study. *Human Relation. 29,* 723-735.

Silva, J. M.(1980). Understanding aggressive behavior and its effects upon athletic performance. In W. F. Straub(Eds.), *Sport Psychology : An Analysis of Athlete Behavior*(2d ed.). Ithaca, NY : Movement Publications.

Silva, J.(1983). The perceived legitimacy of rule violating behavior in sport. *Journal of Sport Psychology, 5,* 438-448.

Spivack, G., & Shure, M. B.(1974). *Social Adjustment of Young Children : A Cognitive Approach to Solving Real-Life Problems.* San Francisco, CA : Jossy-Bass.

Varca, P. E.(1980). An analysis of home and away game performance of male college basketball teams. *Journal of Sport Psychology, 3,* 245-257.

운동지속

현대인들은 자신의 신체적 · 정신적 건강을 유지하고 건강한 삶을 영위하기 위해 운동에 참여한다. 최근에는 보기 좋은 몸매를 유지하기 위해 꾸준한 식이조절과 운동조절을 병행하기도 한다. 이러한 건강을 효율적으로 유지하기 위해서는 꾸준하게 운동이 지속되어야 한다. 운동지속이란 개인이 운동에 직접 참여하고 그 활동을 규칙적으로 행하는 것으로 운동에 대한 집착 또는 지속을 의미한다.

본 장에서는 개인에게 많은 도움을 주는 운동을 하는 이유와 하지 않는 이유, 운동지속에 영향을 미치는 요인, 운동지속 향상 전략 등에 대해 알아보고자 한다.

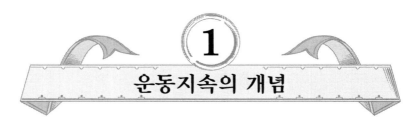

1
운동지속의 개념

운동지속(exercise adherence)이란 개인이 운동에 직접 참여하고 그 활동을 규칙적(regular)으로 행하는 것으로 운동에 대한 집착 또는 지속을 의미(Weinberg & Gould, 1995)할 뿐만 아니라 운동 빈도, 운동 강도, 운동 시간 등이 포함된 포괄적인 의미라 할 수 있다. ACSM(American College of Sport Medicine, 2000)의 운동지속 참가 지침에 의하면, 지속적인 운동 참가란 일주일에 3번 이상의 신체활동으로서 1회 신체활동 시 15분 이상 운동이 지속되는 경우로 규정하고 있다. 지속적인 운동참여 없이 건강이나 체력, 스트레스 해소와 즐거움, 여가만족과 생활만족 등은 경험하기 힘들기 때문에 운동지속은 단순한 운동참여와는 그 의미와 중요성 면에서 많은 차이가 있다.

운동지속에 대한 개념은 많은 학자들이 여러 측면에서 사용하고 있으며 그 정의 또한 다양하다. '집착' 또는 '지속'을 의미하는 adherence의 사전적 의미는 '집착하다' 또는 '특정한 목표를 달성하기 위해 행동기준에 충실하게 순응하다'로 해석된다. Bandura(1977)는 어떠한 행위의 지속은 배운 것을 습관적으로 사용하도록 동기화시킬 수 있는 능력에 달려있는 것이라고 하였다. 또 다른 정의를 살펴보면 운동지속은 참석, 시간의 축적, 중도포기 결여, 운동 참여율 등으로 정의되며, 이는 예정된 목표를 달성하는 것이고, 계획이 수행된 시간과 참여의 비율을 의미한다(Robinson & Rogers, 1994; Willis & Campbell, 1992). 운동을 습관적으로 지속할 수 있는 운동행동은 건강유지, 질병회복에 대한 행동 패턴과 활동 혹은 반드시 습관적 · 의식적 · 자발적이지 않더라도 여러 사람들이 실천하고 있는 반복행동이다(Gochman, 1988). 그러므로 자신에게 적합한 운동프로그램과 지속적인 운동참여 의지가 필요하다.

운동에 참여하는 사람들은 참가 동기나 목적이 모두 같을 수는 없다. 이것은 국가 간에도 약간의 차이가 발생되는 것을 볼 수 있다. Weinberg 등(1995)은 미국인들이 운동에 참여하는 이유는 체중조절, 심혈관 질환 예방, 스트레스와 우울증 감소, 운동이 주는 즐거움 획득, 자긍심 향상, 사회화 등 때문이라고 하였다. 2006년 국민생활체육활동 참여실태조사에 따르면 우리나라 국민들이 운동을 하는 이유는 건강유지 및 증진(55.4%), 체중조절(15.4%), 스트레스 해소(9.5%) 등의 순으로 나타났다(표 14-1).

표 14-1. 체육활동 참여 이유에 대한 연도별 비교(문화체육관광부, 2006)

	여가선용	건강유지 및 증진	체중조절	스트레스 해소	자기만족	대인관계 및 사교
2000년	11.00%	45.10%	14.70%	10.50%	12.90%	5.70%
2003년	6.40%	55.30%	19.00%	8.10%	7.90%	3.30%
2006년	7.60%	55.40%	15.40%	9.50%	8.40%	3.70%

표 14-2. 체육활동의 가치에 대한 연도별 비교(문화체육관광부, 2006)

	건강 및 체력증진	스트레스 해소	스릴과 희열감 만끽	체형 관리	사교	체육활동 자체의 즐거움	자기 만족
2000년	62.00%	14.20%	1.10%	5.70%	2.60%	6.70%	7.60%
2003년	69.50%	11.40%	0.70%	6.80%	0.50%	5.20%	5.90%
2006년	60.60%	13.20%	1.60%	11.00%	1.90%	6.60%	5.10%

운동에 참여하는 사람들은 체육활동을 통해 많은 효과를 얻고자 한다. '2006년 국민생활체육활동 참여실태조사'에 따르면, 체육활동은 건강 및 체력증진(60.6%), 스트레스 해소(13.2%), 체형관리(11.0%) 등에 효과가 있기 때문에 사람들은 운동에 참여한다고 하였다(표 14-2).

위의 표에서 보는 바와 같이 운동을 하게 되는 이유와 이를 통해 얻게 되는 효과는 과거와 현재 모두 건강과 체력증진이 가장 높았음을 알 수 있다. 흥미 있는 사항은 해가 지날수록 체형관리에 대한 가치가 증가한다는 것이다. 이는 사회구조가 외모를 중요시하기 때문임을 짐작할 수 있다.

3. 운동을 하지 않는 이유

무리하지 않은 적당한 양의 신체활동은 스트레스를 줄이고, 심장병, 당뇨병, 비만, 요통 등 각종 질병의 위험으로부터 벗어나게 도움을 준다. 그렇기 때문에 많은 사람들이 운동에 참여하고 있다. 이처럼 운동을 하게 되면 많은 도움이 된다는 사실을 알고 있음에도 불구하고 많은 사람들은 아직도 운동에 참여하지 않고 있다.

Willis와 Campbell(1992)은 사람들이 운동을 하지 않는 이유를 시간의 부족, 피로, 시설 부족, 운동에 관한 지식 부족, 의지력 부족 등 때문이라고 하였다. 운동을 하지 않는 이유 또한 국가 간에 약간의 차이가 있다. '2006년 국민생활체육활동 참여실태조사'에 따르면, 우리나라 국민들이 규칙적으로 운동할 수 없는 이유는 일이 바쁘고(44.1%), 게으르고(21.5%), 몸이 약해서(13.8%) 등 때문이라고 하였다(표 14-3). 특히 10대 청소년의 경우 운동할 시간이 없는 이유(26.5%)보다 게을러서(33.1%) 운동을 하지 못한다라고 나타나 연령대별로 그 특징이 있음을 알 수 있다.

표14-3 에서 보는 바와 같이, 2000년부터 2006년까지 시간이 없어서 운동을 하지 못하는 비율은 점차 감소하고 있음을 확인할 수 있다. 이는 주 5일 근무제의 도입

표 14-3. 불규칙적인 체육활동의 원인에 대한 연도별 비교(문화체육관광부, 2006)

	운동 할 시간이 없음	게으름	몸이 약함	동료의 부재	장소 및 시설 부족	경제적 여유 부족	지도자 부족	관심 부족	정보 부족
2000년	72.70%	12.70%	7.20%	3.00%	1.90%	1.10%	0.20%	1.10%	0.20%
2003년	48.00%	26.80%	8.10%	3.20%	4.30%	2.80%	0.30%	5.10%	1.30%
2006년	44.10%	21.50%	13.80%	2.20%	2.80%	2.40%	0.20%	11.70%	1.30%

으로 인한 여가시간이 확대되었기 때문이다. 운동을 하지 않는 두 가지 이유 중 눈에 띄는 것은 몸이 약해서와 관심이 부족해서이다. 이는 운동의 참여가 삶에 긍정적인 영향을 준다는 것을 인식하고 있음에도 불구하고 증가되고 있는 부분이기 때문에 현장에 있는 지도자 또는 국민들의 건강 증진에 매진해야 하는 각 분야의 전문가들은 더 많은 관심을 기울여야 할 것이다.

4
운동지속에 영향을 미치는 요인

운동에 지속적으로 참여하는 것은 처음 운동을 시작하는 것만큼 쉽지 않다. 이는 운동 참여 기간 중 발생되는 많은 저해요인이 있기 때문이라 할 수 있다. 운동지속의 저해요인으로는 부과된 과업, 경제적 부담, 대인관계, 시설, 피로누적, 동기 상실 등 예측할 수 있거나 예측하지 못하는 여러 요인들의 복합적인 요인들이 있다. 특정 개인이 운동에 지속적으로 참여하는 것을 예측하기 위해 지금까지 발견된 변인은 운동 참가자의 개인적인 특성, 운동 주관자, 운동 상황적 특성 등이 있다.

1) 개인적 특성

운동의 지속적인 참여에 영향을 미치는 참여자의 개인적인 특성은 심리적 특성과 생리적 특성, 그리고 사회적 특성으로 구분될 수 있다. 이러한 운동지속 요인은 운동 프로그램에 지속적으로 참여하거나 중도에 포기하는데 긍정적 혹은 부정적인 영향을 미친다.

(1) 심리적 특성

심리적 특성은 주어진 상황이 똑같다 하더라도 같은 행동으로 표현되지 않으며, 운동의 지속적인 참여를 유발시키기 위한 방법 등이 포함된다. 이러한 방법은 동기유발과 관련이 있으며, 동기유발이란 인간의 행동을 제기시키고 활성화시키며, 그 행동을 지속 또는 저지시키는 힘을 말한다. 심리적 차원에서 자아 동기(self-motivation)는 운동의 지속적 참여자와 포기자를 구분하는 기준이 된다(Dishman, 1981).

운동지속에 영향을 주는 심리적 특성요소 중 대표적인 것은 자아 동기이며, 외향적인 사람들이 내향적인 사람들보다 운동 프로그램에 지속적으로 참여하려는 경향을 갖는다(Massie & Shephard, 1971). 또한 자기효능감(self-efficacy)도 운동지속에 영향을 미치는 결정요인이라 할 수 있다. Rudolph와 McAuley(1996)는 자기효능감이 높은 사람은 낮은 사람과 비교하여 운동이 덜 힘들고 보다 긍정적인 기분을 느낀다고 주장하였다.

Dishman과 Gettman(1980)은 자아 동기를 '외향적인 강화 없이 지속하려는 일반적이고 비특징적인 성향'이라고 정의하였다. 따라서 자아 동기란 환경이나 타인의 영향 없이 자신의 목표나 사고에 의해서 강화되어지는 특성으로 간주된다.

운동에 적극적으로 참여할 수 있게 하는 방법은 시설과 지도자 이외에도 참가자들의 운동에 대한 내적욕구를 정확하게 파악하여 기존의 시설과 프로그램을 개선, 보완함으로써 운동 참여자의 욕구를 만족시켜 지속적인 참여를 유도할 수 있다.

(2) 생리적 특성

Dishman과 Gettman(1980), Massie와 Shephard(1971)는 높은 체지방률이

운동지속에 있어 중도탈락 및 낮은 운동지속과 관계가 있음을 주장하였다. 고체중의 운동 참여자는 운동 초기에 신체적 부하가 높으며, 그에 따른 운동 능력의 감소는 운동지속에 영향을 미친다는 것이다. 그러나 최근에는 고체중의 참여자가 더욱 많은 노력을 보이려는 경향이 나타나고 있다. Dishman(1981)은 생리적 변인과 심리적 변인을 조합시킴으로써, 지속적 운동참여에 대한 예측력을 향상시킬 수 있다고 주장하면서, 동기가 낮고 체중이 많이 나가는 참여자일수록 고강도의 운동에서 초래되는 당황 및 고통을 회피하는 경향이 있음을 보고하였다.

(3) 사회적 특성

사회적 특성에는 여러 가지가 있으나, 운동의 지속적인 참여와의 관계에서 직접적으로 다루어져 온 것은 연령, 직업형태, 주거지 등이다. Olson과 Zanna(1982)는 운동의 지속적인 참여에 영향을 미치는 요인으로 연령을 제시하면서, 운동의 지속적인 참여자는 젊은 연령층보다는 장년층에서 더 많이 나타난다고 보고하였다. 그러나 최근 사회적 경향은 보기 좋은 몸매를 선호하기 때문에 이를 위한 노력들이 젊은 연령층에서 많이 나타나고 있다.

Oldridg(1979)는 'Ontario 운동 프로그램'에서 운동의 지속적 참여율이 낮고 중도포기에 영향을 미치는 중요한 변인으로서 가정문제와 직업 및 거주지의 변화를 지적하고 있다. 이와 관련하여 활동적인 직업에 종사하는 사람 또는 여가 시간에 신체활동을 하지 않았던 사람들은 운동 프로그램에서 중도 포기율이 높은 것으로 나타났다(Nye & Pousen, 1974).

2) 운동 주관자

운동 참여자가 운동에 참여하는 과정에서 각 개인에게 지대한 영향을 미치는 객체를 주요타자(significant others) 혹은 준거집단(reference group)이라 한다. 이들은 감정, 사고, 태도, 행동은 개인의 태도, 가치관의 형성 등에 중요한 영향을 미친다(Leonard, 1980).

가족은 사회의 기본적인 집단이며 가장 중요한 사회 집단이라 할 수 있다. 이러한 사회제도로서 가족은 여러 가지 방면에서 운동참여와 밀접한 관련을 맺고 있으며, 운동참여를 결정하는 요인으로 작용한다. 따라서 사회화 주관자인 가족의 정신적 격려 및 지지, 행동, 태도 등은 운동참여자들이 지속적으로 참여하거나 중도 포기하는데 영향을 미친다고 할 수 있다.

Martin과 Dubbert(1982)는 가정이나 사회로부터 운동의 지속적 참여에 대한 지지나 강화는 운동의 지속적 참여를 증진시키는 데 관계가 있다고 보고하고 있다. 사회화의 주관기관인 가족의 영향은 사춘기에 들어와서는 동료집단에 흡수되며, 차츰 성장해감에 따라 그 영향력이 감소되고, 동료집단이 전 생애주기를 통하여 중요한 사회의 주관자가 된다. Kenyon과 Mcpherson(1974)은 운동에 관심을 갖고 지속적으로 참여하는데 영향을 미치는 요인으로서 지도자를 들고 있다. 운동 참여자 측면에서 본다면 지도자에 대한 참여자의 만족도는 운동의 지속적 참여를 증진시키는데 중요한 요인으로 작용함을 알 수 있다.

지도자가 지도자로서의 자질과 자격을 가져야 한다는 것은 매우 중요하며 당연한 사실이다. 하나의 인격을 지도하는 운동 지도자는 운동 참여자들과 대등한 관계인만큼 인간관계가 매우 중요하며, 그 다음으로 전문 기술 및 기능이 있어야 한다. 이와 같이 지도자는 지도자로서의 자질이 우선시 되어야 하며 이러한 지도자 자질이 특정 개인이 운동을 지속적으로 참여하는데 영향을 미치는 요인임을 알 수 있다.

일정 형태의 운동 프로그램에 대한 지속적 참여는 개인의 결정에 달려있다고 볼 수 있다. 개인의 결정이란 특정 운동 형태에 대한 개인의 선호 및 선택으로, 다양한 국면에서 타인의 영향을 받는다고 할 수 있다. 스포츠 사회화의 과정 속에서, 개인은 경험을 축적하고 그러한 경험은 인지된 적성에 영향을 미치게 된다(Spreizer & Sayder, 1976). 그리고 이와 같은 인지된 적성은 운동의 지속적 참여에 영향력을 행사한다.

3) 운동 상황적 특성

운동의 지속적인 참여에 영향을 미치는 마지막 요인은 운동 상황적 특성 요인이다. 여기에는 매우 다양한 요인들이 관련되어 있다. 운동의 효과는 단기간의 활동을 통해 얻을 수 없고, 지속적이고 규칙적인 활동을 통해서만 생리적, 신체적, 정신적인 발달과 증진을 가져올 수 있다. 그러나 운동은 심리적, 생리적 한계를 극복해야만 하는 것이기 때문에 대부분의 사람들은 육체적으로 매우 고통스러워하고 심리적으로 쉽게 싫증을 느끼게 된다. 또한 효과가 즉시 나타나지 않기 때문에 개개인의 의지만으로는 지속적으로 행하기가 힘든 것이다. 바로 여기에 프로그램의 중요성이 있다고 할 수 있다.

Yamaguchi(1988)는 운동 프로그램을 참여자 위주로 계획하여 실시한다면, 특정 개인이 운동을 지속적으로 참여하는 것을 증진시키고 중도에 포기하는 것을 최소화시키는 데 도움이 될 것이라고 하였다. 따라서 프로그램에 대한 만족도가 특정 개인이 운동을 지속적으로 참여하는데 영향을 미치는 요인으로 작용한다고 했다. 또한 Massie와 Shepherd(1971)는 혼자보다 집단으로 운동하는 형태가 운동지속에 긍정적인 영향을 미친다고 하였다. 이는 집단으로 운동을 할 경우 즐거움이 더 크고, 사회적 지지가 확보되며, 향상 정도를 비교할 수 있는 기회를 제공받기 때문이다.

운동 장소는 주거지역 가까이 설치되어야 한다. 운동 장소의 근접성과 편이성은 운동 참여자들이 지속적으로 참여하는데 영향을 미치는 중요한 요인이다(Andraw 등, 1981). 운동 프로그램에 참가하기 불편한 지역은 프로그램 구성 및 전체적 참여에 대한 지속적인 참가를 저하시킬 수 있다. 스포츠 시설의 편이성과 관련하여 주차시설 또한 운동에 대한 초기 참여 및 지속적인 참여 결정에 영향을 미치는 중요한 요인으로 지적되고 있다.

5

운동지속 향상 전략

현대인들이 건강하고 행복한 삶을 영위하기 위해 선택하는 방법은 다양하다. 또한 건강과 체력유지의 방법으로 규칙적인 운동이 효과적이라는 것은 다양한 자료들을 통해 인식되어지고 있다. '2006년 국민생활체육활동 참여실태조사(문화체육관광부, 2006)'에 따르면 건강과 체력유지 방법에 대한 응답 결과로 규칙적인 운동(44.3%)이 다른 방법(충분한 휴식 30.6%, 규칙적인 식사/영양보충 22.5%의 순)에 비해 높다는 것을 알 수 있다(그림 14-1).

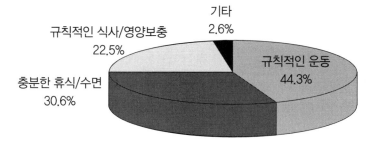

그림 14-1. 건강과 체력 유지 방법(문화체육관광부, 2006)

이러한 결과는 건강과 체력을 유지하기 위해 운동이 중요하다는 것을 충분히 인식하고 운동을 선택한다는 것이라 할 수 있다. 그러나 모든 사람들의 인식에도 불구하고 지속적으로 운동에 참여하는 것은 결코 쉬운 일은 아니다. Dishman 등(1980)은 운동 참여자들의 50% 이상은 운동이 시작되고 6개월 만에 그만두게 된다고 하였다. 운동을 그만두게 되는 원인은 개인마다 차이가 있겠으나, 이를 방치한다면 개인적으로나 국가적으로 큰 손실이 아닐 수 없다. 그렇기 때문에 운동 참여자들이 운동을 지속할 수 있게 하는 효과적인 방법이 필요하다. 운동지속을 높이기 위해 많은 연구들이 이루어졌는데, 결과들을 종합해 보면 운동 참여자, 주요타자, 운동 시설, 프로그램의 네

가지 부분에서 효과적인 향상 전략이 필요하다.

1) 운동 참여자

운동지속 향상에 가장 핵심적인 내용은 참여자 스스로 즐겁고 재미있게 운동에 참여하는 것이다. Scanlan과 Simon(1992)은 자신의 욕구에 부합하는 활동을 할 때 관심을 가지게 되며, 자신의 욕구를 만족시키는 활동을 할 때 재미 혹은 즐거움을 느낀다고 하였다. 주변 상황들로 인해 운동에 참여할 수는 있으나 운동지속을 위해서는 스스로 만족할만한 즐거움을 찾아야 한다.

또한 운동 참여자는 운동의 향상을 기대할 수 있도록 자신이 실현 가능한 목표를 설정해야 하고, 급진적인 목표보다는 점진적인 목표를 설정해야 한다. Locke 등(1981)은 목표설정은 개인으로 하여금 목표를 향해 주의와 활동의 방향을 집중시키고, 목표달성에 필요한 노력을 동원하며, 장시간 동안 노력을 투입, 지속하게 하고, 목표달성에 필요한 전략을 개발하도록 개인을 동기화시킴으로써 개인의 활동을 직접 조절하는 기능을 가지고 있다고 하였다.

실현 불가능한 목표는 참여자 스스로를 지치게 하며, 좌절감을 느끼게 하여 중도 포기를 하게 하는 원인이 된다. 그렇기 때문에 최초의 목표 설정은 지도자가 설정해 주는 것이 바람직하며, 참여자 스스로가 단계적으로 상황에 맞게 상향 또는 하향 조정하는 것이 효과적이다.

참여자 스스로가 그날의 운동 진행 사항을 기록해 두는 것도 운동지속을 향상시키는 방법이다. 자신의 상태를 기록하는 것은 스스로의 목표를 조절할 수 있는 자료가 되며, 동기를 조성시키는 역할을 한다.

2) 주요타자

운동 참여자의 운동지속을 향상시키는 방법 중 또 다른 방법은 주요타자의 역할이다. 참여자의 주요타자로는 운동을 지도하는 지도자, 가족 및 친구, 동료들이라 할 수 있는데, 이들이 참가자로 하여금 운동을 지속하게 할 수 있다.

주요타자 중 가장 중요한 역할을 하는 것은 지도자이며, 지도자는 프로그램의 단점을 보완하고 운동의 지속적 참가를 촉진시키는 역할을 한다(Dishman, 1988). 지도자의 정열적인 모습은 참여자가 운동을 지속하게 하는데 긍정적인 영향을 미치고, 지도자와 참여자 사이에 공유할 수 있는 공감대를 형성하는 것도 효과적인 방법이다. 그리고 지도자는 운동 참여자의 기능 향상은 물론 참여자의 복지와 안전에도 많은 노력을 기울여야 한다.

또한 지도자는 운동 참여자에게 적절한 리더십을 발휘해야 한다. 운동 참여자는 각자가 요구하는 리더십이 존재하는데, 지도자가 자신의 권한을 절대적으로 수용하기를 바란다면 운동 참여자는 점차 운동에 싫증을 느끼게 될 것이다. 그렇기 때문에 지도자는 참여자의 의견을 적극 수렴하면서 긍정적이면서도 때로는 권위적인 리더십을 발휘하는 다차원적인 리더십이 필요하다.

운동 참여자의 운동지속을 위해서 지도자는 철저한 자기관리와 정기적인 지도자 교육을 받아야 한다. 운동 참여자는 운동 초기에 자신의 지도자를 모델로 하는 경우가 많다. 만약 지도자가 지도자로서 적절하지 않은 행동이나 언어를 사용한다면, 운동 참가자는 지도자에게 불신을 갖게 될 것이며, 이는 운동 포기로 이어질 가능성이 있다. 또한 지도자는 새롭게 개발된 프로그램이나 정보를 운동 참여자보다 빨리 습득하여 참여자에게 제공해야 한다. 장기간 운동을 하고 있는 참여자들은 지도자 못지않은 정보와 지식을 가지고 있다. 그렇기 때문에 지도자는 정기적인 교육을 통해 새로운 규칙이나 프로그램, 지도 방법 등을 습득해야 한다.

지도자가 운동 참여자에게 적절한 피드백과 보상을 제공하는 것도 운동지속을 향상시키는 효과적인 방법이다. 피드백의 제공은 운동을 마지막에 하는 것보다 운동 중간마다 제공하는 것이 더욱 효과적이다(Martin, 1982). 또한 일정한 목표에 도달한 참여자에게는 쿠폰이나 운동용품 등의 적절한 보상을 제공하는 것은 참여자의 외적동기를 향상시켜 운동을 지속하게 하는 역할을 한다. 그러나 이러한 보상의 효과는 운동 초기에는 도움을 주지만 장기적일 때에는 그 효과는 감소한다. 따라서 장기적인 운동지속을 위해서는 내적으로 동기가 유발될 수 있도록 보상의 방법을 변화시켜야 한다.

참여자의 운동지속을 위해 지도자는 운동에 참여함으로써 생기는 손해보다 이익이 많다는 것을 인식시키고 근본적으로 운동에 참여하게 된 동기를 파악해야 한다. 지도자는 운동을 통해 여가시간이 줄어드는 것에 대해, 더 좋은 신체조건과 건강 유지, 대인관계 유지 및 확장 등의 장점을 참여자에게 알려줌으로써 동기를 유발시킬 수 있다. 반대로 운동을 포기하려고 하는 참여자에게는 운동을 포기하게 됨으로써 발생되는 부정적인 측면을 강조하여 운동을 다시 할 수 있도록 해야 한다. 또한 지도자가 참여 동기를 파악하는 것은 운동에 참가하게 하며 재미있게 참여할 수 있게 하는 기본 자료가 될 수 있다. 운동 참여자가 운동을 시작하게 되는 근본적인 동기는 모두 같을 수 없다. 동료나 친구 또는 부모님의 권유, 건강 유지, 새로운 도전 등의 다양한 동기가 운동지속 단계에서도 유지되거나 또 다른 동기가 유발될 수 있도록 지도자는 항상 유념해야 한다.

운동 참여자의 주요타자가 할 수 있는 운동지속 향상 방법 중 또 다른 방법은 사회적 지지를 제공하는 것이다. 배우자, 가족, 친구, 지도자와 같은 주요타자의 심리적, 물질적 지원은 운동을 더 열심히 하게 되는 동기가 된다. 특히 어린 참가자에게는 운동에 대한 조기 참여가 중요하기 때문에 부모들은 아이들에게 다양한 종류의 신체활동을 경험할 수 있도록 해야 한다. 지도자 역시 참여자와의 정기적인 대화, 안내문 등을 통해 참여자에게 많은 도움을 주고 있음을 알게 해야 한다.

3) 운동 시설

운동 참여자가 운동을 효과적으로 지속하기 위해서는 운동 장소, 운동 장비, 서비스 등이 좋아야 한다. 운동 장소는 참여자가 쉽게 접근할 수 있어야 한다. 운동 장소가 멀어지게 되면 운동에 참여하는 횟수가 줄어들게 될 것이고, 이는 운동 포기로 이어질 수 있다. 또한 깨끗하고, 넓으며, 잘 갖추어진 시설은 참여자로 하여금 운동을 하고 싶은 욕구를 느끼게 하며, 즐겁고 쾌적하게 운동을 지속할 수 있게 하는 촉매제의 역할을 한다. 좋지 못한 시설은 참여자에게 다른 시설로 장소를 변경하게 하는 원인이 될 수 있으며, 잦은 시설 이동은 지도자와 운동을 함께 하고 있는 동료들과의 변경을 의미하므로 운동을 중도 포기할 수도 있다.

4) 프로그램

운동지속을 효율적으로 향상시키기 위해서는 운동 프로그램과 관련된 사항들도 고려되어야 한다. 먼저 운동 프로그램은 참여자에게 재미와 즐거움을 줄 수 있어야 한다. 참여자가 즐겁게 운동을 할 수 있도록 프로그램이 계획된다면 규칙적으로 운동할 수 있는 동기가 부여될 것이다. 또한 프로그램은 참여자가 편하게 이용할 수 있는 시간과 장소를 고려하여 계획하는 것이 바람직하다. 최근 기업체에서는 직원들의 복지향상을 위해 사내에서 할 수 있는 프로그램을 제공하여 직원들의 건강 증진에 힘을 기울이고 있다.

참여자에게 제공되는 프로그램은 다양해야 한다. 운동에 참여하려고 하는 사람들은 각자가 참여하고 싶어 하는 활동에 참여했을 때 동기수준도 향상된다. 그러나 자신이 하고 싶지 않은 활동을 해야만 한다면 하고자 하는 의욕은 사라지게 되고, 결국 운동을 포기하게 되는 상황이 발생될 것이다. 이러한 프로그램의 다양성은 단지 1명만을 위해 계획되는 것을 의미하지는 않는다. 각자에게 맞는 프로그램을 계획하는 것은 다소 무리가 있기 때문에 개인의 의견을 최대한 수렴하여 계획하는 것이 바람직하다.

운동지속의 향상을 위해 제공되는 프로그램은 운동의 강도, 빈도, 기간을 적절하게 계획할 필요가 있다. 최초로 운동을 참여하는 사람들에게는 최소 6주에서 12주 동안 운동의 습관을 기를 수 있도록 해야 한다. 운동 강도는 참여자가 스스로 올릴 수 있을 정도가 되기 전까지는 지도자의 도움이 필요하다. 일반적으로 운동의 강도는 1주에서 2주 동안 지속기간을 두고 다음 단계로 넘어가는 것이 바람직하다. 또한 운동 빈도는 탄력적으로 운영하는 것이 효과적이다. 탄력적이라는 것은 운동 참여자가 꼭 정해져 있는 시간에 몇 회 이상 참여하게 하는 것이 아니라 꾸준하게 언제라도 할 수 있게 하는 것을 의미한다. 너무 무리한 빈도는 참여자로 하여금 스스로 지치게 하는 원인이 될 수 있다.

참고문헌

문화관광부(2006). 국민생활체육활동 참여실태조사.

American College of Sport Medicine.(2000). ACSM's guidelines for exercise testing and prescription(6th ed.).

Andraw, G. M., Oldridge, N. B., Parker, J. O., Cunningham, D. A., Rechnitzer, N. L., Jones, N. L., Buck, C., Kavangk, T., & Shephard, R. J.(1981). Reasons for dropout from exercise programs in post-coronary. *Medicine and Science in Sports and Exercise, 13(3),* 164-168.

Bandura, A.(1977). Self-efficacy : Toward a unifying theory of behavior change. *Psychological Review, 84(2),* 191-215.

Dishman, R. K.(1981). Biologic influences on exercise adherence. *Journal of Sport Psychology, 52(2),* 143-159.

Dishman, R. K.(1988). *Exercise Adherence : Its Impact on Public Health.* Champaign, IL : Human Kinetics.

Dishman, R. K., & Gettman, L. R.(1980). Psychobiologic influences on exercise adherence. *Journal of Sport Psychology, 2,* 295-310.

Gochman, D. S.(1988). *Handbook of Health Behavior Research : Personal and Social Determinants.* New York, NY : Plenum Press.

Kenyon, G. S., & McPherson, B. D.(1974). An approach to the study of sports socialization. *Industrialized Review of Sport Sociology, 1(9).*

Leonard, W. M.(1980). *A Sociological Perspective of Sport.* Minneapolis, MN : Burgess Publishing Company.

Locke, E. A., Shaw, K. N., Sarri, L. M., Latham, G. P.(1981). Goal setting and task performance. *Psychology Bulletin, 90,* 125-152.

Martin, J. E.(1982). Exercise and health : The adherence problem. *Behavioral Medicine Update, 14,* 16-24.

Martin, J. E., & Dubbert, P. M.(1982). Exercise applications and promotion in behavioral medicine : Current status and future direction. I. *Consulting Clinical Psychology, 50,* 1004-1017.

Massie, J. F., & Shephard, R. J.(1971). Physiological and psychological effects of training. *Medicine and Science in Sports, 3,* 110-117.

Nye, G. R., & Pousen, (1974). An activity program for coronary patients : A review of morbidity, mortality and adherence : After five years. *New Zealand Journal, 79,* 1010-1013.

Oldridg, N. B.(1979). Compliance with exercise program. In M. L. Pollock and D. H. Schmidt(Eds.), *Heart Disease and Rehabilitation*(pp.619-629). Boston, MA : Houghton Mifflin.

Olson, J. M., & Zanna, M. P.(1982). Predicting adherence to a program of physical exercise : An empirical study. Toronto : Government of Ontario, Ministry of Tourism and Recreation.

Robinson, J. L., & Rogers, M. A.(1994). Adherence to exercise programs recommendations, *Sports Medicine, 17(1),* 39-52.

Rudolph, D. L., & McAuley, E.(1996). Self-efficacy and perceptions of effort. *Journal of Sport and Exercise Psychology, 18,* 216-223.

Scanlan, T. K. & Simon, J. P.(1992). The construct of sport enjoyment. In G. Roberts(Eds), *Motivation in Sport and Exercise.* Champaign IL : Human Kinetics.

Spreizer, E. A., & Sayder, E. E.(1976). The female athlete : Analysis of objective and subjective role conflict. In D. M. Landers(Eds.), *Psychology of Sports and Motor Behavior.*

Weinberg, R. S., & Gould, D.(1995). *Foundations of Sport and Exercise Psychology.* Champaign, IL : Human Kinetics.

Willis, J. D., & Campbell, L. F.(1992). *Exercise Psychology.* Champaign, IL : Human Kinetics.

Yamaguchi, Y.(1988). A study of adherence to a fitness club. Proceeding of Seoul Olympic Congress.

심리기술훈련

전직 야구 선수이자 지도자 출신인 Yogi Berra(뉴욕 양키스)는 '스포츠 경기에서 90%는 정신적인 부분이다'라고 했고, 전직 육상선수 Bruce Jenner는 '나의 최고 재산은 신체적인 능력이 아니라 멘탈 능력이다'라고 했다. 이처럼 스포츠 스타들의 경험 속에서 나오는 명언들 뒤에는 심리적 요소가 많이 언급 되며 심리요인의 중요성을 강조한다. 이와 같은 이유로 심리기술훈련은 운동선수를 대상으로 활발하게 이루어지고 있다.

본 장에서는 심리기술훈련의 개념, 심리기술훈련의 중요성, 심리기술훈련 프로그램의 종류와 내용, 심리기술훈련 프로그램의 단계, 심리기술훈련의 방법, 심리기술훈련의 효과 등에 대해서 알아보고자 한다.

1 심리기술훈련의 개념

　최근 심리기술훈련의 효과에 대해 긍정적인 결과를 보고하는 연구들이 늘고 있다. 이러한 연구 결과들을 간략히 요약하면 '후천적인 노력으로 심리기술 특성을 향상시킬 수 있으며, 심리기술훈련으로 이런 문제점을 극복할 수 있다.'는 것이다. 여기서 말하는 심리기술(psychological skill)이란 최상 수행을 할 수 있도록 자신의 심리 상태를 조절하는 능력으로, 각성 조절 능력, 집중력 조절 능력, 자신감 조절 능력, 심상 능력, 이완 능력, 동기부여 능력 등을 포함한다(Hacker, 2001).

　심리기술이란 개념은 다른 유사 개념과 중복되어 개념상 혼란을 초래하기도 한다. 우선 심리기술이란 용어는 Martens(1987)가 정립한 심리기술훈련 모형의 영향을 받아 주로 미국과 캐나다의 학자들이 사용하고 있다. 이와 유사한 용어로는 정신훈련(mental training), 정신연습(mental practice), 이미지 트레이닝(image training), 정신력 훈련(mental toughness training), 대처전략(coping strategy), 심리적 준비(psychological preparation), 정신적 시연(mental rehearsal), 정신기술훈련(mental skills training), 인간 잠재력 훈련(human potential training) 등 매우 다양하다.

　Vealey(1988)는 심리기술 관련 서적 27권의 내용분석을 통해서 심리기술 내용 중 심상, 신체이완, 사고조절, 목표설정이 가장 널리 이용되고 있다는 것을 도출하였고, Hardy, Jones와 Gould(1996)는 Vealey(1988)가 도출한 네 가지 요인들을 기술이라 판단하고, 그 용어를 약간 다르게 하여 이완(relaxation), 목표설정(goal setting), 심상과 정신적 시연(imagery & mental rehearsal), 그리고 자화(self-talk)로 부르고 있다. 따라서 이완능력, 목표설정, 심상(정신연습), 긍정적인 생각(positive thinking) 등은 심리기술의 핵심요인에 해당한다. 그 외 다수의 연구자들이 비슷한 용어들을 사용하여 연구를 진행하였는데, Seiler(1992)는 이런 연구들에서 공통적

표 15-1. 주요 심리기술 요인

Tuko & Tosi (1976)	Harris & Harris (1984)	Unestahl (1986)	Suinn (1986/1989)	Martens (1987)	Missoum & Minard (1990)
- 근육이완 - 호흡조절 - 주의집중 - 정신적 시연 - 신체적 시연	- 이완 - 집중력 - 심상 - 독백 - 자아사고 - 목표설정 - 의사소통	- 심신이완 - 자기최면 - 활성화 - 주의집중 - 목표설정 - 목표공식화 - 문제해결 - 태도훈련	- 이완훈련 - 스트레스 관리 - 긍정적 사고조절 - 자아조절 - 정신적 시연 - 집중력 - 에너지 조절	- 심상 - 심리에너지 관리 - 스트레스 관리 - 주의집중 - 목표설정	- 시각화 - 목표설정 - 상황접근 - 전환 - 감응 - 대응관계 - 전략, 자아상

으로 사용하고 있는 7가지의 주요 심리기술 요인을 표 15-1로 정리하였다.

그리고 Vealey(1988)에 의하면 심리기술훈련(psychological skill training)은 '수행을 향상시키고 긍정적인 태도로 시합에 임하는데 도움이 되는 정신기술(mental skill)을 가르쳐 주거나 향상시켜 주기 위해 개발된 기법이나 전략'이라고 정의하였다. 심리기술훈련은 경기력과 스포츠 참가의 즐거움을 높여주는데 효과적인 것으로 밝혀진 심리기술을 익히고 연습할 수 있도록 고안된 체계적이며 교육적인 프로그램이다. 이러한 심리기술훈련은 심리적으로 문제가 있는 선수들에게만 필요한 것은 아니다. 오히려 심리적으로 정상인 선수들을 대상으로 고도의 심리기술이 요구되는 극도의 경쟁적인 시합상황에서 최고의 수행을 발휘하도록 도와주는 역할을 한다. 그래서 심리기술훈련은 교육적 성격을 갖는다. 그 외 여러 연구자들의 정의를 요약해 보면 '여러 가지 심리방법(기술)을 연습하고 훈련하고 특히 지속적이고 체계적으로 일정기간 이상 학습하는 훈련'이라고 정의하였다. 이에 한명우(2005)는 '심리기술향상에 필요한 제반 심리방법을 지속적이고 체계적으로 일정기간 이상 학습하는 훈련'으로 보완되어야 한다고 보고했다. 그래서 심리기술훈련을 쉽게 풀이한다면 '선수의 심리상태를 조절하여 최상수행을 발휘할 수 있도록 하는 훈련'이라고 볼 수 있다. 다음 표 15-2와 표 15-3에서는 국내외 연구자들의 연

표 15-2. 국내 문헌에 따른 심리기술훈련 프로그램의 구성요인

박정근 (1999)	김병현 등 (1999)	김병현 등 (2001)	김원배 (2001)	김상태, 설정덕 (2001)	유진, 허정훈 (2002)
- 자신감 - 긍정적사고 - 자화 - 이완 - 심상 - 목표설정	- 각성조절 - 주의집중 - 불안제거 - 성취동기 - 심상조절 - 자신감	- 부정적 생각단절 - 긍정적 이미지 - 감각회상 - 기술 감각 심상 - 신체정신 이완 - 시합 전 준비전략 - 시합루틴	- 승부욕 - 분투노력 - 인내력 - 불굴의 투지	- 목표설정 - 이완 - 심상 - 주의집중 - 자신감	- 극복의지 - 팀 단합 - 목표설정 - 자신감 - 집중력 - 불안조절 - 심상
장덕선 등 (2003)	김병준 (2003)	엄성호 (2003)	강성구, 최재원 (2003)	정청희 (2003)	윤영길 (2004)

- 시합 상황별
  집중전략
- 기록 상황별
  집중전략
- 주의재집중
- 최고와 최악
  시합의 기분
  상태비교
- 집중
- 루틴
	- 목표설정
	- 심상
	- 호흡
	- 루틴
	- 인지재구
	  성
		- 자신감
		- 집중력
		- 자기관리
		- 강인한 정신력
		- 긍정적 태도와 생
		  각
		- 감성조절
		- 불안조절
		- 동기 및 의욕
			- 목표설정
			- 자기관리
			- 루틴
			- 자신감
			- 집중력
			- 각성 및 불안
			  조절
			- 심상
				- 성취욕구
				- 목표설정
				- 자신감
				- 긍정적 태도
				  및 언어
				- 이완
				- 각성 및 불안
				  조절
				- 심상
				- 주의집중
					- 판단력
					- 목표설정
					- 투지
					- 자신감
					- 승부욕
					- 동기
					- 자기관리
					- 집중력
					- 의욕
					- 지도자
					  신뢰

※출처 : 홍길동(2005). 양궁심리훈련 프로그램의 개발 및 현장적용 연구. 서울대학교 대학원 박사학
위논문. p 65. 재인용.

구 자료와 관련 문헌을 검토한 것이다.

독일과 스웨덴을 중심으로 한 유럽에서는 심리기술훈련보다는 정신훈련이라는 용어가 더 널리 사용되고 있다. 한편, 정신훈련은 협의와 광의의 의미로 구분할 수 있는데, 광의의 의미로 사용되었을 경우 심리기술훈련과 유사한 측면이 많다. 반면 협의의 의미로 쓰일 때에는 운동기술을 심리적으로 상상하는 것, 즉 운동 동작의 시각화(visualization)라는 의미에 한정되기도 한다(Schilling & Gubelmann, 1995).

심리기술훈련은 일반적으로 상황적 불안요소로부터 발생한 스트레스 즉, 심리적, 생리적, 그리고 행동적 불안 반응에 이러한 기법을 사용하여 불안을 해소 또는

표 15-3. 국외 문헌에 따른 심리기술훈련 프로그램의 구성요인

Nideffer (1985)	Unestahl (1986)	Loehr (1986)	Loehr (1986)	Martens (1987)	Vealey (1988)
－각성조절훈련 －운동방해요인 제거 －긍정적 심상 －주의집중 －긍정적 태도와 생각 －정신적 시연	－근육이완 －정신이완 －컨디셔닝훈련 －주의분리훈련 －심상훈련 －문제해결 －확신훈련 －집중력 훈련 －정신적 시연 －분발감 훈련 －자기 암시	－심상화 훈련 －자아동기훈련 －근육이완훈련 －정신이완훈련 －명상 －호흡조절훈련 －활성화훈련	－자신감 －각성조절 －주의조절 －시각화 및 이미지 －동기수준 －긍정적 에너지 －사고조절	－심상 －심리에너지 －스트레스관리 －주의집중 －목표설정	－주의집중 －동기 －심상 －자신감 －목표설정 －이완 －사고조절
Nelson & Hardy (1990)	Smith 등 (1995)	Hogg (1995)	Hardy 등 (1996)	Bull 등 (1996)	Howe (1999)
－목표설정 －자기관리 －심상 －불안 및 각성조절 －자신감 －집중력 －이완능력 －동기	－목표설정 －불안조절 －감정조절 －주의집중 －자신감	－자기지각 －목표설정 －이완 －자화 －심상 －주의조절 －최상수행 상태 이미지	－이완 －목표설정 －심상 및 심리적 시연 －자화	－승부욕 －믿음 －몰입 －긍정적 생각 －조절력 －긍정적 신체 －표현	－각성조절 －이완 및 호흡 －자화 －심상 －목표설정 －자신감 －경기 전 루틴 －시간관리 －주의 재 집중
Lydia (1999)	Smith (2000)	Bond (2001)	스웨덴 Orebro 대학 (2002)		
－집중 －심상 －목표설정 －루틴 －자신감	－집중력 －자신감 －리더십 －성취동기 －스트레스 관리 －정신적 준비	－목표설정 －각성조절 －집중력 －심상동기 －수행계획 －인지기술 －감정조절 －생활관리 －위기대응능력	－근육이완 －정신이완 －자기최면 －상상기능훈련 －심상화 －정신적 시연 －확신훈련 －자아상훈련 －목표설정	－목표통합 －집중훈련 －강인한 정신력 －둔감화 －문제해결 －창의성 훈련 －지각운동훈련 －심신훈련	－행동변화 －습관형성 －태도훈련 －의사소통기능 －팀훈련 －유머훈련 －내적 즐거움 －삶의 질 향상

※출처 : 홍길동(2005). 양궁심리훈련 프로그램의 개발 및 현장적용 연구. 서울대학교 대학원 박사학위논문. p 66. 재인용.

감소시키는 데 기초를 두고 있으며(Cratty, 1983; Vealey, 1988), 스포츠 상황에서 수행을 촉진시키기 위해서 설계된 기법과 전략들로서 최상의 운동수행을 발휘하기 위한 준비 측면으로 인식되고 있다. 심리기술훈련을 습득하는 것은 쉬운 것이 아니다. 우선, 세부적인 심리기술을 습득한 후에 시합 상황에 적절한 심리기술을 단독으로 혹은 묶어서 사용해야 한다. Martens(1987)는 심리기술훈련의 기본적 구성요인으로 심상기술(imagery skill), 심리에너지 관리(psychic energy management), 스트레스 관리(stress management), 주의집중 기술(attentional skills), 목표설정 기술(goal setting skills)의 5가지 심리기술을 들었다. 이들 5가지 요인은 그림 15-1과 같이 상호 유기적인 관계를 갖고 있다.

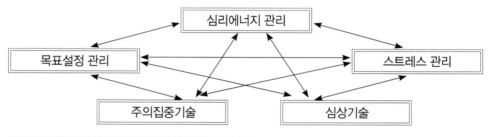

15-1. 심리기술의 상호 유기적 관계

※출처 : Martens, R. 1987. Coaches guide to sport psychology, Chmpaign, IL : Human Kinetics.

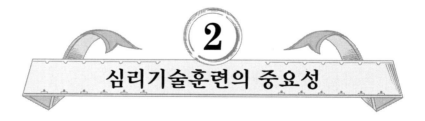

심리기술훈련의 중요성

모든 스포츠에서 경기의 승패는 신체적 능력(근력, 스피드, 균형감각, 협응력, 신장, 체중 등), 심리적 능력(성격, 동기, 정서적 특성, 집중력, 자신감, 불안감 등), 그리고 외적요인(날씨, 시합장, 지도자, 관중, 동료 등)의 조화에 의해 결정되는 경우가 다수다. Cox(1990)는 심리기술훈련이 선수의 부정적인 심리요인을 제거하고 긍정적인 생각을 갖게 하여 마음의 여유와 안정을 유지함으로써 경기력을 향상시키기 때문에 매우 중요하다고 강조한다. 이렇듯 심리기술훈련이 매우 중요하게 여겨지는 것은 선수가 생각하고 행동하게 되는 심리요인들이 그대로 경기력에 영향을 준다고 예측하기 때문이다. 모든 운동경기에서 최고 50%는 심리기술에 의해 좌우되며, 골프, 사격, 양궁, 테니스, 그리고 피겨스케이팅과 같은 종목에서는 80~90%가 심리기술에 의해 결정된다(Porter & Foster, 1986).

아마도 자기조절능력이 필요한 종목이나 특정상황, 예기치 못한 상황, 또는 운동능력이 비슷한 선수끼리의 경기에서는 심리적 능력이 우수한 선수가 이길 확률이 높아짐을 경험적으로 보았을 것이다. 또, 경기상황에서 선수들은 심신의 컨디션에 따라 경기의 승패가 결정된다. 보통 신체적 능력이 비슷할 경우, 경기의 승자가 패자보다 심리적 기술이 더 우수하다고 간주한다. 매일매일 반복되는 훈련에서 심리상태를 잘 관찰해보면, 어떤 날은 완벽하게 수행을 하는 날이 있는 반면에 어떤 날은 자신이 생각한대로 운동 수행을 발휘하지 못하기도 한다. 이러한 변화의 원인은 바로 심리기술 요인들에 의해 일어난다고 볼 수 있다.

심리기술훈련의 중요성이 운동수행 능력 향상에 있어 매우 중요한 요소임에도 심리기술에 대한 전문적인 지식, 심리기술은 선천적이라는 선입관, 혹독한 신체훈련을 통한 극복으로 강한 근성을 키웠던 과거 훈련방식에 따른 운동시간 과다배정, 그로 인한 심리 교육 훈련 시간부족, 특정 선수와 특정 팀, 특정 종목만을 위한 훈련이라는 생각 등의 잘못된 인식으로, 심리기술훈련이 자주 활용되지 못하고 있는 실정이다.

Gould와 Weinberg(1995, 1999)는 심리기술훈련을 경시하는 이유를 다음과 같이 설명했다.

첫째, 지식의 부족으로 많은 사람들은 심리적 기술의 지도나 연습방법을 이해하지 못하고 있다는 것이다. 즉, 스포츠 현장의 선수나 지도자 모두 어떻게 주의집중을 하는지, 어떻게 불안 수준을 조절하는지에 대한 체계적 지식이 부족하다는 것이다. 심리기술훈련 역시 신체적 기술훈련과 마찬가지로 평소에 꾸준한 연습이 필요하다. 예를 들면, 마라톤 선수에게 100m 달리기 수행을 잘 할 것이라고 믿는 지도자는 없을 것이다. 이와 마찬가지로 심리기술훈련 역시 시합 상황에서 심리적 컨디셔닝을 최대로 끌어올리기 위해서는 평소에 많은 연습을 할 필요가 있다는 것이다.

둘째, 시간이 부족하다는 것이다. 신체적 연습을 하는데 시간이 부족한데 어떻게 심리기술훈련을 추가해서 할 수 있는가라고 잘못된 생각들을 하고 있다. 현장에 있는 다수의 지도자들은 체력훈련, 전술훈련, 기술훈련 등을 실시하기에도 연습량이 부족하다고 한다. 그러나 경기 후 인터뷰에서 우리는 전술적인 이야기보다는 선수들의 집중력, 불안감 등 심리관련 내용에 대해서 이야기를 자주 들을 수 있다. 만약 선수가 집중력이 약하고 불안감이 높다면, 집중력을 강화시키는 훈련과 불안감을 해소시키는 훈련을 시키는 것이 이상적일 것이다.

셋째, 심리적 기술은 변화시킬 수 없는 것으로 생각한다. 심리적 기술 능력은 선천적으로 타고나는 것이며 어떤 학습을 통해서 변화시킬 수 없다고 단정하는 것이다. 즉, 훌륭한 선수는 만들어지는 것이 아니라 타고 난다는 인식이다. 흔히 세계적으로 유명한 선수들은 분명 자신만의 고유한 심리적 특성이 있다. 그러나 심리적 기술훈련 역시 다양한 경험을 통해서 학습될 수 있다. 최고의 신체적 능력 및 기술을 가지고 있는 선수일지라도 올림픽에서 금메달을 따기 위해서는 고도의 긴장된 상태에서 침착함을 유지하는 것, 집중력을 유지하는 것, 자신감을 갖도록 노력하는 것 등이 타고난 것이라고 말할 수는 없다. 오히려 이러한 정신적인 측면들을 갈고 닦는 것이야 말로 마음의 안정을 유지하고, 주의를 집중할 수 있고, 자신감을 갖게 하는데 도움을 줄 수 있을 것이다. 그러한 예로 2004년 아테네 올림픽에서 금메달 0순위였던 배드민턴의 김동문, 라경민 조의 올림픽 8강 탈락을 볼 수 있다. 올림픽경기에 참가하기 전까지 74연승이라는 기록적인 연승행진을 하고 있었고, 전 세계적으로도 금메달 0순위로 손꼽았지만 결과는 그렇지 못했다. 상대팀 전술의 성공이라고 하지만 부담감, 압박감을 이겨내지 못함이 패배의 요인으로 즉, 심리적인 측면에서 패배했다고 할 수 있다(구해모 등, 2007; 하태권 등, 2010). 만약 김동문, 라경민 조가 심리기술훈련을 지속적으로 했다면, 그 결과가 바뀌었을 수도 있었을 것이다. 즉, 심리기술도 신체적 기술과 마찬가지로 규칙적으로 훈련을 한다면 충분히 변화시킬 수 있는 기술이다.

마지막으로 심리기술훈련에 대한 잘못된 생각들이다. 심리기술훈련은 문제가 있는 선수들을 위한 것이며, 단지 우수한 선수들을 훈련시키기 위한 것이고, 즉시 해결책을 제공하고, 심리기술훈련이 유용하지 않다는 생각은 잘못 된 것이다. 심리기술훈련은 운동선수, 일반 스포츠 참여자면 누구나, 선수시절 뿐만 아니라 평생을 실시해야 하는 일반적이고, 모든 사람들에게 적용되는 것이다. 심리기술훈련은 보통 수준의 선수를 최고의 선수로 만들어주지는 않는다. 단지, 자신의 잠재력을 최대로 발휘하는데 도움을 줄 수 있는 방법이 될 수 있다.

③ 심리기술훈련 프로그램의 종류와 내용

심리기술훈련은 불안 감소와 경기력 향상에 효과적이라고 많은 연구를 통해서 보고되고 있으며(Gould & Weinberg, 2003; Maynard & Cotton, 1993; Orlick & Partington, 1986), 다양한 종목에서 다양한 방법으로 진행되고 있다. 심리기술을 필요로 하는 선수나 지도자는 어떤 이론적 배경이나 근거 하에 시작을 해야 하는지 구체적으로 인지한 후에 심리기술훈련 프로그램을 계획하는 것이 바람직하다. 심리기술훈련 프로그램은 다양한 형태로 개발되고 있는데, 대표적으로 사용되는 심리기술훈련 프로그램은 다음과 같다.

1) 인지재구성 프로그램

인지재구성 프로그램은 Ellis(1956)에 의해서 개발된 인지정서행동치료(rational emotive behavior therapy: REBT)에서 중요한 개념인 ABCDE 이론에서 활용되는 프로그램이다. REBT는 합리적 치료(rational therapy)로 시작되다가 합리적 정서적 치료(rational emotive therapy)로, 그리고 합리적 정서적 행동치료(rational emotive behavioral therapy)로 변화하면서 사용되고 있다(박경애, 1997).

인지재구성은 불합리적인 신념을 논박을 통해 합리적인 신념으로 바꾸어 바람직한 행동을 유도하는 형태이다. 특히 단계적으로 장점을 이끌어 내고 단점을 보완하게 하는 형태의 모형으로 선수나 지도자가 부담감이 많지 않게 적용할 수 있다(구봉진, 2003).

(1) ABCDE 이론

A는 선행사건을 의미하고, B는 신념/신념체계, C는 결과, D는 논박, 그리고 E는 합리적 효과를 의미한다. 신념에는 비합리적인 신념과 합리적인 신념이 존재한다. 이 이론의 진행과정을 요약하면 그림 15-2와 같다. 이 이론에서는 어떤 사건의 결과(C)는 선행사건 그 자체에 의해서 발생되기보다 그 사건을 판단하거나 그 사태를 보는 개인의 신념/신념체계(B), 대부분 비합리적인 신념체계(iB)에 의해서 나타난다고 보는 견해이다. 즉, 시합 상황에서 나타나는 과도한 불안(비합리적인 결과)은 시합 자체에 의한 것이 아니라 선수가 그 시합을 대하는 비합리적인 신념체계(iB)에서 비롯되는 것으로 그러한 신념체계를 반복하게 되면 과도한 불안 상태는 계속되기 때문에 그 고통은 지속되고, 나아가 선수는 최고의 수행을 발휘할 수 없게 된다. 그러므로 선수들은 비합리적인 신념체계가 잘못된 것이라는 것을 논박을 통해서 확인하고 다시 합리적인 신념으로 재구성하여 신념체계를 바꾸어 주는 과정을 통해서 정서적으로 합리적인 결과를 얻을 수 있을 것이다(구봉진, 2003).

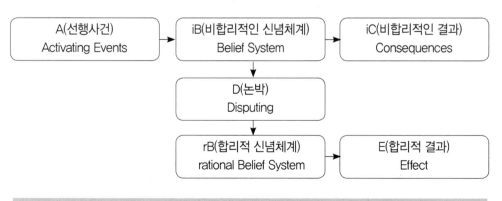

15-2. ABCDE 이론 진행과정

2) 자기탐지 기법 프로그램

Kischenbaum(1984)의 자기탐지 기법을 통한 자기 조정의 과정은 다음과 같은 다섯 단계로 구성되어 있다.

1단계(문제 확인) : 스포츠 참여시에는 빈번하게 발생하는 자기 자신의 문제점을 인식하지 못하고 그 행동을 무의식적으로 계속하는 경향이 있다. 이 단계에서는 본인의 문제점을 지각하게 함으로서 자신의 습관적 행동을 확인하고 수행을 최대화할 수 있도록 행동 변화의 필요성을 재인식시켜 수행에 대해 스스로 책임감을 갖게 하는 것이다.

2단계(변화에 대한 노력) : 문제를 확인하고 변화의 가능성을 인지한 후 변화를 추구하기로 결정하고 그것에 노력하는 단계이다. 이때 목표달성을 하는데 부정적인 측면을 열거하여 그러한 문제점들이 변화에 얼마나 영향을 줄 것인가를 인식시키는 것도 중요하다.

3단계(자기탐지와 평가를 위한 자기조정적 요인의 실행) : 바람직한 결과를 성취하기 위한 단계이다. 이 단계에서는 목표를 추구하기 위한 계획을 개발하고 변화가 진행되는 동안 무엇이 일어나는지를 발견하기 위하여 자기의 행동을 탐지하는 자기조정의 단계에서 관찰된 행동을 목표에 따라 평가하여 바라는 목표와 현재 수행 수준 간의 차이를 줄이기 위해 계획하거나 변화시킬 수 있다. 이러한 자기 평가의 타당성에 따라 자기 보상과 자기 처벌이 가능하게 된다.

4단계(목표달성을 위한 신체적, 사회적 환경조절) : 신체적, 사회적 환경을 관리하고 훌륭한 훈련시설과 장비의 이용, 적절한 영양습관 실천들을 조장하고 코치나 동료선수들과의 상호작용을 추구하는 단계이다.

5단계(자지조절력에 대한 일반화) : 일반화는 계획된 훈련 조건하에서 계획된 것을 실행하였듯이 훈련되지 않은 다른 조건 즉, 상이한 상대편, 시간, 장소에서도 동일한 행동이 일어나게 된다. 그러기 위해서는 장시간의 자기조정 훈련에 대한 노력 즉, 구조화된 생활양식에 따라 의식적 행동과 사고, 수행을 습관화해야 한다.

3) Mental plan 프로그램

Orlick(2007)은 선수의 심리적 잠재력과 장점을 찾아서 이를 토대로 그 선수에게 맞는 Mental Plan을 구성하여 주는 것이 핵심이다. 이 프로그램은 선수들 대부분이 자신이 제일 잘한 시합(최고수행)과 제일 못한 시합(최저수행)과의 차이점에 대해 정확한 인식을 못하고 있다는데 착안하여 최고수행과 최저수행에 대한 시합회상을 먼저 실시하도록 한다. 그리하여 최고수행과 최저수행 사이에 나타나는 신체적, 행동적, 인지적, 감정적 차이를 인식시킨다. 그 다음에 이 자료를 바탕으로 최고수행 시의 상태를 이끌어 낼 수 있는 각종 심리방법을 선정, 연습함으로써 해당선수를 최고수행시의 상태에 근접시키도록 하는 프로그램이다(한명우, 2005).

4) 심리기술 교육 프로그램

심리기술 교육 프로그램은 단계별로 심리기술훈련을 적용하여 이를 체계적으로 습득시키면서 원하는 상태의 심리기술을 얻으려는 데 초점을 둔다. 대표적으로 Boutcher와 Rotella(1987)의 4단계, 그리고 Morris와 Thomas(1995)의 7단계의 프로그램이 있다.

(1) Boutcher와 Rotella의 4단계 프로그램

Boutcher와 Rotella(1987)의 4단계 프로그램은 폐쇄기능 분석, 선수 심리평가, 개념화와 동기화, 그리고 심리기술발달의 네 가지 국면으로 구성되어 있다. 이 프로그램은 폐쇄기능을 수행하는 사람들에게 적절한 것으로 가능한 한 많은 정보 수집과 스포츠 지식을 이용하여 선수의 진보를 계속 평가할 것을 강조한다. 이 프로그램의 주요소는 프로그램의 효율성으로 사정하고 평가해서 지식을 체계적으로 적용하고, 일관성 있게 순응과 지속을 조장하도록 하기 위한 것이다.

1단계 폐쇄기능 분석	2단계 선수 심리평가	3단계 개념화와 동기부여	4단계 심리기술 발달
– 역학적인 면 – 생화학적인 면 – 운동의 연속동작	– POMS – SCAT – PSIS – 기타	– 실시하려는 의지력 – 뛰어나고자 하는 욕망 – 장기적인 동기부여	– 제한된 여건 속에서 각성 조절과 중재 전략 배우기 – 실제 생활에서 중재기법 적용하기 – 수행루틴 개발

15-3. Boutcher와 Rotella의 4단계 프로그램

(2) Morris와 Thomas의 7단계 프로그램

이 프로그램은 7단계로 구분되어 각 단계별 교육적 효과를 얻기 위해 발표된 프로그램이다. 실질적으로 Thomas(1990)가 USOC(United States Olympic Committee)에서 활동하고 있을 때 제작한 프로그램으로, Morris와 Thomas(1995)가 소개하여 발표하였다. 이 프로그램에 따르면 1단계부터 7단계까지 체계적인 구성으로 이루어져 있으나, Boutcher와 Rotella(1987)의 모형을 조금 더 세분하고 오리엔테이션과 평가단계를 넣었을 뿐 큰 차이가 있지 않다. 각 단계별로 살펴보면 다음과 같다.

1단계에서는 오리엔테이션, 2단계에서는 해당 스포츠의 특성 분석, 3단계에서는 개인이나 팀을 평가, 4단계에서는 개념화하고, 5단계에서는 심리기술훈련을 설정하고, 6단계에서는 심리기술훈련을 실행하고, 7단계에서는 심리기술훈련에 대한 평가와 분석을 하는 것이다.

5) 심리기술 모델

Vealey(1988)의 심리기술 모델은 기본기술, 수행기술, 그리고 촉진기술로 나누어 설명할 수 있다. 이 모델은 심리기술과 방법의 차별화를 위한 것으로 심리기술훈련이 선수들의 개인적인 요구와 부합되어야 한다는 것을 강조하고 있다.

첫 번째로 기본기술은 심리기술의 기본과 필요성을 특징으로 한다. 기본기술 진행은 의지력으로 시작된다. 그것은 성공에 대한 모든 성취요구 또는 내적동기로서 정의될 수 있다. 만일 이 기술이 개발되지 않거나 교육되지 못하면, 선수들이 필수적인 헌신을 하지 않기 때문에 심리기술훈련을 계속 할 이유가 없다.

두 번째로 수행기술은 대부분의 스포츠 심리학자들이 주장하고 있는 전통적인 심리기술훈련이다. 수행의 전제는 신체각성, 정신각성, 그리고 주의력을 바탕으로 하고 있다. 주의력은 정신각성의 일부분일 수 있으나 이 모델에서는 선수들의 이해를 돕기 위해 적정 수행의 요소로서 분류하였다.

마지막 촉진기술은 수행과 스포츠 행동에 직접적으로 영향을 미치지 않으나 앞의 다른 영역에서와 같이 스포츠에서 촉진 행동을 유도할 수 있다. 개인 상호간 기술은 선수들이 보다 효과적으로 의사소통을 할 수 있는 중요한 촉진기술이다. 또한 촉진기술로서의 라이프스타일 관리는 선수들이 자기를 신뢰하고 효과적인 시간 관리를 실행함으로써 보다 효과적으로 그들의 삶을 조직하고 관리할 수 있게 하는 것이다.

4 심리기술훈련 프로그램의 단계

심리기술훈련은 선수의 요구와 개인적 능력에 따라 여러 단계로 구분될 수 있지만 일반적으로 교육단계, 습득단계, 연습단계의 3 단계를 거치는 것이 효과적하다.

1) 교육단계

스포츠에 참여하는 사람들 모두가 처음에는 심리기술이 수행을 향상시키도록 하는데 어려움이 있다. 따라서 어떠한 심리기술훈련 프로그램이든 첫 번째 단계는 교육을 받는 시간이 있어야 한다. 즉, 이 단계는 심리기술훈련에 대한 소개 단계이다.

이 단계에서는 심리기술이 왜 중요한지를 설명하고, 심리기술이 어떻게 수행을 향상시키는가에 대해서 유명 선수들의 사례를 들어 설명해 주면 좋다. 이 단계에서는 시합에 대비해서 신체훈련에 투자한 시간과 심리기술훈련에 투자한 시간을 비교하게 하면 심리기술의 중요성을 쉽게 깨닫게 된다. 심리기술은 마치 신체기술처럼 연습을 통해서 배워야 한다는 점과 정규 연습의 일부가 되어야 한다는 점을 강조한다. 더 나아가 이 단계에서는 심리기술훈련에 대한 이해와 자신이 어떻게 적용할 것인가에 대한 준비단계라고 볼 수 있으므로, 너무 쉽게 생각하거나 체계적인 연습 없이는 원하는 수행점에 도달하기 힘들다.

2) 습득단계

이 단계에서는 여러 가지 다양한 심리기술을 실제로 배우는 단계이다. 구체적인 심리기술을 배우고 개인의 특수한 상황과 능력에 맞게 보완해 간다. 예를 들면, 불안조절 기법의 하나로 부정적인 생각이 들 때, 이를 자화나 긍정적인 생각으로 대처하는 방법을 배울 수 있다. 이 때, 선수의 종목, 포지션, 경력 등을 고려하여 자신만의 고유한 방법을 설계할 수 있다. 또한 신체적 불안이 높은 선수들은 점진적 이완 기법을 배우고, 인지적 불안이 높은 선수는 사고정지나 인지재구성 같은 기법을 배울 수 있다.

3) 연습단계

이 단계에서는 지금까지 배운 심리기술을 반복연습을 통해 자동화시키는 것이다. 시합상황에서 수행능력의 향상을 위해 심리기술을 어떻게 적용할 것인지를 알게 된다. 연습단계에서는 일지를 기록하면서 심리기술훈련의 빈도와 효과 대해 기록하는 습관을 가지는 것이 바람직하다. 이러한 기록을 통해 선수는 어떤 특정의 상황에서 불안이 고조되었으며, 그 때 가장 효과적인 심리기술이 무엇이었는지를 파악할 수 있게 된다.

5 심리기술훈련의 방법

1) 심리기술훈련 대상자

많은 선수들은 심리기술훈련이 엘리트 선수들의 최고수행을 위해서 필요한 것이고 그들에게만 적용되는 것이라고 착각하고 있다. 실제로는 스포츠 수행을 하는 모든 사람들에게 적용이 가능한 것으로 모든 기술 수준의 선수들과 모든 종목의 선수들, 심지어 스포츠 동호인들에게도 매우 유익한 방법이다. 예를 들어서, 선수들이 체계적인 목표설정을 하고 향상된 주의집중과 자신감을 갖고 있으며, 자신도 성공할 수 있다는 청사진을 갖도록 심리기술훈련을 받는다면, 심리기술훈련을 받은 선수들은 그렇지 못한 선수들보다 스포츠 수행 능력에 있어서 긍정적이고 빠르게 발전할 것이다(Hellstedt, 1987; Orlick & McCaffrey, 1992; Smith & Smoll, 1982; Weiss, 1991).

이러한 심리기술훈련을 실시하기에 가장 적합한 시기는 스포츠를 처음 배우는 초보단계에서 스포츠 기술 훈련과 병행하는 것이 가장 이상적이다. 왜냐하면, 초보단계에서 스포츠 기술을 수정하고 발달시키는 것이 숙련단계에서 잘못된 동작이나 기술을 교정하는 것보다 쉽기 때문이다. Unestahl(1986), Porter와 Foster(1986), Loehr(1990), Suinn(1989) 등과 같은 스포츠심리학자들은 이러한 심리기술훈련의 중요성을 강조하였고, 다양한 연구를 통해서 심리기술훈련의 효과를 과학적으로 입증하였다. 심리기술훈련은 다음과 같은 선수들에게 효과가 있는 것으로 나타났다(Porter & Foster, 1986).

① 자신의 잠재력을 발휘하지 못하는 능력 있는 선수
② 더욱더 공격적이고 경쟁적일 필요가 있는 여자 선수

③ 부상을 당한 엘리트 선수

④ 자신의 집중력과 초점을 향상시키기를 바라는 선수

⑤ 스포츠에 참가한 모든 선수들과 자신의 최고 능력을 발휘하고자 하는 선수

2) 심리기술훈련의 시기

심리기술훈련을 실시하기 위한 적절한 시기는 새로운 기술을 배우고, 비교적 시간적 여유와 승부의 압박감을 덜 받는 비시즌 혹은 시즌 전이 적절하다. 아직까지도 심리기술훈련에 대한 중요성과 필요성이 확산되지 않아서 시즌기간에 심리기술훈련 시간을 확보하기에는 무리가 있다. 더 나아가, 심리기술훈련의 중요성을 인지하고 활용하는 선수들 중에서 자신들의 새로운 심리기술을 완전히 이해하고 실제 시합 상황에서 통합시키는데 몇 달에서 1년까지 걸렸다고 말한다. 심리기술훈련은 계속적인 과정으로 장시간에 걸쳐 스포츠 기술훈련과 함께 병행하여 실시하였을 때 효과를 볼 수 있다(Williams, 1993). 또, 심리기술훈련에 대한 참여도나 적정시간이 매우 어려운 실정이라면 선수가 원하는 목표들의 우선 순위를 고려하여 선정하고 몇 가지 항목에 대해서만 중점적으로 실시하는 것도 하나의 방법이라 할 수 있다(Orlick, 2007).

3) 심리기술훈련의 선택

심리적 혹은 정신적 능력을 향상시켜 최고의 경기력을 발휘하게 하는 심리기술훈련 방법에는 목표설정 훈련, 이완 훈련, 자신감 훈련, 심상 훈련, 주의집중 훈련, 루틴 훈련, 명상, 생체 피드백 등이 있다. 각각의 심리기술훈련 방법을 설명하면 다음과 같다.

(1) 목표설정 훈련

목표설정이란 자신의 상황과 상태, 또는 어떤 결과에 대해 스스로 지각하고 난후 자신의 행동계획을 설정하는 것이다. 목표설정은 노력의 정도를 알 수 있게 하고, 지속적으로 수행하게 한다. 또한 구체적이고 명확한 행동지침이 필요하며 상황에 적합한 목표를 세우고 목표를 달성하기 위해서는 지속적인 노력을 기울이는 자세가 필수적인 요소라고 할 수 있다.

목표에는 내용(content)과 강도(intensity)의 속성을 가지고 있다. 타율을 3할대로 올린다거나, 자유투 성공률을 50%에서 85%로 향상시킨다는 것은 목표의 내용에 해당하며, 이러한 목표를 달성하기 위해 투자하는 노력과 시간의 양은 목표의 강도를 의미한다(최영옥, 이병기, 구봉진, 2002).

(2) 이완 훈련

일반적으로 불안이 증가하면 수행이 감소한다고 한다. 수행의 감소로 더 큰 불안을 야기하고 이것은 불안과 스트레스 연계라고 불린다(한명우, 1997). 이 연계를 벗어나는 방법은 불안과 긴장을 감소시켜 그 과정을 바꾸어 주는 이완기법이다. 이 훈련법은 다른 심리기술훈련을 실시하기 전에 준비하는 과정으로도 볼 수 있으며 운동 수행력에도 영향력을 주는 훈련이다. 이완 훈련은 크게 두 가지로 나누어서 실행할 수 있는데, 먼저 근육이완을 통해서 정신적 이완을 시키는 근육이완훈련법이 있고, 정신적 이완을 시도하여 신체적 이완으로 바꾸어 주는 방법으로 구분해서 훈련할 수 있다.

(3) 자신감 훈련

자신감은 원하는 결과를 얻는데 필요한 행동을 성공적으로 수행해낼 수 있다는 믿음이다. 무언가를 이룰 수 있다고 긍정적으로 기대할 때 실제 그 일이 일어나도록 돕는다는 이른바 자기 확신에 찬 예언이 발생하기도 한다. 자신감은 스포츠 수행 결과에 결정적인 영향을 미치는 중요한 요인으로서 궁극적으로 자신감을 향상시키기 위해서는 다음과 같은 훈련이 이상적이다.

첫째, 시합에 대한 철저한 준비가 필요하다. 준비는 자신감을 가져다주기 때문이다. 둘째, 긍정적으로 생각하는 습관이 필요하다. 생각의 차이에 따라 각 상황을 다른 각도로 해석할 수 있기 때문이다. 셋째, 신체 조건의 조절이 필요하다. 몸 관리를

철저히 하면 그 만큼 자신감이 향상된다. 넷째, 할 수 있다는 스스로에 대한 믿음을 학습해야 한다. 다섯째, 자신 있는 생각과 행동이 필요하며, 여섯째, 적절한 심상과 자화의 활용이 필요하다. 결국 자기 자신에게 '가능'이라는 암시를 통해 자신감을 가질 수 있다.

(4) 심상 훈련

Gould와 Weinberg(1995)가 창안한 심상훈련법은 동작 수행을 상상하며, 가상 훈련을 실시하는 방법이다. 심상은 단순히 보는 것 이상의 것으로 시각 뿐 아니라 청각, 후각, 촉각을 포함하는 다감각적이어야 효과가 있다고 한다. Bray, Martin과 Widmeyer(2000)는 불안과 심상이 운동수행에 미치는 영향에 대한 연구를 통해 우수한 선수들이 우수한 심사의 양과 질을 보인다는 결론을 내렸다. 또한 선수들에게 실제적으로 경기 상황에 도움을 주는 이미지 형성을 위해서는 정신의 조건화, 직·간접 암시 및 장·단기 이미지 구축을 나타내는 정신훈련, 동기화 훈련을 강화하는 정신강화 이미지 트레이닝이 실시되어야 한다고 결론짓고 있다.

(5) 주의집중 훈련

주의집중이란 선수들이 훈련이나 경기 상황에서 기술이나 경기 상황 이외의 어떤 것에도 관심을 돌리지 않고 집중하는 것을 의미한다. 결국, 주의집중 훈련은 선수들이 겪는 내부와 외부의 주의 산만을 막아주고 수행에 집중할 수 있는 일관성을 길러주는 것이다. 효율적인 집중훈련을 위해서 먼저 주의집중이 이루어지지 않은 환경적 요소를 파악하고 자신의 경기에 영향을 주는 요인을 파악하는 것이다. 결정적인 순간에 주의력을 높이기 위한 본인만의 집중단서를 만들어 사용하거나 루틴을 만들어 숙달되게 하는 것이다.

(6) 루틴 훈련

스포츠 상황에서의 루틴은 운동 수행과 관련하여 습관적으로 일정하게 하는 동작이나 절차라고 정의할 수 있다.

(7) 명상

명상은 좌선, 요가, 초월명상 등 여러 가지 기법과 같이 정신과 근육을 완전히 이완 시켜 과제를 수행하기 위한 많은 에너지를 방출시킬 수 있다.

(8) 생체 피드백

인체기능을 지속적으로 측정하여 사고방식, 느낌, 감정을 알 수 있도록 하고 신체반응에 대한 즉각적 피드백을 갖도록 함으로써 혈압, 맥박수를 낮추고 인체기능을 조절할 수 있게 된다.

4) 심리기술훈련의 실행 절차

심리기술훈련을 보다 능률적으로 진행하려면 그림 15-4와 같은 단계의 실행 절차를 구성하는 것이 이상적이다.

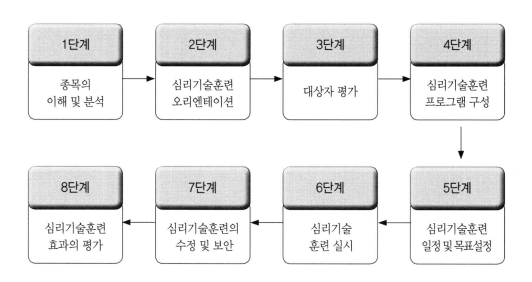

15-4. 심리기술훈련 실행 절차

(1) 종목의 이해 및 분석

해당 종목이나 기술은 고유의 특성을 가지고 있으며 다양한 기준에 따라 분류가 다양하다. 예를 들어 환경의 안정성을 기준으로 개방기술과 폐쇄기술, 동작의 연속성에 따라 연속적 기술과 비연속적 기술, 기구나 도구의 사용 유·무에 따라 조작 기술과 무조작 기술 등으로 분류한다. 그래서 심리기술훈련이 적용될 스포츠 종목의 특성을 이해해야만 그에 적합한 프로그램을 설계할 수 있다.

(2) 심리기술훈련 오리엔테이션

심리기술훈련 오리엔테이션은 심리기술훈련의 교육단계라고 할 수 있다. 많은 지도자 선수들은 심리기술훈련에 대한 지식 부족과 잘못된 견해 등으로 심리기술훈련의 필요성을 인지하지 못하는 경우가 많다. 그렇기 때문에 심리기술훈련의 실시에 앞서 훈련에 참여하는 선수에게 심리기술훈련의 중요성을 교육하는 것이 무엇보다 중요하다. 심리기술훈련 프로그램이 아무리 잘 설계되어 실시된다고 하더라고 직접 훈련에 참여하는 대상자가 심리기술훈련의 효과에 대한 확신이 없다면 심리기술훈련을 통한 심리기술이나 경기력 향상을 기대하기 어렵다. 따라서 이 단계에서는 심리기술훈련에 대한 이해와 더불어 구체적인 사례를 들어가며 교육하는 것이 효과적이다.

(3) 대상자 평가

대상자(선수)의 심리기술 뿐만 아니라 기술적 수준, 기록이나 성적의 변화양상, 배경적 요인 등까지도 세밀하게 파악하여 평가해야 한다. 또한 심리적 능력을 평가하는 데는 질문지, 면담, 관찰 등의 방법으로 선수의 심리기술의 장·단점을 측정해야 한다.

(4) 심리기술훈련 프로그램 구성

심리기술의 측정과 경기력 중 관련된 폭넓은 자료가 수집되고 분석되면 심리기술훈련 프로그램에 포함될 심리기술을 선정하여야 한다. 심리기술훈련 프로그램에 포함되어야 하는 심리기술 요인들은 프로그램이 적용될 스포츠의 특성과 대상자의 심리적 특성 등에 따라 달라져야 한다. 선수들의 심리기술을 측정하는 여러 검사지에 포함되어 있는 심리기술 요인들을 살펴보면 그 방향은 정할 수 있다. 또한, 몇 가지 종류의 심리기술 요인들을 포함시켜야 효율적인 프로그램이 될 수 있는지에 관한 문제도 스포츠의 특성과 대상자의 심리적 특성 등과 더불어, 훈련 가능한 시간과 기간 등을 고려해야 한다.

(5) 심리기술훈련 일정 및 목표 설정

심리기술훈련을 위한 시간 할애와 일정을 수립하고 훈련의 목표를 설정하는 것은 계획성 있는 훈련을 위해 필요하다. 하지만 스포츠 선수들에게는 심리기술훈련에 할애할 시간이 한정적인 것이 보통이며, 또한 과도하게 심리기술훈련만을 실시한다고 해서 경기력이 향상되는 것은 아니므로 현실적으로 가능한 시간과 일정을 수립해야 한다.

심리기술훈련의 시기는 새로운 기술을 습득하기에 용이하고 경쟁의 부담을 비교적 덜 받는 비시즌 혹은 시즌 전에 실시하는 것이 바람직하다. 실시 횟수는 대상자(선수)와 훈련의 세부적인 내용에 따라 차이가 있으나 보통 12주 이상 실시되고 있다. 심리기술훈련의 실시 이전에 훈련의 목표를 설정하는 것은 목표 달성을 위한 전략을 개발하고 지속적으로 훈련에 참여하게 하는 등의 동기유발 측면에서 효과적이다.

(6) 심리기술훈련 실시

이미 계획된 일정에 따라 심리기술훈련을 단계적으로 실시해야 하며 초기 단계에서는 하나의 훈련에서 시작하여 숙련 단계가 되면 두 가지 이상의 훈련을 복합적으로 실시할 수 있다. 또한 초기 단계에는 스포츠 심리학자의 설명을 들으면서 실시하고 숙련 단계에 접어들면 보이스레코더 등을 활용하거나 완전히 숙련되면 보조기구 없이 혼자서도 실시할 수 있다.

(7) 심리기술훈련의 수정 및 보완

심리기술훈련의 실시과정을 거치면서 초기 단계를 지나 숙련 단계에 이르게 되면 검사지나 면담, 관찰 등의 방법으로 심리기술을 측정하여 훈련의 효과를 평가하고 문제점을 파악한다. 만약 중간평가에서 심리기술훈련에 효과가 미진하거나 문제점이 야기된다면 프로그램을 수정·보완한다.

(8) 심리기술훈련 효과의 평가

심리기술훈련이 종료되면 훈련에 대한 효과를 평가하게 되는데 평가의 방법으로는 질문지를 통한 심리기술 평가, 경기 기록 분석 등을 통한 경기력 평가, 질문지를 통한 수행 만족도 평가, 그리고 면담을 통한 훈련 대상자의 자각적 평가 등의 방법을 활용할 수 있으며 심리기술훈련 전과 훈련 중 그리고 훈련 후로 구분하여 평가할수 있다.

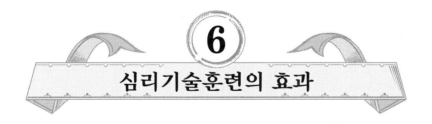

6 심리기술훈련의 효과

심리기술훈련의 효과를 검증하고 신뢰받기 위해서는 우선적으로 지도자와 선수의 협조가 필요하다. 지도자와 선수의 도움 없이는 심리기술훈련을 지속적이고 보다 체계적으로 실천하기가 힘들기 때문이다. 심리기술훈련을 신체훈련처럼 지속적이고 체계적으로 실천하는 분위기가 조성이 되면 그 효과는 매우 긍정적일 것이다.

일반적으로 스포츠 상황에서 경쟁불안은 부정적인 요인으로 인식되고 있다. 최근에는 불안을 인지적 측면과 신체적 측면으로 구분한 다차원적 측면에 주안점을 두고 있는데, 심리기술훈련의 여러 가지의 유형 중에서 다차원적 과정 모델이 매우 효과적이라고 제안하였다(최영옥 등, 2002).

더 나아가 Martens 등(1990)은 이완요법, 체계적 둔감화, 바이오피드백은 신체적 불안을 감소시키는데 보다 적합할 것으로 기대할 수 있고, 합리적 정서 요법, 인지적 요법, 기대 조작은 인지적 상태불안을 감소시키는데 더욱 효과적이라고 주장하였다.

그 외에도 많은 연구들이 심리기술훈련을 적용하여 많은 효과를 보았다는 결과를 도출하였다. Greenspan과 Feltz(1989)의 연구에서 심리기술훈련 관련 연구를 분석한 결과 심상, 이완, 강화, 체계적 둔감화, 스트레스 접종 등의 기법들이 선수들의 경기력 향상에 도움이 된다고 결론을 내렸다. 특히, 이완기법이 포합된 인지 재구성의 효과가 매우 긍정적으로 작용했다고 보고했다.

Vealey(1994)의 연구에서 역시 심리기술훈련 관련 연구들을 분석한 결과, 인지적이거나 인지행동적인 기술을 사용하여 선수들의 수행능력을 향상 시킨 연구들이 다수였다고 보고하였다. 이런 결과들을 살펴보면 심리기술훈련을 체계적으로 적용을 잘하면 스포츠 수행에 있어서 매우 긍정적인 영향을 미친다는 사실을 알 수 있다. 하지만 심리기술훈련의 긍정적인 영향과 신뢰도를 최대화하기 위해서는 다양한 선수층을 그리고 스포츠를 수행하는 모든 사람들을 대상으로 진행하는 과학적인 연구가 더욱더 필요할 것이다.

7 심리기술훈련의 제반 유의점

심리기술훈련을 지속적이고 보다 체계적으로 실천하기 위해서는 다음과 같은 사항을 유념하여야만 심리기술훈련의 효과성을 향상시킬 수 있다.

1) 목표달성 여부를 기록한다.

심리기술훈련의 일일, 주간, 월간 목표를 설정하고, 일지를 적음으로써 훈련의

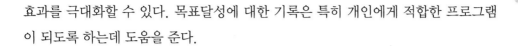

효과를 극대화할 수 있다. 목표달성에 대한 기록은 특히 개인에게 적합한 프로그램이 되도록 하는데 도움을 준다.

2) 심리기술훈련의 가치를 강조한다.

선수들은 스포츠 심리학에서 말하는 스포츠심리기술훈련이 구체적으로 무엇인지 잘 알지 못하고 있다. 운동수행의 향상을 위해 영향을 받고 있다는 정도의 관점으로만 판단할 뿐이다. 그러나 심리기술훈련은 정신적인 건강과도 관련이 있으며 개인의 내적발달이 곧 운동수행과도 연관되고 있음을 분명히 알아야 한다. 그리고 선수들은 자신이 해야 할 일들과 하지 말아야 할 일들을 구분하여 정확히 실시하고 개인의 발전과 최고의 수행을 위해 꼭 노력해야 되는 일로써 긍정적으로 받아들이도록 한다.

3) 심리기술훈련에 대한 믿음과 확신을 갖도록 한다.

선수들은 기존의 훈련방식과 사고를 쉽게 바꾸려 하지 않는다. 특히 나이가 든 선수일수록 새로운 방법에 대한 두려움이 많다. 그러나 선수에게 심리기술훈련은 경기력을 향상시키는데 반드시 도움이 된다는 점을 숙지시켜 주어야 하며 훌륭한 선수들이 심리기술훈련을 이용하고 있다는 사례를 들어주게 되면 선수들의 동기를 유발시킬 수 있다.

4) 융통성과 개별성을 강조한다.

팀에서 심리기술훈련을 실시할 경우 융통성과 개별성을 강조해야 한다. 선수들의 심리기술에 대한 숙지 정도는 다양하다. 가능하다면 여러 가지 심리기술훈련을 경험할 수 있는 시간을 충분히 준다. 모든 선수들을 일률적인 방법으로 강요하지 말고 선수 각자에 맞게 심리기술 기법들을 변형시키거나 조합해서 적용하도록 지도해야한다.

5) 일상생활에도 적용하도록 권장한다.

운동수행을 향상시킬 목적으로 익힌 심리기술훈련은 일상생활에도 적용할 수 있다. 심리기술훈련의 효과는 오랫동안 지속된다. 따라서 선수시절 배운 심리기술훈련을 이용하면 사회생활을 하면서 여러 가지 심리적 문제를 해결하는데 도움이 된다. 예를 들어 심리기술훈련 프로그램에서 익힌 집중력 훈련은 학생들이 공부를 하는데, 이완기법은 중요한 시험의 불안을 낮추는데, 심상은 직장에서 중요한 발표를 할 때 도움을 준다는 것을 강조한다.

참 고 문 헌

강성구, 최재원(2003). 프로 골프 선수들의 심리기술훈련 프로그램 개발. 한국스포츠심리학회
　　　지, 14(2), 265-285.

구봉진(2003). 사격 선수를 위한 합리적 인지 재구성 기법의 적용 효과 검증. 한국스포츠심리
　　　학회지, 42(3), 197-210.

구해모, 성봉주, 신정택, 이순호, 김연자, 한성귀(2007). 배드민턴 세계정상급 복식선수의 경기
　　　내용분석 및 전술적 대응방안. 한국체육과학연구원 연구보고서.

김병준(2003). 골프 심리기술훈련 효과에 관한 단일사례연구. 한국스포츠심리학회지, 14(2),
　　　213-233.

김병현, 김용승, 서상길, 김혁석(2001). 탁구 선수들의 심리 훈련 프로그램 개발. 한국체육과학
　　　연구원 연구보고서.

김병현, 김용승, 이병기, 이한규(1999). 사격, 양궁 선수의 심리적 기술 검사지 개발. 체육과학
　　　연구, 10(2), 55-69.

김상태, 설정덕(2001). 골프선수들의 심리기술훈련 효과. 한국체육학회지, 40(1), 129-146.

김성훈, 신정택(2009). 심리기술훈련에 따른 국가대표 보치아 선수의 심리기술 변화 단일 사
　　　례 연구. 체육과학연구, 20(2), 276-287.

김원배(2001). 투기종목 선수의 정신력 개념 구조 탐색 및 측정도구 개발. 서울대학교 대학원
　　　박사학위논문.

박경애(1997). 인지정서행동치료. 서울 : 학지사.

박정근(1999). 국가대표 축구 선수들의 심리적 방해 요인과 대처 방안에 관한 연구. 한국스포
　　　츠심리학회지, 10(1), 83-104.

엄성호(2003). 우수 양궁 선수의 시합 집중을 위한 인지행동 전략. 한국스포츠심리학회지,
　　　14(1), 51-68.

유진, 허정훈(2002). 스포츠 심리기술 검사지 개발과 타당화. 한국체육학회지, 41(3), 41-50.

윤영길(2004). 축구 경기력 결정 심리요인의 위계적 중요도. 서울대학교 대학원 박사학위논문.

이상기(2007). 펜싱선수들을 위한 심리기술훈련프로그램(PSTP)의 적용과 효과. 한국체육대
　　　학교 대학원 박사학위논문.

장덕선, 구해모, 신동성, 김병준, 안현숙(2003). 사격선수를 위한 집중력 훈련프로그램의 개발.
　　　한국체육과학연구원 연구보고서.

정청희(2003). 경기력 향상을 위한 심리기술훈련. 서울 : 래인보우북스.

최영옥, 이병기, 구봉진(2002). 스포츠 행동의 심리학적 이해. 서울 : 대한미디어.

하태권, 김홍기, 구해모, 박종철(2010). 2008년 베이징올림픽 대비 배드민턴 남자복식 서비스 및 서비스리시브 경기내용 분석. 체육과학연구, 21(1), 947-955.

한국스포츠심리학회(2005). 스포츠심리학 핸드북. 서울 : 무지개사.

한명우(1997). 심리생리적 접근(psycho-physiological approach) : 스포츠심리학에서의 심리 생리학적 접근. 97 한국스포츠심리학회 동계학술발표논문집, 73-87.

홍길동(2005). 양궁 심리기술 훈련 프로그램의 개발 및 현장적용 연구. 서울대학교 대학원 박사학위논문.

Bond, J.(2001). Present the sport psychological service in game tour season. In G. Tenenbaum(Eds.), *The Practice of Sport Psychology.* Fitness Information Technology. Inc. USA.

Boutcher, S. H., & Rotella, R. J.(1987). A psychological skills educational program for closed skill performance enhancement. *The Sport Psychologist, 1,* 127-137.

Bray, S. R., Martin, K. A., & Widmeyer, W. N(2000). The relationship between evaluate concerns and sport competition state anxiety among youth skiers. *Journal of Sports Science, 18(5),* 353-362.

Bull, S. J., Albinson, J. G., & Shambrook, C. J(1996). *The Mental Game Plan : Getting Psyched for Sport.* Sports Dynamics, BN : UK.

Butt, J., Weinberg, R., & Horn, T.(2003). The intensity and directional interpretation of anxiety : Fluctuations throughout competition and relationship to performance. *The Sport Psychologist, 17(1),* 86-92.

Cox, R. H.(1990). *Sport Psychology : Concepts and Application. Dubuque,* IA : C. Broun Publishers.

Cratty, W.(1983). Psychology in contemporary sport.(2nd ed.). *Englewood Cliffs,* NJ : Prentice-Hall.

Ellis, A.(1956). New approaches to psychotherapy. *Journal of Clinical Psychology Monograph Supplement, 11,* 1-53.

Gould, D., & Weinberg, R. S.(1995). *Foundations of Sports and Exercise Psychology.* Champaign, IL : Human Kinetics.

Gould, D., & Weinberg, R. S.(1999). *Foundations of Sports and Exercise Psychology.* 2nd. Champaign, IL : Human Kinetics.

Gould, D., & Weinberg, R. S.(2003). *Foundations of Sports and Exercise Psychology.* 3rd.

Champaign, IL : Human Kinetics.

Greenspan, M. J., & Feltz, D. L.(1989). Psychological interventions with athletes in competitive situations : A review. *The Sport Psychologist, 3,* 219-236.

Hacker, C.(2001). The quest for gold : Applies psychological skills training in the 1996 Olympic Games. *Journal of Excellence, 4,* 5-20.

Hardy, L., Jones, G., & Gould, D.(1996). *Understanding Psychological Preparation for Sport.* Chichester, England : John Wiley & Sons.

Harris, D. V., & Harris, B. L.(1984). *The Athlete`s Guide to Sports Psychology : Mental Skills for Physical People.* New York, NY : Leisure Press.

Hellstedt, J. C.(1987). Sport psychology at a ski academy : Teaching mental skills to young athletes. *The Sport Psychologist, 1,* 56-68.

Hogg, M. J.(1995). *Mental Skill for Competitive Swimmers.* Edmonton, AB : Sports Excel Publishing Inc.

Kischenbaum, D. S.(1984). Self-regulation and sport psychology : Nuturion an energing symbiosis. *Journal of Sport Psychology, 6,* 159-183.

Loehr, J. E.(1986). *Mental Toughness Training for Sports : Achieving Athletic Excellence.* Lexington, MA : Stephen Greene Press.

Loehr, J. E.(1990). Providing sport psychology services to professional tennis players. *The Sport Psychologist, 4,* 400-408.

Martens, R.(1987). *Coaches Guide to Sport Psychology.* Champaign, IL : Human Kinetics.

Martens, R., Vealey, R. S., & Burton, D.(1990). *Competitive Anxiety in Sport.* Champaign, IL : Human Kinetics.

Maynard, I. W., & Cotton, P. C.(1993). An investigation of two stress management techniques in a field setting. *The Sport Psychologist, 7,* 375-387.

Morris, T., & Thomas, P. R.(1995). Approaches to applied sport psychology. In T. Morris & J. Summers(Eds.), *Sport Psychology : Therapy, Applications and Current Issues*(pp. 215-258). Jacaranda Wiley Ltd.

Nelson, D., & Hardy, L.(1990). The development of an empirically validated tool for measuring psychological skill in sport. *Journal of Sports Science, 8,* 71.

Nideffer, R. M.(1985). *Athlete's Guide to Mental Training.* Champaign, IL : Human Kinetics.

Orlick, T.(2007). *In Pursuit of Excellence : How to Win in Sport and Life Through Mental Training*(4th ed.). Champaign, IL : Human Kinetics.

Orlick, T., & McCaffrey, N.(1992). Mental training with children for sport and life. *The Sport*

Psychologist, 5, 322-334.

Orlick, T., & Partington, J.(1986). Psyched : Inner views of winning. *Retrieved March, 2010.,* from http://www.zoneofexcellence.com/Articles/psyched.htm

Porter, K., & Foster, J.(1986). The Mental Athlete. Inner training peak performance. Janeart, LTD.

Schilling, G., & Gubelmann, H.(1995). Enhancing performance with mental training. In S. J. H. Biddle(Eds.), *European Perspective on Exercise and Sport Psychology*(pp. 179-192). Champaign, IL : Human Kinetics.

Seiler, R.(1992). Performance engagement : A psychological approach. *Sport Science Review, 1,* 29-45.

Smith, R. E.(2000). Psychological skills training for sport performance enhancement. 한국스포츠심리학 1999 동계 국제 학술발표회 자료집, 15-28.

Smith, R. E., Schutz, R. W., Smoll, F. L., & Ptacek, J. T.(1995). Development and validation of a multidimensional measure of sport-specific psychological skills : The athletic coping skills inventory-28. *Journal of Sport and Exercise Psychology, 17,* 379-398.

Smith, R. E., & Smoll, F. L.(1982). Psychological stress : A conceptual model and some intervention strategies in youth sports. In R. A. Magill, M. J. Ash, & F. L. Smoll,(Eds.), *Children in sport*(pp. 153-177). Champaign, IL : Human Kinetics.

Suinn, R. M.(1986). *Seven Steps to Peak Performance.* Toronto and Lewiston, NY : H. Huber Publishers.

Unestahl, L-E.(1986). *Sport Psychology : In Theory and Practice.* Orebro, Sweden : Veje Publishing Inc.

Vealey, R. S.(1988). Future directions in psychological skills training. *The Sport Psychologist, 2,* 318-336.

Vealey, R. S.(1994). Current status and prominent issues in sport psychology intervention. *Medicine and Science in Sport and Exercise, 26,* 495-502.

Weiss, M. R.(1991). Psychological skill development in children and adolescents. *The Sport Psychologist, 5,* 335-354.

Williams, J. M.(1993). *Applied Sport Psychology : Personal Growth to Peak Performance*(2nd ed.). Mountain View, CA : Mayfield Publishing Company.

제**16**장

스포츠심리검사 개발 과정

1. 스포츠심리검사지 개발의 필요성 및 요건
2. 스포츠심리검사지 개발 과정

　　스포츠심리학의 주요 목적은 참여와 수행(performance)에 내재된 인간의 심리적 속성들을 측정하여 이들간의 인과적 관계를 구명하는데 있다. 하지만 인간의 사고(thought), 정서(emotion), 특성(trait) 및 행동(behavior) 등은 추상적이고 가설적 개념이며, 이러한 심리적 구성개념을 정확히 측정하는 것은 매우 어렵다.

　　본 장에서는 스포츠심리검사 개발의 중요성과 요건 그리고 스포츠심리검사 개발과정을 다수의 선행연구들을 토대로 논의할 것이다.

1 스포츠심리검사지 개발의 필요성 및 요건

1) 스포츠심리검사지 개발의 필요성

스포츠심리학 연구에서 가장 중요한 부분 중의 하나는 스포츠 상황에서 존재하는 다양한 심리적 요인들을 보다 과학적이고, 체계적인 과정을 통해 분석하고 이해하는 것이다(Martens, 1987). 그래서 많은 스포츠 심리학자들은 스포츠 상황에서 발생하는 다양한 상황들을 이해하려고 많은 노력을 지속하고 있다.

스포츠심리검사는 선수가 연습 및 시합 상황에서 나타나는 심리상태를 측정하기 위한 검사이다. 선수들의 심리상태 요인으로는 선수들의 성격, 불안, 동기, 집중력, 자신감, 정신력 등이 있으며, 이런 심리상태들을 이해하고 측정하는데 가장 많이 활용되는 것이 바로 스포츠심리검사지이다(신정택, 2009). 일반적으로, 스포츠심리검사는 연구자들로 하여금 이론을 검증하고, 구성개념을 이해하며, 개인의 감정과 태도 또는 사고과정을 스포츠 행동에 관련시킨다. 나아가 스포츠심리검사는 선수들의 정보를 분석하여 과학적으로 해석하게 만드는 역할도 한다(유진, 2000).

1970년대 후반 스포츠 생태적 타당도(Martens, 1977)의 강조와 1980년대 인지 심리학의 물결은 상황-특수적 심리검사의 방향을 특성에서 인지와 자기-지각으로 변환시키면서(Vealey, 1989), 다양한 이론과 측정개념을 바탕으로 수많은 스포츠심리검사가 개발되었다. 이 당시 연구들은 스포츠와 운동 상황에서 참여자들의 전형적인 사고와 지각을 이해하고 그들의 행동패턴을 예상하며 스포츠심리학 연구발달에 기여하였다.

1990년대 스포츠심리검사의 개발과 타당화 검증에 대한 스포츠 심리학자들의 관심은 더욱 증대되었고, Ostrow(1996)의 Directory of Psychological Test in the Sport and Exercise Science(스포츠심리검사 디렉터리)에 수록된 검사지가 초판에 비해 약 80% 증가를 보였다는 사실은 검사지 개발에 대한 1990년대 연구자들의 관심정도를 증명해준다. 하

지만 Marsh(1998)는 지난 25년간의 국제 스포츠심리학 저널들 중에서 175개의 검사지의 신뢰도와 타당도에 문제점, 문항 제작, 요인 분석 등에 관련해서 문제점을 지적했다. Nelson(1989)은 스포츠 특수 검사지의 개발과 심리측정 검증방법들을 강조하였고, Gill 등 (1988)은 이론에 의거한 다차원적 도구의 개발, 문항 및 신뢰도 분석, 탐색적/확인적 요인 분석, 수렴 및 변별타당도의 검증, 외적기준과 관련된 타당도 연구를 요구하였다.

스포츠심리학의 국제적 발달추세와 상응하여 한국의 스포츠심리학 연구 역시 급속한 발전을 거듭하고 있다(유진, 2000). 이러한 학문적 발전에도 불구하고 많은 연구결과들이 학문적 체계에 공헌 할 수 있는 신뢰성과 스포츠 실제 상황에 적용할 수 있는 효과성과 실용성을 충분히 다 구축하지 못한 실정이며(박규남, 2009), 그 이유로는 대부분의 스포츠심리학 연구들이 통계분석과 심리검사지 사용 관행에 대한 문제가 게재 되어 있기 때문이다(엄한주, 1998). 사실 한국 스포츠심리학 연구에서 사용된 측정 방법에 대한 문제점은 이미 여러 연구자들에 의해 심리 측정적, 문화적, 사용 방법적, 연구 패러다임 측면에서 지적되어 왔다(김기웅, 전상돈, 1993; 엄한주, 1996; 유진, 2000, 2002; 최영옥, 이병기, 구봉진, 2002).

특히, 유진(2000)은 그의 연구결과를 토대로 구성타당도와 신뢰도 검증의 통계분석에 대한 문제가 한국 스포츠 측정연구에서 연구자들이 시급히 해결해야 할 과제라고 지적하였다. 그리고 많은 연구들이 한국인의 문화—특수적인 측정개념을 고려하지 않고 외국의 검사지를 번역하여 사용하였으며, 검사의 표준화 과정과 사용절차를 무시하여 연구결과에 대한 신뢰성을 약화시켰다. 한 예로, 국내 연구에서 Loehr(1982)의 정신력 검사지를 번안하여 유도, 검도, 수영, 태권도, 체조, 소프트볼, 골프 등과 같은 종목에서 정신력 하위요인을 분석하여 연구를 진행하였지만 결과론적인 측면에서 우리나라 선수들의 정신력을 측정하기에는 큰 제한점이 있었다(신정택 등, 2007). Gauvin과 Russel(1993)은 문화와 환경적인 차이가 있는 외국에서 개발된 검사지를 활용한다는 것은 측정결과의 신뢰성에 심각한 영향을 미칠 수 있다고 전제하고, 검사내용과 구조의 개조를 통하여 문화적으로 적용될 수 있는 측정도구가 개발되어야 한다고 주장하였다. 이에 부응하여 1996년과 1997년 한국 스포츠심리학회 동계 워크숍에서는 심리검사지의 개발과정과 내용들을 개관하고 논의한 바 있다.

스포츠심리 측정의 문제점은 이 분야의 학문적 발달을 위하여 더욱 심각하게 논의되어야 할 과제이다. 스포츠 상황에서 개발된 개념들을 어떻게 잘 측정되고 사용하는가는 스포츠심리학의 미래에 커다란 영향을 미치기 때문이다(유진, 2000). 측정하고자 하는 구성개념에 대한 정확한 개념이 정립되지 않은 상태에서 무분별한 질문지 개발과 제작된 질문지에 대한 표준화를 실시하지 않은 결점 때문에 많은 노력을 투자한 것에 비해 스포츠 현장에 중요한 정보를 제공하지 못하고 있는 실정이다(김원배, 2001).

인간의 심리는 눈으로 볼 수 없는 것이기에 그것을 측정하고자 하는 검사지 개발은 매우 중요하고 필수적인 분야라고 할 수 있다. 심리 측정론은 심리학의 한 분야로서 행동, 능력, 태도, 믿음, 가치관, 적성, 성격, 불안, 사회적 현상 등을 측정하고 분석하는 학문이고, 이러한 변인들은 대부분 직접 관찰하기 어려운 변인들 즉, 잠재변인들이므로 주로 검사지를 이용하여 측정 대상의 속성을 찾아낼 수 있다. 따라서 스포츠심리학 연구에 반드시 선행되어야 할 검사지 제작과 개발과정에 연관된 다양한 접근들을 탐색하고, 분석을 위한 단계적 과정을 구체화하여, 신뢰성과 타당성이 갖춰진 검사지 개발 및 제작에 필요한 기초적 정보들을 획득하여야 한다.

2) 스포츠심리검사지 개발의 요건

스포츠심리검사지가 선수들의 심리 상태를 정확히 파악하고 나아가 선수들의 경기력 향상에 도움을 주는 도구가 되기 위해서는 다음의 4가지 요건을 충족해야 한다.

(1) 타당도(validity)

스포츠심리검사지의 타당도(validity)는 심리검사지가 측정하고자 하는 선수의 심리 상태를 얼마나 잘 측정하는가를 의미한다. 즉, 스포츠심리검사지의 타당도는 심리검사지가 어느 정도로 그 측정의 목적을 달성하는가를 나타낸다. 타당도는 측정하고자 하는 속성의 개념을 어떻게 정의하였느냐에 의해 결정되며, 타당도 종류로는 내용타당도, 액면타당도, 준거타당도, 구인타당도 등이 있다.

내용타당도란 도구의 내용이 측정하려는 전 영역의 내용을 잘 대표하는가와 관련이 있다. 즉, 내용타당도는 검사지가 측정하고자 하는 속성을 얼마나 논리적으로 잘 대변하는 지를 나타낸다.

액면타당도는 검사지가 측정하고자 하는 속성을 측정하는데 적합하게 보이는 정도를 의미하며 주로 심리검사 전문가의 의견을 통해 제시된다.

준거타당도는 동시타당도와 예측타당도로 구분되는데, 두 가지 모두 측정도구와 밀접한 관련이 있는 외적인 준거와의 상관관계로 입증한다. 어떤 중요한 행동을 예측하는 목적으로 사용할 때 예측타당도가 중요한 문제가 된다(이강헌, 김병준, 안정덕, 2004).

마지막으로 구인타당도는 심리검사지가 관련된 이론의 합리성에 비추어 얼마나 적합한 것인가를 나타낸다. 구인이란 심리적 특성이나 행동 양상을 설명하기 위해 만든 심리적 요인이다.

(2) 신뢰도(reliability)

스포츠심리검사지에서 신뢰도(reliability)는 스포츠심리검사지가 선수의 심리 상태를 과연 얼마나 정확하게 측정하는가를 의미한다. 일반적으로 신뢰도란 동일한 개념을 두 번 측정해서 나온 상관계수로 보는 것이다. 많은 연구에서 신뢰도를 보고할 때 통계학에서 제시되는 재검법(test-retest), 동형법(parallel forms), 그리고 내적일관성(internal consistency) 방법을 사용한다.

재검법은 동일한 선수를 대상으로 시간의 차이를 두고 두 번에 걸쳐 검사를 하여 두 점수간의 상관계수로 신뢰도를 추정하는 방법이다. 동형법은 동일한 내용과 난이도를 갖고 있는 두 개의 검사를 사용하는 방법이다. 두 검사의 점수를 기초로 상관계수를 구하여 신뢰도를 추정한다. 내적일관성 계수는 어떤 요인을 측정하는 모든 문항에 대한 반응의 일관성을 산출하는 방법이다(신정택, 2009).

(3) 규준(norm)

스포츠심리검사지를 사용할 때 신중해야 할 부분이 규준 제시이다. 규준은 선수의 심리검사 점수가 어떤 의미를 가지는지를 파악하기 위해 다른 선수의 점수와 비교할 수 있는 자료를 말한다. 그래서 심리검사 결과의 의미 있는 해석이 가능하기 위해서는 규준의 제작에 참여한 선수들에 관한 정보도 제시되어야 한다.

(4) 문화적 적합성(cultural suitability)

검사지를 개발하거나, 검사지를 번역 또는 번안할 때 문화적 적합성 여부가 중요한 부분을 차지한다. 문화적으로 적합한 정보는 문화에 따라 상당한 차이가 있을 수 있고, 사생활 개입, 인종과 성차별, 종교관, 연령 구별 등의 문제는 문화에 따라 차이가 난다. 따라서 도구를 개발하거나 사용할 때에는 문화적 민감성을 신중하게 고려해야 한다(이강헌, 김병준, 안정덕, 2004).

2 스포츠심리검사지 개발 과정

1) 스포츠심리검사지 개발 과정

국내외 많은 연구에서는 Cohen 등(1988)이 제안한 검사지 개발 과정을 근거하여 스포츠심리검사지를 제작하였다. Cohen 등(1988)이 제안한 검사지 개발 과정은 5단계로 검사 개념화, 검사 구성, 검사 시행, 문항 분석, 그리고 검사 수정에 근거하여 설명하였다. 먼저 검사지가 측정할 것이 무엇인가를 구상하고, 검사지 개발 목적이 명확해지면 문항들을 개발하고, 어떠한 응답 방식을 요구할지 미리 생각하고, 앞의 3가지 단계가 정리가 되면 전문가 회의를 통해서 문항을 검토한다. 그리고 문항들의 타당도 검사 계획을 하고, 모든 문항들이 결정이 되면 표본을 대상으로 자료 수집을 하고, 이 후에는 통계적 절차를 이용한 문항 평가를 실시한다. 마지막으로 신뢰도 기준을 만족하는 문항들을 확보하면서, 최적의 문항수를 결정해야 한다. 그림 16-1은 스포츠심리검사지 개발 과정 단계이다. 각 단계별 세부적인 내용을 살펴보면 다음과 같다.

① 1단계

검사지 개발 및 제작에 있어서 가장 중요한 전제조건은 그 검사지가 측정하고자 하는 것이 무엇인가를 구상하고 구체화하는 것이다. 문항 제작에 많은 노력을 투입한 후에 측정하는 개념에 대한 문제가 발생하면 되돌리기가 힘들기 때문이다. 이러한 측정 개념에 대한 구상과 구체화는 이론적 정립을 통하여 이루어 질 수 있으며, 개념에 대한 정확한 이론적 정립이 없으면 신뢰성 있고 타당한 문항제작에 어려움이 있다(엄한주, 1996).

측정할 개념을 결정할 때 우선 이론을 검토(문헌고찰)해야 한다. 기존의 관련 이론을 충분히 검토한 후에 새로운 검사지 개발의 필요성을 찾아낸다. 이론 정립을 통한 측정 개념의 구체화는 추론적 측정개념을 적절하게 반영하고 있는 문항제작에 직접적인 영향을 미치는 요소이기 때문에 검사지를 개발, 제작하기 위해서는 구체적인 계획이 필요하다.

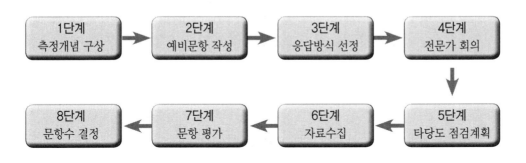

그림 16-1. 스포츠심리검사지 개발 과정 단계

만약 기존 이론에서 측정할 개념에 대한 아이디어를 찾지 못할 경우, '새로운 지적 시도'를 해야 한다(DeVellis, 2003). 기존 이론을 충분히 검토하고 그 다음에 자신이 측정한 개념에 대한 이론 모형을 가설적으로 설정하는 것도 여기에 포함된다. 검사지에서 측정할 현상에 대한 개념 정의를 내려 볼 수도 있으며 임시로 설정한 이론 모형이 선행 이론이나 개념과 어떤 관계가 있는가를 정리하는 것도 좋다.

② 2단계

검사지 개발의 목적이 분명해지면, 예비 문항을 많이 만들어야 한다. 문항은 측정 목적이 무엇인가를 염두에 두고 개발한다. 측정개념과 그와 연관된 하위개념에 대한 이론적인 정립이 완료되면, 측정개념을 대변하는 문항 제작이 가능하다. 한 문항보다는 여러 문항으로 현상을 측정할 때 신뢰도가 높아진다. 측정할 개념을 묻는 문항은 이론적으로 무수히 많을 수가 있다. 검사지에 포함되는 문항은 무수히 많은 문항 중에서 측정하려는 개념을 잘 대표하도록 무선적으로 선정되어야 한다. 문항을 제작할 때에는 문항이 더 이상 나오지 않을 때까지 가능한 모든 형태로 만든다. 즉, 문항 풀(pool)은 실제로 필요한 수보다 훨씬 많도록 한다. 같은 개념을 다른 방식으로 표현하는 문항도 초기 단계에서는 필요한 것이다.

최종 단계에서는 문항들을 비교해서 좀 더 좋은 문항을 선정하면 된다. 문항의 문장 구성은 문항제작의 중요한 부분 중의 하나인데, 문항 제작 시 각 문항은 현재형 문장을 사용한 10개 단어 내·외로, 이중 부정문이나 수식어를 피하여 구성하는 것이 좋다. 문항제작은 최종적인 문항수의 3~4배수로 책정하는 것이 바람직하다(엄한주, 1996). 즉, 최종적인 문항에 20문항이 포함될 것으로 예상되면 예비 문항(후보 문항)으로 80문항 정도를 만든다(DeVellis, 2003). 예비 문항을 그 정도로 많이 만들기 어려운 개념이라면 최종 문항에 포함될 문항수보다 50%정도 많게 시작할 수도 있다. 예비 문항이 지나치게 많아 자료수집에 어려움이 예상되면 문항 명료성, 적합성, 중복성 등의 기준에 따라 일부를 제외시킨다.

부정형 문항은 긍정형 문항만 존재할 때 발생할 수 있는 응답자의 반응 왜곡을 막는 효과가 있다. 하지만 부정형 문항은 문항 분석 과정에서 문제를 초래하는 경우가 많기 때문에 일부 학자는 부정형 문항을 피하는 것이 좋다고 권고한다. 이 외에도 다음과 같은 사항을 고려해야 한다(DeVellis, 2003).

문항 제작 시 가장 중요한 것은 문항이 측정 하고자 하는 개념을 제대로 반영해주고 있는가에 대한 전체적인 조망이며, 동일한 측정개념을 위해 제작된 각 문항들은 동질성이 있어야 한다. 문항의 동질성 확보와 측정개념을 적절히 반영한 문항 선별을 위해서는 개인의 독자적인 개발, 제작보다는 다수의 전문가와 공동으로 추진해

문항제작 시 고려해야 할 사항

한 문항을 만들 때 지나치게 오래 생각하지 말고 빨리 만든다.
지나치게 긴 문장은 피하는 것이 좋다.
초등학교 6학년 학생이 이해하는 수준으로 제작하는 것이 좋다.
비판적인 태도를 취하지 않고 문항을 만든다.
문항을 검토할 때에는 비판적인 입장을 취한다.

나가는 것이 효율적이다. 예를 들어, 다수 전문가의 동의를 얻어 문항을 선별하는 것은 문항의 내용 타당도를 얻을 수 있는 한 방법이다.

③ 3단계

응답방식에는 여러 가지가 있다. 예비 문항을 만드는 단계부터 어떤 방식으로 응답할 것인가를 미리 고려한다. 태도, 신념, 견해 등을 묻는 문항이라면 리커트 척도(likert scale)와 의미분별척도(semantic differential scaling)가 많이 사용되고 있다. 서로 대조가 되는 형용사가 쌍을 이루는 형식을 취하는데, 예를 들어 날씬하다와 뚱뚱하다, 키가 크다와 키가 작다 등이 있다. 형용사 표현은 양극단에 배치되고 그 사이에 응답을 하도록 되어 있다.

의미분별척도와 유사한 성격을 가진 비주얼 아날로그 척도(visual analog scale)도 있다. 서로 대조가 되는 표현이 양극단에 배치되고 그 사이에 실선이 그려져 있는 형식이다. 응답자는 자신의 의견을 실선위에 표시한다. 리커트 척도나 의미분별척도가 불연속성을 띤 반면 비주얼 아날로그 척도는 연속성을 띤다는 차이가 있다. 그 외에 Thruston 척도, Guttman 척도 등도 있다(이강헌, 김병준, 안정덕, 2004).

④ 4단계

앞에 3단계가 정리 되면 해당 분야의 전문가들과 전문가 회의를 진행한다. 전문가들에게 우선적으로 예비 문항에 관련하여 검토를 의뢰하는데 그 목적은 다음과 같다.

첫째, 문항이 측정하려는 현상을 측정하는데 적합한지에 대한 여부를 확인한다.

전문가들에게 측정하려는 개념에 대한 정의를 제시하고 '각 문항은 측정하려는 현상을 얼마나 적절히 측정한다고 생각하는지 표시해 주세요'라고 부탁을 하고 응답을 기다린다.

둘째, 문항의 명료성과 간결성을 평가한다. 문항 내용이 측정할 개념을 적절히 반영하더라도 문장이 길거나 어구가 명확하지 않은지를 확인할 필요가 있다. '문항 표현이 어색하거나 명확하지 않은 것이 있으면 표시하고 어떻게 수정하면 좋은지 적어주세요'라고 부탁을 한다. 이 상황에서는 전문가들로부터 매우 구체적이고 긍정적인 피드백을 구할 수 있다.

셋째, 문항 작성과정에서 소홀히 취급한 사항을 발견할 수 있다. 문항 제작과정에서 중요한 부분을 간과했을 수도 있다. 검토진이 검토하는 과정에서 검사지의 내용 타당도를 극대화할 수 있는 대안이 제시될 가능성이 크다. 이런 여러 목적을 고려해서 전문가의 검토의견을 받아들여 수정과 보완이 이루어진다. 최종 결정을 할 때에는 검토진의 의견을 수용하되 지나치게 의존하지 않는 것도 중요하다.

⑤ 5단계

문항 개발을 할 때 검사지에 포함될 문항 이외에 최종본의 타당도를 점검해야 하는데, 타당도를 점검할 때 사용할 문항을 고려한다. 우선 사회적 바람직성(social desirability)을 점검하는 문항을 포함시킬 필요가 있는지 판단한다. 문항에 대한 응답이 사회적으로 바람직한 방향으로 왜곡될 가능성이 있다면 반드시 필요한 조치이다. 사회적 바람직성을 점검하는 문항을 추가하면 어떤 문항이 사회적 바람직성의 영향을 크게 받았는지 확인할 수 있다. 사회적 바람직성 문항과 상관관계가 높은 문항은 삭제의 대상으로 고려된다.

다음으로 검사지의 구인 타당도(construct validity)를 확인하는데 사용할 문항을 찾아서 포함시킨다. 개발하는 검사지에서 측정하려는 개념과 이론적으로 관계가 있는 타 개념과의 상관관계는 구인 타당도의 증거가 된다. 예컨대 스포츠맨십 척도를 개발한다면 스포츠맨십과 이론적 관계가 있는 현상을 측정하는 문항(예, 파울, 도덕성, 내적동기 등)을 찾아 포함시킬 수 있다.

⑥ 6단계

예비 문항과 타당도 점검 목적의 문항이 결정되면 표본을 대상으로 자료를 수집한다. 문항수와 요인 수에 따라 표본 크기가 달라질 수 있다. 표본 크기는 대략적으로 300명 이상은 되어야 한다. 예비 문항이 20개 이하라면 300명 이하도 무방하다. 표본이 이보다 작을 경우 문항들 간의 공분산의 안정성이 떨어질 수 있고, 표본이 모집단을 제대로 대표하지 못할 가능성이 있다.

⑦ 7단계

자료수집이 정리가 되면 통계적 절차를 이용한 문항평가 및 분석이 이루어진다. 문항평가는 질문지 제작에 있어서 유용한 통계적 분석 방법으로 각 문항 점수와 하위 척도의 종합점수 간의 상관관계를 분석함으로써 가능한데, 이는 각 학자들마다 다소 견해의 차이가 있다. 즉, 문항평가는 특정 개념을 측정하기 위해 개발된 검사 질문지의 문항의 타당성을 평가하는 방법이다.

개발과정을 통해 최종적으로 완성된 검사지는 다양한 평가 방법에 의해 미흡한 부분을 수정 또는 재작성할 수 있다. 문항을 평가하기 위해서는 먼저 완성된 검사지를 사용하여 자료를 수집하여야 한다. 자료수집에서 중요한 요소는 표본 집단의 대표성과 표본 집단의 크기이다(박해용, 2000).

문항과 척도의 상관관계(item-scale correlation)도 문항 평가에 필요한 정보를 제공해 준다. 문항과 척도의 수정 상관계수(corrected item-scale correlation)는 어떤 문항과 그 문항을 제외한 나머지 문항 모두 사이의 상관계수를 말한다. 해당 문항이 포함되면 상관계수가 과장되므로 비수정 상관계수를 검토하는 것이 바람직하다. 상관계수가 높을수록 좋은 문항일 가능성이 높다.

다음으로 문항의 분산을 검토한다. 문항의 분산은 비교적 커야 한다. 극단적인 예로 모든 응답자의 응답이 동일하게 나타난다면 문항의 분산은 0이 되며, 그 문항은 개인차를 전혀 변별해내지 못한다. 따라서 개인차를 적절히 판별해 낼 수 있을 정도로 상당히 높은 분산을 보이는 문항이 좋은 문항이다.

문항의 평균도 점검한다. 평균은 해당 문항 범위(최대값-최소값)의 중간 부근에 있는 것이 바람직하다. 응답 척도가 1점부터 7점까지 있을 경우 평균이 4부근에 있어야 이상적이다. 평균이 양극단에 치우치면 다른 문항과의 상관관계가 떨어진다.

이어서 요인분석을 수행한다. 검사지에 포함된 여러 문항은 하나의 잠재변인 (latent variable)에 속하지 않을 수도 있다. 즉, 문항들이 여러 차원으로 구분될 가능성도 있다. 요인분석을 하면 어떤 문항들이 하나의 차원을 구성하는지 밝혀낼 수 있다. 요인분석으로 문항들이 하나의 차원이라는 사실이 확인되어야만 내적 일관성 신뢰도 계수인 Cronbach-α를 구할 수 있다.

내적 일관성 신뢰도는 문항 평가에서 중요한 의미를 지닌다. 어떤 문항이 타 문항과의 상관계수가 낮거나, 분산이 너무 낮거나, 평균이 한 쪽으로 치우쳐 있으면 내적 일관성 신뢰도를 해치는 결과를 초래한다. 따라서 이런 문항을 제외하고 좋은 문항을 선정한 다음 내적 일관성 신뢰도를 산출해 본다. 알파 값이 .70 이상이면 만족할만한 수준이다. 학자에 따라서 .65 이상을 최소의 기준으로 삼기도 한다. 하지만 .90 이상이 되면 문항들이 지나치게 중복되므로 문항수를 줄일 필요가 있다. 검사지 개발 단계에서는 약간 높은 수준을 유지하는 것이 오히려 바람직하다는 견해도 있다(이강헌, 김병준, 안정덕, 2004).

문항 분석은 검사지의 제작에 있어서 유용한 통계적 분석방법으로서 문항간의 내적 일관도(internal consistency) 또는 문항과 측정개념을 대변하는 하위척도간의 관계정도를 제공해 준다. 일반적으로 문항분석에 의한 문항선별은 문항점수와 하위척도의 총합점수간의 상관관계를 분석함으로써 가능한데, 문항선택이 가능한 관계성의 정도는 학자들마다 다소 차이가 있다.

⑧ 8단계

마지막으로 문항수를 결정해야 한다. 나쁜 문항을 삭제할 경우 알파가 높아지는가의 여부는 그 문항이 얼마나 나쁜지, 그리고 해당 척도에 몇 문항이 포함되어 있는지에 따라 달라진다. 다른 문항과의 상관계수가 낮을 때, 그 문항을 삭제하면 알파계수가 높아지는 경향을 보인다. 따라서 문항을 삭제했을 때 알파가 어떻게 변하는가, 가장 경제적인 문항의 수는 어느 정도가 좋은가를 종합적으로 고려해서 문항수를 결정한다.

자료수집에 이용된 표본이 클 경우 데이터를 둘로 나눌 수 있다. 그중 하나는 알

파 계산, 문항 삭제시 알파의 변화 평가, 최적의 문항으로 구성된 최종판의 결정 등의 목적으로 사용한다. 두 번째 데이터는 첫 번째 데이터에서와 유사한 결과가 나오는가를 확인할 목적으로 사용한다. 개발에 필요한 시간이 충분할 경우 두 번째 데이터를 별도로 수집해서 확인 목적으로 사용할 수도 있다. 도구의 개발에 사용한 데이

요인분석(factor analysis)

최근 들어서 우리나라의 많은 연구에서 요인분석을 사용하여 연구를 수행하는 경향이 많이 나타나고 있다. 요인분석의 의의 그리고 요인분석에서 가장 많이 사용되는 탐색적 요인분석 그리고 확인적 요인분석을 살펴보면 다음과 같다(하형주, 1996; 구해모, 외 1998).

– 요인분석의 의의

요인분석은 여러 변수들 사이의 상관관계를 기초로 하여 정보의 손실을 최소화하면서 변수의 개수보다 적은 수의 요인(factor)으로 자료 변동을 설명하는 다변량 기법이다. 연구자가 관심 있는 연구와 관련된 요인이 어떠한 항목으로 구성되어 있는지 잘 모르는 경우에 행하는 분석방법이 요인분석이다(김계수, 2007). 또한 높은 상관이 있는 변인들을 묶어서 몇 개의 의미 있는 요인들을 도출하고 이를 통해서 복잡한 현상을 논리적으로 설명하고 기술하는 통계기법이라고 할 수 있다(김원배, 2002; 김종택, 1997).

김계수(2007)는 요인분석을 실시하는 목적을 다음과 같이 설명하고 있다. 첫째, 자료의 양을 줄여 정보를 요약하는 경우에 사용한다. 둘째, 변수들을 적절히 조합하는 방법을 찾아내는데 사용한다. 셋째, 요인으로 묶여지지 않는 중요도가 낮은 변수를 제거하려는 경우 사용한다. 넷째, 동일한 개념을 측정하는 변수들이 동일한 요인으로 묶여지는지를 확인하려는 경우에 사용한다. 다섯째, 요인분석을 통해 얻어진 요인들을 회귀분석이나 판별분석에서 변수로 활용하려는 경우의 예비적인 단계에서 사용한다.

검사 질문지 개발 과정에서 요인분석은 각 문항의 측정 개념에 대한 대변정도와 관계성의 강도, 하위측정 구조의 형태에 대한 정보를 제공해 줌으로써 기존의 기술통계분석이나 문항분석을 통해 문항의 선별이 어려운 경우 이를 해결할 수 있는 자료를 제공한다(엄한주, 1996).

탐색적 요인분석(exploratory factor analysis)

탐색적 요인분석은 잠재요인에 대한 기존의 가설이나 이론이 없는 경우 자료의 배후에 어떠한 잠재요인이 적절한가를 찾기 위한 방법으로 전통적인 요인분석이라고도 한다. 탐색적 요인분석은 연구자들이 기존에 주로 많이 사용하던 방법으로, 모든 공통요인들이 상관관계가 있다고 가정하고 관찰변수들의 상호관계를 설명하는 잠재요인을 평가하거나 주어진 자료의 여러 측면을 탐색하여 자료에 대한 가치 있는 특성과 정보를 얻어서 결과를 요약, 기술하여 의미 있는 해석을 하는 방법이다. 즉 탐색적 요인분석은 잠재적 요인의 구조를 탐색하기 위한 기법으로 관찰변수의 상관관계를 소수의 잠재변수로 설명하는 통계방법이다(이순묵, 2000). 연구자는 요인분석을 통해서 추출된 새로운 요인을 이용하여 분산분석, 회귀분석, 판변분석 등의 추가적인 분석을 실시할 수 있다(김계수, 2007).

연구에 필요한 원자료가 수집된 후, 자료 분석에 앞서 연구자는 우선 이론적으로 의미가 크게 겹치지 않는 변인들만 선정해야 하며, 한 변인이 다른 변인들의 합점수 또는 단순한 선형조합에 의해 산출될 수 있는 변인은 분석이 되지 않으므로 요인분석에서 제외하여야 한다(강정경, 2009).

확인적 요인분석(confirmatory factor analysis)

확인적 요인분석은 이론적인 배경 하에서 변수들 간의 관계를 미리 설정해 놓은 상태에서 요인분석을 하는 경우를 말한다. 즉, 확인적 요인분석은 연구자의 지식에 근거하여 내재된 요인 차원 및 가설을 확인하는 수단으로 사용되는 경우를 말한다 (김계수, 2007). 그러므로 검사지 개발 시 이론에 의해 정립된 검사지의 전체적 구조에 대한 통계적 검증을 하는데 매우 적절한 통계 방법이다(엄한주, 1996). 따라서 탐색적 요인분석의 결과는 확인적 요인분석에 의해 검증됨으로써 보다 적절한 이론에 이룰 수 있다(노형진, 2007).

터에서 얻어진 결과가 다른 데이터에서도 재현된다면 척도의 안정성에 대한 증거가 확보되는 것이다.

다음은 신정택 등(2007)이 개발한 승부근성 검사지 개발의 연구절차이다. 그림 16-2는 위에서 언급한 모든 단계를 내포하면서 자세하게 설명하고 있다.

연구 Ⅰ: 국내 정상급 선수들의 승부근성 개념 구조 탐색

| 정신력 문헌고찰 | 정신력 문헌고찰로 자료 수집 |

| 전문가 회의 | 선행연구와 전문가 회의를 통해 내용구성 및 문항작성 |

| 개방형 질문지 작성설문조사 | 작성한 문항을 검토 후 개방형 질문지를 작성하고 국내 정상급 선수 100명을 대상으로 설문 |

| 면접 | 국내 정상급 선수들 10명을 대상으로 면접 실시 |

| 전문가회의(문항선별) | 개방형질문지의 내용과 면접 내용분석을 바탕으로 전문가 회의를 열어 문항 수정 및 선별 |

연구 Ⅱ: 국내 정상급 선수들의 승부근성 측정도구 개발

| 전문가회의 예비 검사지 작성 | 전문가 회의를 열어 선별된 문항을 바탕으로 예비 검사지 작성 |

| 본 조사 검사지 작성 (측정도구개발) | 전문가 회의를 바탕으로 본 조사 검사지를 작성하여 선수 220명을 대상으로 기술통계 분석, 신뢰도 분석, 탐색적 요인분석 실시. 1차 검사지 개발 |

연구 Ⅲ: 국내 정상급 선수들의 승부근성 측정도구 검증

| 본 조사 검사지 | 개발된 검사지의 타당도 및 신뢰도를 검증하기 위해 국내 정상급 선수 220명, 일반선수 150명을 대상으로 설문을 실시 |

| 확인적 요인분석 | 검사지의 요인구조 모델의 적합성을 알아보기 위해 확인적 요인분석을 실시 |

| 외적타당도 검증 | 검사지의 외적 타당도 검증 (수렴, 변별, 예측 집단차이규명) |

그림 16-2. 국내 정상급 선수를 위한 승부근성 검사지 개발 연구절차

2) 스포츠심리검사지 사용 시 주의사항

스포츠심리검사지를 활용하여 선수의 심리적 특성과 시합 결과를 측정하고 예측할 때 주의해야 할 사항들이 있다. 미국심리학회 APA에서 제시한 고려사항은 다음과 같다.

(1) 심리검사 원리와 측정오류를 알아야 한다.

심리검사지를 활용한 심리검사는 어느 정도의 측정오류를 가지고 있다. 측정자가 검사 원리를 이해한다면 측정오류를 최소화시킬 수 있다. 측정자는 측정오류가 언제나 존재할 수 있다는 사실을 인정하고, 검사 원리를 철저히 이해하여 측정오류를 최대한으로 줄어야 한다. 한편, 스포츠심리검사지는 선수들이 스스로 작성하기 때문에 허위반응이 나타날 수 있다. 선수들에게 주로 나타나는 허위반응 유형 3가지를 소개하면 다음과 같다.

첫째, 지도자와 측정자에게 잘 보이려는 허위반응(faking good)이다. 한 예로, 자신이 실제로는 불안 수준이 높은데도 불구하고 불안 수준이 낮다고 작성하면서 매우 긍정적인 심리 상태를 가지고 있다고 지도자와 측정자에게 보여주려고 하는 경우이다.

둘째, 나쁘고 부정적으로 보이려는 허위반응(faking bad)이다. 한 예로, 자신의 불안수준이 매우 높다고 작성을 하고 지도자와 측정자에게 그렇게 인식을 시키면, 시합에서 패배를 하더라고 자신의 이미지에 큰 지장이 없을 거라는 생각에 이런 반응을 보인다.

셋째, 보수적 반응유형(conservative response style)이다. 선수 자신이 지도자와 측정자와의 관계가 부정적이거나, 심리검사에 관심이 없거나 하면 검사요인에 관련해서 중간 값에 응답하는 경향을 보인다. 어느 일정한 점수에 응답이 몰려있으면 그 검사지는 분석대상에서 제외 시켜야 보다 명확한 결과를 얻을 수 있다.

(2) 심리 측정자 자신의 한계를 알아야 한다.

모든 심리 측정자가 스포츠심리검사지의 개발과 해석에 관한 충분한 지식을 갖고 있는 것은 아니다. 또한, 스포츠심리검사지를 사용하는 목적이 다양할 수 있기 때문에 심리 측정자가 이에 관한 이해가 부족할 수 있다. 그렇기 때문에 심리 측정자는 스포츠심리검사지 사용 시 자신의 한계를 인식하고 검사의 시행과 해석에 주의를 기울여야 한다.

(3) 선수에게 스포츠심리검사의 목적, 방법, 결과 제고 방법 등을 충분히 설명해 주어야 한다.

스포츠심리검사지를 사용하기 전에 심리 측정자는 선수에게 검사 목적, 검사 문항, 검사 결과 제시 방법 등에 관해서 충분한 설명을 해주어야 한다. 아울러 검사결과를 선수에게 알려줌으로써 선수가 심리 분석 결과를 자기개발에 활용할 수 있도록 해야 한다.

(4) 선수의 비밀을 보장해야 한다.

선수에게 심리 검사 결과에 대한 비밀이 보장된다는 사실을 확신시켜 주어야 한다. 선수는 이러한 검사에 대한 비밀이 보장될 때 솔직하게 검사에 응할 수 있다.

(5) 선수 심리 분석 결과를 비교하지 말아야 한다.

선수의 스포츠심리검사를 다른 선수의 점수나 규준에 비교하는 것은 바람직하지 않다. 특히 규준이 다른 선수와의 비교는 금해야 한다. 분석 시 가장 중요시해야 할 것은 해결 방법을 제시하기 위해 특정상황에서 왜 그러한 반응이 나타나는지를 확인하는 것이다.

참 고 문 헌

강정경(2009). 문항분석이론을 적용한 즉흥무용 평가척도의 적합도. 상명대학교 대학원 석사 학위논문.

구해모, 김병현, 신동성, 이병기, 이한규(1998). 라켓구기 선수들의 심리적 기술 평가방안 개발. 한국체육과학연구원 연구보고서.

김계수(2007). AMOS 구조방정식 모형분석. 서울 : 도서출판 한나라.

김기웅, 전상돈(1993). 한국스포츠심리학 연구의 역사적 변천과정. 한국스포츠심리학회지, 8, 15-25.

김원배(2001). 투기종목 선수의 정신력 개념 구조 탐색 및 측정 도구 개발. 서울대학교 대학원 박사학위논문.

김원배(2002). 스포츠 정신력 개념구조 탐색 및 측정도구 개발. 한국스포츠심리학회지, 13(3), 21-41.

김종택(1997). 체육학 연구법. 서울 : 대한미디어.

노형진(2007). SPSS/AMOS에 의한 사회조사분석. 서울 : 형설출판사.

박규남(2009). 생활스포츠 참가자의 운동중독 자가진단 도구개발. 한양대학교 대학원 박사학위논문.

박해용(2000). 한국 스포츠 심판의 스트레스 척도 개발 및 타당화 검증. 중앙대학교 대학원 박사학위논문.

신정택, 김병현, 김용승, 최규정, 박상일(2007). 국내 정상급 선수를 위한 승부근성 검사지 개발. 한국체육과학연구원 연구보고서.

신정택(2009). 스포츠선수 심리 검사지 이야기. 스포츠 과학, Autumn, 43-49.

엄한주(1996). 심리검사지 개발 및 분석에 관한 고찰. 서울 : 보경문화사.

엄한주(1998). 스포츠 심리학 연구 : 관행과 문제점. 서울 : 태근문화사.

유진(2000). 한국 스포츠 심리측정의 내용분석과 미래 방향. 한국체육학회지, 39(2), 246-260.

유진(2002). 스포츠심리측정 개발과 평가. 한국체육학회지, 41(5), 216-236.

이강헌, 김병준, 안정덕(2004). 스포츠심리검사지 핸드북. 서울 : 레인보우북스.

이순묵(2000). 요인분석의 기초. 서울 : 교육과학사.

최영옥, 이병기, 구봉진(2002). 스포츠 행동의 심리학적 이해. 서울 : 대한미디어.

하형주(1996). 스포츠 지도자의 대응가치 리더십 검사지 개발과 지도유형 분석. 성균관대학교

대학원 박사학위논문.

Cohen, R., Montague, P., Nathanson, L., & Swerdick, M.(1988). *Psychological Testing : An Introduction to Tests & Measurement.* Mountain View, CA : Mayfield Publishing Company.

DeVellis, R. F.(2003). Scale development : Theory and application(2nd ed.). *Thousand Oaks,* CA : Sage Publishing.

Gauvin, L., & Russel, S. J.(1993). Sport-specific and culturally adapted measures in sport and exercise psychology research : Issues and strategies. In R. N. Singer, M. Murphey, & L. K. Tennant(Eds.), *Handbook of Research on Sport Psychology*(pp. 901-917). New York, NY : Macmillan Publishing Company.

Gill, K. L., Dzewaltowsky, D. A., & Deeter, T. E.(1988). The relationship of competitiveness and achievement orientation to participation in sport and nonsport activity. *Journal of Sport and Exercise Psychology, 7,* 139-150.

Loehr, J. E.(1982). *Athletic Excellence : Mental Toughness Training for Sports.* Denver, CO : Forum Publishing Company.

Marsh, H. S.(1998). Foreword. In J. L. Duda(Eds.). *Advances in Sport and Exercise Psychology Measurement.* Morgantown, WV : Fitness Information Technology, Inc.

Martens, R.(1977). *Sport Competition Anxiety Test.* Champaign, IL : Human Kinetics.

Martens, R.(1987). *Coaches Guide to Sport Psychology.* Champaign, IL : Human Kinetics.

Nelson, J. K.(1989). Measurement methodology for affective tests. In M. J. Safrit & T. M. Wood(Eds.), *Measurement Concepts in Physical Education*(pp. 271-295). Champaign, IL : Human Kinetics.

Ostrow, A.(1996). *Directory of Psychological Tests in the Sport and Exercise Sciences*(2nd ed.). Morgantown, WV : Fitness Information Technology, Inc.

Vealey, R. S. (1989). Conceptualization of sport-confidence and competitive orientation : Preliminary investigation and instrument development. *Journal of Sport Psychology, 8,* 221-256.

찾아보기
-국문편-

아

자

찾아보기
-영문편-